社交金融:理论、方法与应用

金雪军 李 锐 祝 宇 俞嘉炜 著

ZHEJIANG UNIVERSITY PRESS
浙江大学出版社
·杭州·

图书在版编目（CIP）数据

社交金融：理论、方法与应用 / 金雪军等著.

杭州：浙江大学出版社，2025.7. — ISBN 978-7-308
-26237-8

Ⅰ. F832

中国国家版本馆 CIP 数据核字第 2025Z632W7 号

社交金融：理论、方法与应用

金雪军　李　锐　祝　宇　俞嘉炜　著

责任编辑	傅百荣	
责任校对	徐素君	
封面设计	周　灵	
出版发行	浙江大学出版社	
	（杭州市天目山路 148 号　邮政编码 310007）	
	（网址：http://www.zjupress.com）	
排　　版	杭州隆盛图文制作有限公司	
印　　刷	杭州钱江彩色印务有限公司	
开　　本	710mm×1000mm　1/16	
印　　张	17.5	
字　　数	296 千	
版 印 次	2025 年 7 月第 1 版　2025 年 7 月第 1 次印刷	
书　　号	ISBN 978-7-308-26237-8	
定　　价	88.00 元	

社交金融,作为一个新兴的研究领域,旨在探讨社交互动与信息传播如何影响金融市场。狭义上,社交金融可以被理解为在社交互动和信息传播的影响下,微观金融参与主体的金融行为发生改变,并最终对宏观市场特征产生影响的现象。广义而言,社交金融涵盖了所有在信息网络环境下的金融现象,包括但不限于投资者行为、收益率、风险评估及资产定价等各个方面。它不仅关注个体投资者的行为模式,还深入研究这些行为在网络中的扩散机制及其对市场动态的影响。

随着互联网技术的发展,网络中的各类社交媒体已成为信息传播的重要渠道之一。这种转变不仅重塑了信息的传播方式,也深刻影响了金融市场运作和投资者决策过程。有鉴于此,对社交金融的进一步研究显得尤为重要。一方面,投资者在作出投资选择时,往往会受到社交媒体平台上其他用户意见和市场情绪的影响,这可能导致市场价格短期内出现波动,甚至形成长期趋势。因此,理解并分析这些通过社交网络传播的信息偏差如何作用于金融市场变得尤为重要;另一方面,社交金融研究对于政府监管机构、金融机构以及个人投资者均具有重要意义。对于监管者来说,了解新型金融业态的特点有助于更好地识别潜在风险,制定有效的监管政策。金融机构则可以通过分析社交因素对投资者行为的影响来优化服务,增强风险管理能力。而对于个人投资者而言,理解社交金融原理可以帮助其更明智地进行投资决策,降低因信息不对称带来的风险。

我们对社交金融领域的研究,是在对行为金融与互联网大数据金融研究的基础上进入的。一方面,从 20 世纪 80 年代起,我就开始了对证券市场的研究,1992 年,出版了专著《证券经济学——中国社会主义证券经济研究》,牵头申报关于资本市场的研究课题后也获批了国家社会科学基金项目。在对证券市场的研究过程中,深感行为金融研究的重要,从 20 世纪 90 年代起,我和我的研究生就一起对行为金融中的一些重要问题进行了研究,先后指导博士生完成了《证券市场中的羊群行为研究》(章融)、《A 股总量变动的股价效应及反应偏差的研究》(徐宏伟)等博士学位论文。结合实验经济学的兴起,我在浙江大学相关部门的支持下,在国内较早建立了实验经济学实验室,指导博士生完成了《证券市场泡沫问题的实验经济学研究》(杨晓兰)等博士学位论文,并把实验重点放在证券市场投资行为与股价变动上,申报获批的国家留学基金中德合作项目也聚焦在激励行为的实验问题上。从研究行为金融的过程中,我们发现在信息越来越丰富、传播越来越迅速广泛的时代,对证券投资人的行为研究需要在更广阔的社交视野中进行。另一方面,21 世纪初互联网兴起,电商与社交成为互联网的两个主要应用场景,随之互联网金融也兴起。我一直以为,金融的本质是信用,信用的基础是信息,基于信息这一基点,互联网技术这个新兴的信息技术与基于信息的金融运行之间具有客观的结合基础。基于这一认识,在学校相关部门的支持下,我牵头申报获批了全国第一个互联网金融领域的博士点,也组建了相应的研究平台并进行相关问题研究,先后指导博士生分别以交易信息与社交信息的角度进行研究,完成了《中国商品市场名义价格粘性、定价模式及其宏观含义》(黄滕)、《在线社交学习对投资行为与资产定价影响的研究:基于网络的视角》(祝宇)等博士学位论文,并指导博士生在大数据社交金融领域进行连续研究,完成了《基于社会互动视角的处置效应、收益率和资产配置研究》(李锐)、《社交信息传递对投资者行为及资产价格的影响》(俞嘉炜)等博士学位论文。2013 年,我和祝宇、杨晓兰的论文"网络媒体对股票市场的影响——以东方财富网吧为例的实证研究"在《新闻与传播研究》发表,就我们掌握的信息,应该是国内最早采用计算机文本挖掘方法分析社交网络信息对股票市场的影响。同时我牵头申报获批了国家自然科学基金项目"基于投资者关注度与社交学习解释股市过度波动",对社交金融领域的一些关键问题进行了进一步的系统研究。

正是在对行为金融和互联网大数据金融研究的基础与结合上,我们开展了基于社交信息与社交学习网络的维度的社交金融研究,从而拓展与深化了社交金融研究。这本著作既是我指导的三位博士生的博士学位论文相关部分的汇聚与提升,也是国家自然科学基金项目"基于投资者关注度与社交学习解释股市过度波动"的成果。在 S. Andraszewicz、D. Kaszás、S. Zeisberger 等的题为"The influence of upward social comparison on retail trading behaviour"的论文中(出版于 2023 年的 *Nature* 子刊 *Scientific Reports*),我与三位博士生合作的三篇论文被列入其参考文献,这也是中国大陆学者作为主要作者被列入仅有的三篇论文。

本书基于行为组合理论(Bevavioral Portfolio Theory,BPT)的研究框架,从社交分别对投资者行为、投资结果和资产定价三个方面的影响入手,借鉴 2022 年由 Han、Hirshleifer 和 Walden 提出的社交增强传递偏差(Social Enhancement and Transmission Bias,SETB)理论为基础,详细探讨了"自我强化传递偏差"的概念,即投资者倾向于分享自己成功投资经历的趋势,并通过数学模型量化了这一过程。同时,构建了一个综合考虑信息发送者与接收者之间复杂交互作用的数理模型,以揭示社交金融中信息传播的具体机制。在数理模型框架建立的基础上,提出 21 个相关的研究假设,并针对社交金融研究的特点,结合互联网数据与数据库数据对相关假设进行了检验。

本书分为四个主要部分。第一部分介绍了社交金融的基本概念、研究背景及其理论框架;第二部分聚焦于社交对投资者行为具体影响的实证检验,如趋同效应、风险厌恶及不同类型投资者偏好差异;第三部分检验了社交对投资者收益结果的影响,包括个人投资者能否通过社交网络获得更高收益等问题;第四部分研究了社交对资产定价相关问题的影响,包括社交是否导致"特质波动率之谜"等问题。

在可预见的未来,随着人工智能时代的正式到来,社交金融与 AI 的结合将会有更大的发展。社交金融研究的关键,在于对相关理论进行验证的可靠性,相关的验证渠道很大程度上依赖于某些特定类型的数据集,例如,能同时观测到相关的金融和社交行为的社交交易平台的数据集,归根到底都在于如何观测参与主体的行为。但在实际操作中存在着两方面的问题:一方面,从研究成本和难度来看,相关数据集获取难度较大,基本上需要依赖独特的数据获取方式;另一方面,从研究对象来看,通过对社交金融的参与主体行为的观测,无法得知其进行相关行为的原因,即只能进行相关的理论推测,例如,在检验

"过度自信"受到社交行为影响时,只能通过所谓的投资行为知道该行为有被加强或减弱,但无法知道社交行为通过何种方式影响了该行为。

有鉴于此,利用 AIGC(Artifical Intelligence Generated Content,人工智能生成内容)大模型进行所谓的自然语言的行为模拟,可以很大程度上解决这个问题。一方面,利用 AIGC 进行投资者行为模拟能够降低成本,由于其采集了很多相关的金融和投资者信息,从而进一步对相关信息进行虚拟网络的构建,很大程度上能代替相关的客观数据,使得数据更加容易获得;另一方面,利用 AIGC 进行投资者行为模拟较为灵活,甚至可以与 AIGC 进行对话,询问其作出某种行为的原因。在此基础上进行的大量模拟,可以有效对相关研究对象的特征进行把控和区分。但该研究方向也会存在一些问题,最关键的在于如何确定 AIGC 的行为模拟可以一定程度上代替人的行为,这也直接决定了研究的可靠性。

在本书出版之际,衷心感谢在我们从事社交金融领域研究中给予大力支持与帮助的各位专家与朋友,衷心感谢浙江大学研究生院、经济学院与出版社的大力支持。

目　录
CONTENTS

第一部分　社交金融相关定义及理论框架

第四部分　社交对资产定价的影响

第一部分
社交金融相关定义及理论框架

　　在人类的信息传递模式中,传统媒体如报纸、电视和广播曾长期主导着信息传播的渠道,其具有一定的编辑筛选和传播控制能力,能够较为稳定和准确地传递信息。然而,随着互联网和社交媒体的兴起,信息传播方式发生了根本性变化。社交媒体平台(如 Facebook、Twitter、Instagram、微博、小红书等)不仅扩展了信息传播的速度和覆盖面,还使个体能够参与和影响信息内容的生成和扩散过程。

　　社交媒体的信息传播具有以下显著特征:首先,它是即时的和广泛传播的,信息可以迅速在网络上扩散,传播的覆盖面远远超过传统媒体。其次,社交媒体的信息传播是多向的和互动的,用户可以即时回应和分享信息,形成信息的交流和反馈环路。最后,社交媒体平台上的信息传播是去中心化的,不存在传统媒体的编辑控制,个体和群体有更大的自由度来决定信息的生成和传播路径。

　　这种信息传播的变革不仅影响了人们的日常生活和社交互动,也深刻影响了金融市场的运作和投资者的决策。投资者在作出金融决策时,往往受到社交媒体上信息的影响,例如其他投资者的意见和市场情绪,这些信息可能会引发投资者行为的集体反应,导致市场价格的短期波动和长期趋势的形成。有鉴于此,需要一种新的理论框架对社交条件下的金融活动进行分析。

　　2022 年由 Han、Hirshleifer 和 Walden 提出的社交增强传递偏差(Social Enhancing Transmission Bias, SETB)理论是社交金融领域中的重要概念。该理论旨在解释社交网络中信息传播的偏差现象以及其对金融市场的影响。

随着社交媒体和网络技术的快速发展,信息在社交网络中的传播速度和范围大大超过传统媒体,这种变化深刻影响了投资者的决策和市场的行为。该理论试图深入理解这些社交网络中信息传播的特征,揭示信息传播偏差如何产生,以及它们如何影响投资者的风险偏好和市场价格形成。

SETB 理论基于社交网络中信息传播的特性,提出了一种解释信息传播偏差的新视角。SETB 理论认为,社交媒体上的信息传播受到社交关系和信息强度的双重影响,这种影响导致了信息在传播过程中的扭曲和偏差。具体来说,SETB 理论包括以下几个核心概念。

1. 社交关系的影响力:社交网络中个体之间关系的密切程度和亲密程度影响了信息在网络中的传播速度和传播路径。例如,某些关键个体(如意见领袖或权威人士)可能具有更大的信息传播影响力,他们的观点和行为可能会迅速影响到整个网络中的其他个体。

2. 信息强度的影响:信息的强度指信息的内容和情绪负载程度,高强度的信息往往更容易引起社交媒体用户的共鸣和分享,进而加速信息的传播速度、扩大信息传播范围。在金融市场中,这种高强度的信息可能导致市场情绪的快速变化和价格波动。

3. 信息传播路径的选择:社交媒体用户在传播信息时往往会选择与自己观点相符合的传播路径,这种选择性传播可能会加剧信息传播的偏差,使得一些信息得到放大,而另一些信息则被忽视或被排除在外。

SETB 理论不仅在理论上解释了社交媒体中信息传播的偏差现象,还深入探讨了这些偏差如何影响金融市场的效率和稳定性。在理解 SETB 理论的基础上,本书引入该理论模型,进一步分析投资者的行为模式和投资结果的形成机制,有助于制定更有效的投资策略和市场监管政策。

本部分共三章:第一章为绪论,阐述本书研究的背景与意义,并讲述本书的内容结构;第二章为社交金融现有研究总结,对目前所有相关的社交金融研究,从对投资者行为、投资结果及资产定价三个角度,进行研究成果的总结和分析;第三章为社交金融理论框架的构建,通过 SETB 理论对社交金融相关理论框架进行设定,厘清社交对投资者行为、投资结果及资产定价的影响机制。

⋘⋘⋘ 第 1 章 ⋘⋘⋘
导 论

1.1 研究背景

在如今的数字互联网时代,所有关于信息的机制已被高度重塑。作为人类社会基本属性的社交,其本质与形态也伴随着这一浪潮进行了进化。金融行业作为信息交易在产业中的重要体现,也因这样的深刻变革,导致其从微观到宏观的业态发生了根本性变化,通过社交影响了从个人投资决策到市场层面资产定价的整条传导链条。

从微观层面来看,投资决策历来被视为一个复杂的信息处理过程,涉及个人的创新性学习和社交学习。创新性学习是指个人通过与环境的互动不断调整决策,而社交学习则是通过观察和模仿成功者的行为来调整自己的决策。Rendell 等人(2010)在全球范围内进行的田野实验显示,复制成功者的策略相较于个人试错更为高效,这在人类进化史上占据重要位置。然而,社交学习也可能引发羊群效应(Bikhchandani et al.,1992),导致投资者集体表现出非理性行为,影响市场稳定性。随着互联网的普及,社交平台尤其是社交投资平台(如股吧)的兴起,为社交学习提供了全新的舞台。这些平台不仅允许投资者分享经验,还促进了投资理念的量化交流,投资者可以建立和展示自己的投资组合,甚至一键复制他人的组合。这种社交与交易的融合,极大地丰富了投资者的学习途径,但也可能放大了羊群效应和信息偏差的负面影响。

在投资决策层面建立起来的资产配置是金融学科长期以来的研究重点,基本围绕投资者行为和作为投资结果的风险—收益率展开。最早的资产配置研究源自 Markowitz(1952)提出的现代资产组合理论(Modern Portfolio Theory),通过引入"理性人"假设,直接从投资结果展开,利用均值—方差构造的风险与收益率范式,构建资产配置策略并进行检验,也同时奠定了之后几十年的研究框架。而后由于出现诸多金融异象,Shefrin 和 Statman(2000)通过借鉴行为金融理论,引入"不完全理性人"假设,将其融入资产组合研究中,发展出行为组合理论(Behavior Portfolio Theory)。该理论从投资者非理性行为入手,并以其产生的内在心理为基础,形成了以投资行为偏差为切入点,进而扩展了风险度量和收益率分析,最后达到修正传统资产配置方法的目的。互联网时代的到来,沟通成本的进一步降低,导致个体之间的信息传播愈发剧烈,行为组合理论中普遍采用的个体之间相互独立的假设遭到挑战。

归结到宏观层面,Fama(1965)提出的有效市场假说指出,在强有效市场中,证券价格将充分反映市场中的所有信息,包括所有公开的和未公开的信息。但事实上,证券市场中存在着大量的资产定价异象且出现了一次又一次的泡沫,这表明市场远未达到强有效市场(Shiller,2000)。对于证券市场始终无法达到强有效市场的主流解释主要有两种。第一,信息经济理论从信息成本的角度出发对证券市场的低效率进行解释。强有效市场的成立要求信息成本为零,即所有的市场参与者都能够准确迅速地获取关于证券的所有有关信息。事实上,证券市场主体(如上市公司)的信息披露不及时、不合规、不完整以及内幕交易者的存在导致了严重的信息不对称问题。信息不对称的存在使得市场参与者无法及时准确地获取信息从而作出正确的反应,这最终导致了证券市场效率的低下。第二,行为金融理论从理性人的角度出发对市场有效性不足进行解释。强有效市场的成立要求市场的参与者具备完全理性,即每个市场参与者都是以利益最大化的原则来作出决策。而事实上,市场参与者在进行投资决策时往往存在着大量的行为偏差,这些行为偏差往往是由过度自信、有限注意力及情绪等心理偏差引起的。一系列的行为偏差导致市场参与者在决策时偏离了利益最大化的选择,从而造成了证券市场有效性的不足。信息经济理论和行为金融理论分别从信息成本和理性人的角度为证券市场的低效率提供了合理的解释。然而,不少证据表明,信息在投资者间相互传递的过程,同样会引起投资者行为偏差和资产价格泡沫(Pedersen,2022;Steiger & Pelster,2020),而这一现象无法用传统的信息经济理论和行为金融理论进行解释。

有鉴于此,Hirshleifer(2020)提出社交金融(Social Finance)的概念,其认为社交(social interaction)作为个体在社会网络中的基本属性,表现为投资者之间的互相观察和相互对话,代表了群体之间信息传递的相互作用,进而通过信息的相互作用影响个人投资者的行为决策。但个人投资者在传统的社交场景中，受限于信息传递和交流的障碍，投资信息的获取受到限制，其社交范围局限于相近地域（Hong, Kubik & Stein, 2005；Ivkovi & Weisbenner, 2007）、日常交际圈（Hong, Kubik & Stein, 2004；Rantala, 2019）以及共同信仰（Stulz & Williamson, 2003）等方面，其投资决策也仅受到小部分人影响，最后所呈现出小范围的群体效果。然而，在互联网时代，随着沟通成本的降低和信息流通障碍的进一步消除，互联网逐渐成为个人投资者进行信息获取的重要渠道，进而导致了社交对个人投资者影响增大。这主要表现为社交人群基数的增大，社交信息量的增多，影响覆盖面的扩大，社交行为产生的结果与个人喜好可能完全相反，市场随之呈现出"价格泡沫"等特点。

由此可见，在互联网环境下，社交不仅改变了投资者的决策过程，还对资产的价格形成机制产生了深远影响，也为我们理解投资者行为、市场效率和资产定价提供了新的视角，业已成为金融学研究的关键问题。因此，如何继续深化对社交金融的理解，探索社交信息传递的更多维度，并利用社交金融理论优化资产配置策略，为投资者和社会创造更大的价值，厘清社交环境下市场异象的产生机制，以促进市场效率和稳定性的提升，成为社交金融研究的重点与难点。

1.2　研究意义

1.2.1　理论意义

本书的研究对于金融学的发展有着显著的理论意义。

第一，将传统金融理论和行为金融理论拓展至社交金融理论。一方面，在传统金融理论中，价格是投资者间能够影响彼此信念和行为的唯一渠道。然而，传统金融理论并未考虑到，除价格外，投资者间的社交同样能够影响彼此的投资信念和行为。为解决这一问题，社交金融理论通过将社交纳入金融决策的均衡模型中，从而对传统金融理论进行补充。另一方面，行为金融理论着重于从决策时的个人心理偏差的角度来解释投资者行为偏差产生的原因。例如，投资者过度交易是其过度自信的表现（Barber & Odean, 2000a, b, 2001,

2002；Benoît，Dubra & Moore，2015；Gervais & Odean，2001；Odean，1998)，而购买彩票型股票则是由于其本身的非传统偏好（Brunnermeier，Gollier & Parker，2007；Brunnermeier & Parker，2005)。行为金融理论从内在心理偏差的角度为投资者的非理性行为作出了解释,并在过去的二十年中得到了大量实证证据的支撑。然而,行为金融理论并未考虑到,除了自身的心理偏差,投资者的非理性行为可能是由他人所诱发或从他人处习得。为解决这一问题,社交金融理论在行为金融理论的基础上,将信息传递和行为传染纳入分析框架,从而对行为金融理论进行了补充（Akçay & Hirshleifer，2021)。因此,社交金融理论的深入和拓展对金融学的理论发展有着巨大的推动作用。

第二,对社交金融理论重要模块之一的社交传递偏差理论进行了拓展,并提供了实证依据。社交传递偏差是社交金融理论中重要的组成模块之一,但截至目前,对社交传递偏差的研究仍处于起步阶段。在 Hirshleifer（2020)率先提出社交信息传递过程中偏差产生的五种原因之后,有关社交传递偏差的理论模型和实证不断涌现。本书将基于五个原因之一的"自我强化传递偏差"模型进一步地拓展社交传递偏差理论。

第三,本书的研究为过度交易和彩票偏好等行为偏差以及"特质波动率之谜"等价格异象提出了新的解释。对于行为偏差,与过往的行为金融文献不同,本书将基于社交金融理论的框架从社交信息传递的角度对此类行为给出新的解释。此外,无论是国外还是国内的股票市场均长期存在着"特质波动率之谜"等无法解释的价格异象,本书从社交的角度为中国股票市场中高特质波动率和高换手率股票价格的高估（即低预期收益率）给出解释。

第四,扩展了行为组合理论的论述。通过对投资者社交对投资者行为的影响研究,能够进一步丰富行为金融领域关于投资者行为偏差的研究,由此改进行为组合理论关于投资者行为的假设,丰富了行为组合理论在社交场景下的探讨,给相关资产定价理论在社交行为方面的完善提供了依据。

1.2.2　现实意义

本书研究的现实意义主要分为两个方面。

1. 本研究能够对政府、市场和投资者提供有效的帮助。

首先,在监管层面,能够为监管部门提供政策参考依据。党的二十大报告将"建设金融强国"作为政府金融工作的重要任务,并提出要始终保持金融强监管。这就要求监管部门在保障市场正常运转的同时,必须把风险防范放在首位。一方面,在社交交易平台这样的新型业态下,在保障其正常运营的情况下,充分降低其风险是金融监管者必须明确的原则。本研究对于监管者如何认识新型业态,如何将其准确定位并纳入监管体系,如何对其商业行为进行风险认定有着一定的现实意义。另一方面,充分认识社交交易平台的特点,有助于提升监管部门对新金融业态下潜在风险的认识,杜绝系统性风险的发生,并对市场中投资者情绪进行正确引导。

其次,在机构层面,本研究对于如何认识社交给投资者带来的影响,对社交交易平台进行风险把控和商业拓展具有一定的参考价值。一方面,社交交易平台的运营在很大程度上依靠的是投资者为其提供有吸引力的投资组合,以及活跃的在线互动频率。本研究对于如何增加有质量的投资组合数量,提升投资者的在线互动质量,有着一定的现实意义。另一方面,社交交易平台作为金融服务平台,如何规避金融风险,成为其商业运营的重要课题之一。

最后,在个人投资者层面,本研究对个人投资者的投资决策有一定的指导意义。本研究通过对社交交易平台中的投资者行为和投资者收益率变化进行分析,结合这些分析的重要结果,成功筛选出优秀投资者,并以此构建出战胜市场的投资组合。这对那些即将进入社交交易平台进行投资的投资者来说,有着一定的指导意义,可以帮助其在投资过程中,在获得一定收益的前提下,尽可能减少自身的决策失误和资产风险。

2. 本研究具有一定的潜在应用价值。

首先,本书的研究成果有助于社交场景中风险控制体系的构建。以往对社交金融网络风险监控的难点在于,风险发生的来源和网络传播路径的庞大。本书结合社交网络方法,通过建立数理模型并经过实证检验,发现网络系统性风险可能源自少数获得短期超高收益的投资者,明确了风险产生的来源;与此同时,通过网络对投资者进行订阅的特点分析,厘清了风险的传导路径,使得社交网络中的风险监控能有的放矢。可以通过对市场中近期股票进行风险排名,并匹配至每个投资者的持仓,在网络中进行超高收益预警,且进一步监控该部分投资者的订阅特点,从而对社交交易平台的整体风险水平进行有效控制。

其次,本书的研究成果有助于建立社交资产投顾系统。一方面,智能投顾系统需要解决的主要问题是"千人千面",即如何完全个性化处理投资者的资产组合,而个人投资者偏好信息的量化和搜集是解决该问题的关键。依据社交交易平台建立社交资产投顾系统,由于可以对投资者关注的资产进行实时跟踪,从而对风险偏好进行实时度量,一定程度上能解决了投资者偏好信息的处理问题,则能够对投资者进行资产的实时推荐,一定程度上可解决智能投顾的个性化问题。另一方面,由于能够对投资者风险偏好进行实时跟踪和度量,加之有投资者全部的历史交易记录,能够在投资者资产组合达到某个风险节点时,对其进行风险警示,甚至对投资者某些异常交易进行警示,判定其是否源自投资者的真实交易,从而有效控制投资者的资产风险,进而保障平台的稳定运行。

1.3　概念定义及研究框架

通过对相关研究背景和已有研究成果的梳理,本书对社交金融进行定义。所谓的社交金融,有狭义和广义的概念之分。狭义的社交金融可以认为是社交互动与信息传播状态下,微观金融参与主体的金融行为发生改变,进而最终影响到宏观市场特征的金融现象。广义的社交金融泛指一切处于在信息网络下的金融现象,包含但不限于投资者行为、收益率、风险、资产定价等。由此也可以看出,社交金融具有从微观到宏观完整的机制传导链条。在此特别需要指出的是,本书也深刻认同 Hirshleifer(2020)提出的观点,其认为行为金融(Behavioral Finance)作为社交金融的一种特殊情况存在。一方面,在研究方式上,行为金融更多倾向于对单个研究个体作出合理的心理学与金融学上的剖析,社交金融在此基础上还会对处于信息网络中个体到群体的路径进行系统性分析,并借此解释微观到宏观的一系列金融学现象;另一方面,在研究内容上,社交金融研究的范畴包含行为研究的部分,除了对金融活动中的各类行为的社交化进行研究以外,研究还涉及相关的风险收益率乃至资产定价问题。由此可以看出,社交金融一定程度上对行为金融进行了扩展,并能很好弥补行为金融"解释性强,系统性弱"的问题 。

基于本书对社交金融的相关定义,以及与行为金融的比较,本书在此设定整体研究框架。有鉴于本书对社交金融的定义,本书将借鉴行为组合理论

(Behavioral Portfolio Theory,BPT)的研究框架对相关社交金融问题进行研究。Shefrin 和 Statman(2000)提出的行为组合理论（BPT）相比于其他资产组合理论,将投资者行为研究中的"心理账户"作为其进行研究的理论基础,进而对由此带来的投资者风险偏好和收益率变化进行了理论推演,最终落脚在资产定价的理论结果上。这一思路也与社交金融的相关定义较为相似,社交金融的研究内容可以泛指一切处在信息网络下的金融现象,其微观到宏观的完整传导机制的体现,可以理解为从投资者行为到行为结果,最终落实在市场定价的逻辑链条中。故而,本书借鉴行为组合理论的研究思路和框架,将研究分为三部分:社交对投资者行为的影响、社交对投资结果的影响和社交对资产定价的影响。

1.4　内容简介

本书的内容主要分为以下四个部分。

第一部分包含三章:第一章为绪论,阐述本书研究的背景与意义、社交金融相关概念,厘清相关研究框架,并梳理本书的内容结构;第二章为社交金融现有研究的梳理,对目前所有相关的社交金融研究,从对投资者行为、投资结果及资产定价三个角度进行研究成果的总结和分析;第三章为社交金融理论框架的构建,通过 SETB 理论对社交金融相关理论框架进行设定,厘清社交对投资者行为、投资结果及资产定价的影响机制,并在此基础上引出之后三部分的实证内容。

第二部分包含三章,这一部分内容主要针对社交对投资者行为影响进行具体实证分析:第四章主要阐述社交对投资者趋同效应的影响;第五章主要阐述社交对投资者风险厌恶的影响;第六章主要阐述社交对机构投资者与个人投资者偏好影响的不同。

第三部分包含四章,这一部分主要针对社交对投资者投资结果的影响进行具体实证分析:第七章探究社交网络中的个人投资者能否普遍获得高收益;第八章探究社交网络中的"跟随交易"能否提升个人投资者收益;第九章研究个人投资者能否借助社交网络中的"群体智慧"提高收益率;第十章研究社交是否能影响机构投资者的收益率。

第四部分包含三章,这一部分主要针对社交对资产定价的影响进行具体实证分析:第十一章探究社交网络中的投资者情绪是否会影响股票收益率与成交量;第十二章探究社交网络中个人投资者的股票组合是否存在"特质波动率"之谜;第十三章探究社交是否会影响高特质波动率股票和高换手率股票的溢价,且对该效用的异质性进行了验证。

第2章
社交金融现有研究成果

2.1 社交信息传递的渠道

2.1.1 社会人际关系

社会人际关系是人们最主要的社交来源,包括朋友、校友和同事等。众所周知,中国社会是一个关系型社会(Qi et al.,2020),社会关系在投资和商业决策中起到了非常重要的作用(Luo,1997;Tsang,2002)。而无论是国内还是国外,社会关系都是投资者获取信息的重要渠道。Shiller 和 Pound(1989)通过问卷调查发现,超过 1/3 的机构投资者和 60% 的个人投资者承认在购买股票时会受到他人的影响。例如,人们在选股时常常会受到朋友购买某只股票的影响而作出购买该只股票的决定。由此表明,投资者从社会人际关系获取的信息会影响其投资决策。在 Shiller 和 Pound(1989)的基础之上,学者们开始从不同类别的人际关系入手研究社会人际关系对投资者决策的影响。

第一类显著影响投资者决策的人际关系是校友关系。校友关系是因共同的教育经验和背景而形成的一种特殊的社会联结,这种社会联结使得校友们在离开校园后依然能够保持紧密的联系。正如申宇、赵静梅和何欣(2016)所说,校友关系是一种特殊的文化现象,人们对于自己的母校有非常强烈的感恩之情,俗称"母校情结"。踏入校园(大学)后,学生们通常可以自由选修课程、参加社团及其他的课外活动,这使得学生们更容易接触到志同道合的群体,从而建立起极强的社会联结,产生比一般社会关系更高水平的互动

(Cohen，Frazzini & Malloy，2008)。正因如此,在学校中形成的社会关系相比于其他环境中形成的社会关系往往会更加紧密（Kalmijn & Flap，2001),校友们在进入社会后依然会在各种不同的场合相聚,分享近况和信息。基于上述原因,学者们基于投资者、分析师及上市公司管理层的校友关系研究社会关系对投资和预测行为的影响,并发现投资者和分析师更擅长投资或预测与其具有校友关系的公司(Cai，Walkling & Yang，2016；Cohen，Frazzini & Malloy，2008，2010；Gu et al.，2018)。由此表明,校友是人们进行社交信息传递的渠道之一。

第二类显著影响投资者决策的人际关系是同事关系。同事是最常见的社交资源之一,由于工作的关系,人们会与同事有大量的相处时间。Hvide 和 Östberg(2015)指出,人们在工作场所和同事进行对话时,经常会涉及关于股票市场等投资的话题,因此,人们可以从同事处获取信息或互相讨论投资行为,从而最终影响彼此的投资决策。基于这一假设,学者们基于同事关系研究同事之间的社交是否会影响彼此的投资决定,并发现投资者会在同事的影响下作出与同事相同的投资决定,如购买股票（Guiso & Jappelli，2005；Guiso，Sapienz & Zingales，2008；Hvide & Östberg，2015）或参加退休福利计划（Lu & Tang，2015）。由此表明,同事也是人们进行社交信息传递的重要渠道之一。

第三类显著影响投资者决策的人际关系是邻居关系。"口口相传"(word-of-mouth)是最传统的信息传递方式,也是最可靠的方式之一。正如 Shiller(2000)所说,"口口相传"对股票市场波动起着至关重要的作用,这一观点引起了学者们对于这一社交形式的重视。由于"口口相传"是一种面对面发生的社交形式,地理距离是这种社交形式发生的最大阻碍。因此,学者从邻居这一能够克服地理距离的社会人际关系着手研究,并发现人们在邻居的影响下会更愿意进入股票市场并购买邻居购买过的股票（Hong，Kubik & Stein，2005；Hong，Kubik & Stein，2004；Kaustia & Knüpfer，2012；Mitton，Vorkink & Wright，2018；Pool，Stoffman & Yonker，2015）。由此表明,与邻居交流投资观点也是人们进行社交信息传递的重要渠道之一。

第四类显著影响投资者决策的人际关系是亲朋好友关系。作为人们生活中不可或缺的人际资源,亲戚和朋友对于人们的信息获取及投资行为同样存在着重要的影响。由于亲朋好友关系在数据上较难获取及识别,学者们主要通过调查问卷的方式对亲朋好友如何影响投资者决策进行研究。根据国内外学者的调查问卷及研究发现,走访亲戚、参加社会活动如去教堂做礼拜、参与体育活动等均是人们与亲朋好友交换信息和讨论投资观点的机会,并会对投资者的投资选择,如参与股票、基金和房地产市场投资等造成影响(Heimer,2014;Hong,Kubik & Stein,2004;李涛,2006a)。此外,除了线下的社交活动,人们还可以通过手机和社交软件与亲朋好友进行私下联系,如微信和Facebook 等。Bailey、Cao、Kuchler、Stroebel 和 Wong(2018)首次基于Facebook 用户的好友关系数据引入了社交联系指数(Scoial Connectedness Index,SCI)来定量地度量社交联系程度。这一指数随后被广泛用于贸易和金融投资的研究中,并发现 SCI 与贸易流量(Bailey,Cao,Kuchler,Stroebel & Wong,2018;Bailey et al.,2021)、人口流量(Bailey,Farrell et al.,2020;Bailey,Johnston et al.,2020)、信贷和资本分配(Allen,Peng & Shan,2020)、情绪传播(Lane,Lim & Uzzi,2022)、资产价格变动(Bali et al.,2021;Hirshleifer,Peng & Wang,2023;Kuchler et al.,2021)紧密关联。由此表明,与亲朋好友进行关于投资观点的交流同样是投资者进行社交信息传递的重要手段之一。综上所述,人际关系作为最传统、最广泛的社交渠道,其存在对于投资者间的信息传递和交易行为有着举足轻重的影响。

2.1.2 线上股票论坛

进入 21 世纪以来,随着互联网的发展,人们的社交不再局限于自己的生活圈子,而是可以同时通过互联网在线上与志同道合的陌生人进行交流。在过去的二十年中,线上股票论坛(或留言板)正逐渐成为投资者的主要社交及获取信息的场所之一。Antweiler 和 Frank(2004)指出,人们花费大量的时间发布、阅读和分析线上股票论坛中的新闻和帖子以获取信息来进行投资决策。以我国为例,根据深交所自 2010 年起发布的投资者关系管理状况调查报告,超过 40% 的投资者表示会通过线上社交媒体和股票论坛等渠道获取信息,例如东方财富股吧、新浪财经股吧和微博等。

目前,全球范围内有许多不同的线上股票论坛或留言板,如 Yahoo!、Finance、Raging Bull、Seeking Alpha、Valueinvestorsclub、东方财富股吧和新浪财经股吧等,且论坛中的信息能够帮助投资者提高对市场的预测能力(Antweiler & Frank,2004;Avery,Chevalier & Zeckhauser,2016;Chen et al.,2014;Jiao,Veiga & Walther,2020;Kim & Kim,2014;Tumarkin &

Whitelaw，2001；Yang，Zhu & Cheng，2020；金雪军，祝宇，杨晓兰，2013）。整体上，各股票论坛和留言板的功能和内容大同小异，在论坛中用户可以发布关于宏观经济、证券市场和特定股票或证券等的新闻、帖子和评论，且多数论坛中特定的股票或证券会有各自的子论坛，以方便投资者查阅关于特定股票或证券的有关信息（Yang，Zhu & Cheng，2020）。根据过往文献，本书将线上股票论坛分为两类。第一类是发帖需要经过管理员审核的论坛，如Valueinvestorsclub。在这类论坛中，用户发布的投资观点需要经过论坛管理人的审核，审核通过成功才能发布成功。这一机制保障了发布内容的质量，有利于减少虚假信息和噪音的传播，并使得发布内容常常能够正向预测未来的股票收益率（Crawford，Gray & Kern，2017）。第二类是发帖无须经过审核的论坛。目前，大部分论坛属于这一类别。信息发布的自由导致这一类论坛中既包含有价值的私人信息，又混杂着大量的虚假信息和噪音，这为投资者识别信息可信度及监管层整治互联网信息环境均带来了巨大的挑战（孙鲲鹏，王丹，肖星，2020），也使得论坛中的信息常常与未来的股票收益率呈负相关（Yang，Zhu & Cheng，2020）。

一个值得讨论的问题是为什么投资者会在线上论坛分享有价值的私人信息。对此，祝宇（2018）指出，当面对其他投资者在线上论坛发布的寻求建议时的帖子，投资者往往会认为自己是唯一的被求助者，因此，会更愿意给出有价值的解答。Crawford、Gray 和 Kern（2017）通过对机构投资者在私人互联网论坛 Valueinvestorsclub 上的讨论进行研究，并指出机构投资者在线上论坛分享自己的私人信息以获取有建设性的反馈意见并吸引更多的套利资本进入他们推荐的股票，从而更快地实现获利。基于上述原因，投资者热衷于在线上股票论坛或留言板中通过发布、阅读和回复帖子的方式与他人进行社交，以交换投资相关的观点和信息。综上所述，线上股票论坛是投资者与他人进行社交并传递信息的重要渠道之一，其存在对于证券市场的投资者行为及资产价格有着显著的影响。

2.1.3　社交投资平台

社交投资平台是过去十年兴起的一种新型平台，其目的在于更好地帮助投资者利用线上论坛或社区获取的信息进行投资决策。社交投资平台自出现后便迅速风靡全球，出现了包括 eToro、ZuluTrade、Ayond、Currensse、

Myfxbook 和雪球等一系列不同的平台。根据过往文献,投资者热衷于在社交投资平台上分享信息并进行交易,主要是基于该类平台的以下几个特征。

第一,社交投资平台允许用户设立虚拟组合,或将自己的实盘账户与平台关联并进行展示(祝宇,2018)。这一特征使得投资者能够通过投资组合将自己的观点和想法进行展示,且实盘投资账户作为市场中真实存在的投资组合,其存在能够使投资者的发言更具说服力。

第二,投资者可以自由选择喜欢的用户和投资组合进行关注(follow)。关注功能可以令用户对其喜欢的投资者进行长期追踪,从而更易接收其关注对象发出的信息。对被关注者而言,一方面,获得更多的关注会让投资者变得更为自信(Breitmayer, Mensmann & Pelster, 2018; Pelster & Breitmayer, 2019),同时也更珍惜获得的名声(Pelster & Hofmann, 2018),这令投资者更愿意通过发帖和交易来分享自己的投资观点。另一方面,许多社交投资平台会根据粉丝的数量给予被关注者酬金的奖励(Pelster & Breitmayer, 2019),这一机制进一步鼓励了用户分享自己的私人信息。

第三,投资者可以在社交投资平台上进行复制交易(copy trading),这也是社交投资平台最重要的特征之一(Doering, Neumann & Paul, 2015)。目前,各大社交投资平台上的复制交易模式主要有两种。第一种是通过平台自动或手动在自己的账户中按比例复制他人投资组合的单笔交易或当前持仓;第二种是将自己的资金直接投资于他人的组合中,自动复制跟随组合的所有交易。通常,为进行复制交易,投资者需要支付一定费用。而对被复制者而言,平台通常会根据被复制的数量和管理资产金额给予他们相应的酬金作为奖励(Pelster & Breitmayer, 2019)。这一机制增加了投资者在平台上公开自己投资组合的动力。综上所述,社交投资平台正逐渐成为投资者重要的社交信息传递渠道之一,且其便利性使得投资者更易利用在平台上获取的信息进行交易。

2.2　社交对投资者行为的影响

2.2.1　投资行为的趋同

2.2.1.1　标的趋同

投资的趋同首先表现在标的趋同上。在社会学以及心理学领域,目前已经有大量文献来研究社交对于个体行为的影响。大量实证发现,社交会使得个体的选择向群体趋同。Shiller 和 Pound (1989)的研究非常生动地展示了这一效应:他们对纽约交易所的 131 位来自机构投资者的交易员进行了一次问卷调查,其问题是:"当提到你最近买入/卖出的一只股票时,最先浮现在你脑海中的是什么?"大多数交易员的回答是"前一阵子我还和朋友讨论过这个股票"。Hvide 和 Östberg (2015)的研究指出,由于平时有更多的机会讨论自己的投资,同事之间股票组合的相似程度要显著高于两个陌生人之间股票组合的相似程度。Ivkovi'c 和 Weisbenner (2007)也得出了类似的结论,他们研究了不同家庭之间对于股票选择的相似程度,并且把超过四分之一的相似性归功于邻居间的"聊家常"。Hong、Kubik 和 Stein 等(2004)则指出,不光是个人投资者(家庭),机构投资者对于股票的选择也会受到"口碑"的影响。Feng 和 Seasholes (2004)使用中国个人投资者的交易账户信息进行研究,发现交易行为存在明显的地域特征——邻近区域的投资者对于股票选择具有高度的相关性。Duffie、Malamud 和 Manso (2009)提出了一个动态均衡模型来刻画投资者的上述行为。在他们的模型中,投资者被赋予了不同的信息异质性,并且拥有不同信息的投资者随机进行交流。投资者需要作出决策:自己应该花费多少时间来搜索其他投资者? 增加搜索的投入有可能会获得新的异质性信息,但是也会带来更大的成本。因此,异质性信息的分布决定了投资者互相交流的模式。在特定信息分布下,投资者会倾向于只和自己熟悉的朋友进行交流,并最终导致资产选择的雷同。

不仅是在股票投资领域,还是在公司治理领域,社交也都会导致公司高管行为出现相关性。Cohen、Frazzini 和 Malloy (2008)指出,基金经理或是公司高管之间会通过"共享的教育网络"(shared education network,例如参加过相同的 MBA 项目)之间进行交流,并且如果网络之中的一家公司获得超额收益,那么网络中与其相连接的其他公司也有更大的可能获得超额收益。类似的现象也被 Das 和 Sisk (2005)、Fracassi (2009)以及 Pareek (2009) 所观察到。

2.2.1.2　风险趋同

投资的趋同也表现在风险趋同。关于社交如何影响投资风险的研究相对较少,而且并没有统一的结论。一种观点是社交会降低投资风险。Baghestanian 等(2014)的研究指出,在获知其他人的投资决策的条件下,个体的投资会更加分散,从而降低风险。Card 和 Giuliano (2013)的心理学实验也指出,当投资决策是由两个人而非一个人作出时,资产泡沫产生的概率会更小。其他具有类似结论的研究包括 Kugler、Kausel 和 Kocher (2012) 以及 Rockenbach 等(2007)的。

另一种观点则认为,社交会增加风险。最初研究者们只看到个人的心理偏差(例如过度自信)会增加风险,并没有将研究重点放到社交上(DeBondt & Thaler, 1995; Barber & Odean, 2000)。然而,在随后的研究中,研究者们逐渐意识到社交也对投资者的风险偏好起到了很大影响。例如,通过对投资俱乐部进行研究,Barber、Heath 和 Odean (2003) 发现人们可能仅仅为了能和他人拥有共同话题而购买股票。在 2000 年的网络泡沫破灭之前,大量的投资者参与在线论坛的讨论,这导致他们的交易频率增加以及投资绩效变差(Barber & Odean 2002; Choi, Laibson & Metrick 2002)。此外,根据某些媒体报道,互联网上的在线讨论还助长了日间交易者的增加。

最新的文献从社交中“自我强化偏差”的角度入手来刻画社交是如何增加投资者风险的。具有代表性的是 Han 和 Hirshleifer (2022),以及 Han、Hirshleifer 和 Walden (2018)的理论模型。在他们的理论模型中,投资者被分为了两类——主动交易者(active trader)和被动交易者(passive trader)。主动交易者的交易频率更高,并且更加偏好波动性大的股票,因而他们更可能获得极端收益率(包括极端正收益与极端负收益)。接着,他们又引入了心理学上的“自我强化偏差”(self-enhancing transmission bias)的概念——在面对成功时,人们更偏向于将成功归因于自身的能力,因而具有更大的动力向他人炫耀;而在面对失败时,人们则会将之归因于外部条件,并且不太愿意同他人讲述自己的失败。在这一背景下,主动交易者偏向于在自己取得正收益时积极发起同他人的对话，而在遭受损失时保持沉默。

对于对话的接受者来说，由于他们无法得知对话发起人所"隐瞒"的那些损失记录，因此主动投资者将比被动投资者在对话中更加具有优势，同时也更具说服力（该理论假设一个人的说服力同他所取得的收益呈正相关）。最终，越来越多的被动投资者被"说服"，并转而采用主动交易策略，整个社区的投资风险增加。

"自我强化偏差"的存在已经被大量文献所证实。Karlsson、Loewenstein 和 Seppi（2009）以及 Sicherman、Loewenstein 和 Seppi（2012）的研究发现，相较于熊市，北欧以及美国的投资者在牛市的时候更加频繁地调整他们的投资组合。在商品市场，East、Hammond 和 Wright（2007）发现对于用户体验的正面的讨论要显著多于负面的讨论。Wojnicki 和 Godes（2008）指出也许这是因为用户希望说服他人认可自己的购买决策。Huang、Hwang 和 Lou（2016）在对跨行业并购市场的研究中获得了类似的结论。他们使用地理距离来度量社交联系的密切性，并且使用并购公司所在行业的交易量来度量投资者交流的强度，最终发现公告日的收益为正时，相对于公告日的收益为负的日子，投资者进行交流的强度提高了一倍。

"自我强化偏差"可能是理性考虑的结果，也可能是心理偏差所导致的。Goffman（1961）以及 Schlenker（1980）认为，为了维护自身的信用以及符合社会规范，理性人会选择隐瞒自己的"不良记录"。Bem（1972）以及 Langer 和 Roth（1975）则认为"自我强化偏差"纯粹是一种非理性的心理偏差——人们仅仅更加偏好于将成功归因于自己的能力。然而无论最终是哪种因素导致了"自我强化偏差"，它的存在以及对于投资行为的影响是毋庸置疑的。

Han、Hirshleifer 和 Walden（2018）的模型（社交增加投资风险）在外汇市场得到了支持。Simon 和 Heimer（2012）使用了某外汇社交投资平台（他们称之为某"金融 Facebook"）的数据。他们发现在获得短期高收益的时候，投资者有更大的可能向平台的其他人发起"私信"。具体而言，周收益每增加一个标准差，发起对话的可能性就增加 7%。遗憾的是，在股票投资领域，Han、Hirshleifer 和 Walden（2018）的模型至今没有得到检验，而本书的主要工作之一就是实证检验这一模型。

Ahern、Duchin 和 Shumway（2014）提出了关于社交对于投资风险影响的第三种观点——"折中收敛"。他们认为，社交对于投资行为的影响，并不能简单地归纳为递增或者递减，而是应该把个人的风险同他的"邻居"对比，在此基础上说明风险是增加还是减少。根据这一想法,他们对沃顿商学院的 MBA 学生进行了一次田野实验。首先,他们把 MBA 学生在入学前随机分为若干组。进行人为的随机分组而不是让学生自愿形成小组,其目的在于尽可能避免"同性相吸"所带来的干扰。接着,他们对 MBA 学生在学期前与学期末分别进行一次风险厌恶程度的测试。最终 Ahern、Duchin 和 Shumway(2014)发现,经过了一个学期的互动,个体与组内同伴的风险厌恶程度差缩小了41%。他们的研究指出,社交对于风险的影响不是单调的增加或是减少,而是存在一种折衷的收敛效应——如果一个投资者的风险比邻近节点高(低),那么他的风险会被同伴的平均水平"拉低"(抬高)。

2.2.2　投资的风险厌恶

Kahneman 和 Tversky(1979)通过对期望效用模型进行改进,加入风险厌恶的相关概念,建立了一个替代模型——被称为前景理论。Shefrin 和 Statman(1985)从理论的角度对前景理论进行了补充,并首次将该现象定义为处置效应,同时在此基础上加入了心理账户(mental accounting)、后悔厌恶(regret aversion)、自我控制(self-control)以及交易成本(tax considerations),最终发现处置效应表现出的特征可以被上述这四个因素所解释。Liu、Nacher 和 Ochiai 等(2014)发现有显著的"反射效应"和"损失厌恶"显著存在于社交交易平台中,并且依托于社交交易平台的超大数据量,这提供了更多新的机会来检验前景理论。依托实验和社交交易平台的数据,学者们对处置效应的研究呈现出了两种完全相反的结果。

一部分学者认为社交交易平台增大了投资者的处置效应:Rau(2015)通过对投资团队和投资个人的实验研究发现,通过团队进行的投资行为有着更为显著的处置效应,原因在于团队的决策对卖出已经亏损的股票有着更大的难度;Heimer(2016)通过研究社交交易平台的数据发现,通过社交之后的个人投资者的处置效应是之前的两倍,其归结于由于投资者进入社交交易平台之后,作为一个信息发出者,需要更多维护"自身形象",从而受到更多的同侪效应影响,导致自身的处置效应上升。Pelster 和 Hofmann(2018)从"领先交易者"的角度对投资者处置效应进行了研究,研究结果发现这些"领先交易者"对处置效应的敏感性要大于那些"跟随者",因这些"领先交易者"感受到自身对那些跟随者有着更多的责任,并因此需要维护自身的"社交形象",害怕自身获得一个很差的交易记录,故而不敢卖出那些亏损的股票。这些学者认为投资者需要保持自我形象,从而增加了其自身的处置效应。Pelster (2019)同时也从信号发送者的角度,指出那些被自己的同伴过多关注的投资者会更倾向于风险追逐,从而对那些亏损的股票进行更长时间的持有,这一现象可能源自被关注后的投资者更热衷于进行股票交易有关。

　　另一部分学者则有着不同的研究结论,也有着不同的理论解释。Gemayel 和 Preda (2017)对社交交易平台有交易行为的投资者账户和没有交易行为的投资者账户进行了对比研究,发现社交交易平台的投资者有着更小的处置效应。其将这一现象归因为投资者自我意识的增强,所以投资者会限制其自身的亏损,从而更快卖出那些亏损的股票,表现出更小的处置效应。Lukas、Eshraghi 和 Danbolt 等(2018)研究了个人投资者在交易记录被公开前后的交易数据,提出在社交交易平台这样一个信息透明的环境中,投资者的处置效应减少了大约 35%左右。这些学者认为,相比于在公众面前呈现一个不好的收益状况,将那些已经亏损的股票卖出对投资者来说更加容易实现,也即是自我意识的增强。也有学者从投资者性质的角度,解释自我意识对处置效应的影响,其研究主要分为三个方面。首先,在自我意识的投资者职业背景方面。由于机构投资者受到公众的监督,其相比于普通投资者更具有自我意识,从而处置效应更小。Dhar 和 Zhu (2006)分析了某一大型券商的数据,聚焦于不同投资者之间的处置效应的区别,研究发现更为富有且受雇于专业机构的投资者会呈现出一个更小的处置效应。Fu 和 Wedge (2011)对基金数据进行了研究,发现如果基金管理者持有该基金,则该基金的处置效应会更小。再者,从自我意识的投资经验角度。包括 Feng 和 Seasholes(2005);Kumar 和 Sonya (2008);Kaustia、Alho 和 Puttonen (2008);Nicolosi、Peng 和 Zhu (2009);Seru、Shumway 和 Stoffman (2010);Strahilevitz、Odean 和 Barber (2011);Fenton-O'Creevy、Lins 和 Vohra 等(2012);Da Costa、Goulart 和 Cupertino 等(2013);Muhl 和 Talpsepp (2018);Vaarmets、Liivammgi 和 Talpsepp (2019)在内的大量研究表明,投资经验的积累、学历提升等方面,能够提升投资者的自我意识,并最终降低投资者的处置效应。最后有大量研究从自我意识的性别角度对处置效应的影响进行研究,包括 Be Eri、Kedar-Levy 和 Amar (2019);Cueva、Iturbe-Ormaetxe 和 Ponti 等(2019);Rau (2014);Cheng、Lee 和 Lin (2013);Talpsepp (2013);Da Costa Jr、Mineto 和 Da Silva (2008)在内,这些研究都发现女性相比于男性处置效应更大。

国内学者在该方面也有着一定研究成果。孙毅、程晴和金全等(2020)通过对雪球平台虚拟盘数据的抓取,利用因子分析建立四类社交因子,发现投资者社交行为能够有效减小处置效应。王美今(2005)以及赵彦志和王庆石(2005)发现我国机构投资者的处置效应显著小于个人投资者。李三山和曹欢(2011)则从实验的角度,运用眼动实验方法对投资专业人士与非专业人士进行分组分析,发现无论股票指数上涨或者下跌都能在两组中显著发现处置效应,但专业人士在股票指数下降时处置效应不显著。此外,在自我意识的性别方面,包括曹倩、牛晓飞和李建标(2021);刘新和张月芳(2019);兰俊美、郝旭光和卢苏(2019);覃方彦(2019);肖琳、赵大萍和房勇(2018);伏天媛(2016);王志强、苏刚和张泽(2016);伍燕然、黄文婷和苏淞等(2016);周铭山、周开国和张金华等(2011);杨青(2007);孙建军、陈耕云和王美今(2007)等国内学者也从各个层面对处置效应的差异进行了研究,得出了相似的结论,即女性相比男性有着更大的处置效应。

2.2.3　个人投资者与机构投资者

2.2.3.1　社交对个人投资者行为的影响

个人投资者作为能力和信息相对缺乏的投资者群体,会更依赖从社交渠道获取的信息来进行决策,同时也更容易出现投资行为的偏差。现有文献通过研究发现,社交消息传递能够对以下几类投资者行为造成影响。

第一,社交信息传递会加剧个人投资者的过度交易行为。过度交易行为广泛存在于证券市场中的投资者身上,并对投资者的收益率有着负面的影响(Barber & Odean,2000a,b,2001,2002)。传统的行为金融理论往往将投资者的过度交易行为归因于投资者内在的过度自信心理偏差(Odean,1998;Statman,Thorley & Vorkink,2006),然而 Hirshleifer(2020)指出,即使投资者本身没有此类心理偏差,社交同样可以引起投资者的过度交易行为。理论方面,根据 Han、Hirshleifer 和 Walden(2022)的社交传递偏差模型,社交信息传递会使投资者的交易变得更为活跃。该文作者对投资者的社交过程进行了建模分析发现,在社交过程中,信息的发送者会受到"自我强化传递偏差"(self-enhancing transmission bias)的影响,更倾向于谈论自己过往的成功经历而选择性地忽视过往的失败经历。因此,信息发送者通常会在获取高收益率后发送信息,且发送的信息表现出过度乐观。在信息接收过程中,信息接收者并未意识到其接收的信息中存在偏差,且受到"代表性启发偏差"(representative heuristic)的影响,信息发送者的收益率越高,信息接收者越容易相信其接收的信息并最终选择更为活跃的交易策略。实证方面,Barber和Odean(2002)发现,率先使用互联网交易的投资者会进行更为频繁的交易并由此导致其收益率的下降,很可能是因投资者在互联网上进行的社交信息传递行为所导致。然而,该文作者并未能识别出互联网影响投资者行为的具体渠道。针对这一缺点,Simon和Heimer(2013)通过社交投资平台上的投资者数据发现,在互联网上的社区中,投资者的交易频率会受到他们关注的人的收益率的影响。具体地,其关注的人获取的收益越高,投资者的交易频率也越高,这与Han、Hirshleifer和Walden(2022)的模型推论一致。

第二,社交信息传递会增加彩票型股票对个人投资者的吸引力。过往理论认为,投资者购买彩票型股票的原因在于投资者具有非传统的内在偏好(Brunnermeier,Gollier & Parker,2007;Brunnermeier & Parker,2005)。正如前文提到的,Han、Hirshleifer和Walden(2022)的模型指出社交信息传递会让投资者选择更为积极的策略。其中,积极的策略除了表现出更高的交易频率,还表现出对更高的波动率和收益率偏度股票的偏好等特征,也即彩票特征(Bali,Cakici & Whitelaw,2011;Kumar,2009;郑振龙,孙清泉,2013)。Jin、Zhu和Huang(2019)通过对社交投资平台"雪球"的研究发现,该平台上投资组合的整体波动率随着时间而增大,表明社交平台上的投资者在社交信息传递的影响下会选择风险更高的策略,这一现象与Han、Hirshleifer和Walden(2022)模型的推论相符合。除了利用社交投资平台上的投资组合微观数据,Bali等(2021)从资产定价的角度得到了类似的发现。该文作者以每一家公司总部所在城市的人口密度及SCI指数作为该公司股票投资者的社交程度的代理变量,并发现公司总部所在城市人口密度及SCI指数更高的股票具有更高的彩票溢价,且这一现象主要集中于散户持股比例较高的股票中。这一结论表明,社交信息传递使得个人投资者更多地购买彩票型的股票从而导致了彩票型股票价格的高估。

第三,社交信息传递会催生投资者的关联交易(correlated trading)。理论方面,Colla和Mele(2009)将投资者间的信息联系(information linkages)引入了理论模型,从而分析均衡状态下投资者如何利用其自身与他人之间的信息联系进行交易。该模型发现,信息联系更紧密的投资者间更容易作出相同的交易决策,而信息联系较疏远的投资者间更容易作出相反的交易决策,这意味着投资者间的信息传递会令他们作出相同的决策,即产生关联交易的现象。实证方面,Feng 和 Seaholes（2004）采用我国的个人经纪股票账户数据发现,身处同一个地区的投资者间的买入和卖出行为往往是高度关联的,且居住于同一家公司总部附近的投资者对该公司的公开信息发布往往会有相似的反应,这一现象很好地支撑了 Colla 和 Mele（2009）模型的结论。

第四,社交信息传递会促进个人投资者的复制交易行为。Shiller 和 Pound（1989）的问卷调查指出,当投资者被问到什么股票会更吸引他们的关注时,多数投资者称他们会对日常联系的朋友于近期购买过的股票更感兴趣。这一问卷结果表明,社交信息传递很可能会导致投资者的模仿交易行为甚至是复制交易行为,但受数据的限制（传统数据很难在识别投资者社交关系的同时获取他们的交易数据）,学者们很难通过实证研究对该假设进行验证。近年来,随着社交投资平台的兴起,学者们在这一问题的研究上取得了突破。社交投资平台的重要特征之一便是投资者可以复制他人的交易或直接将钱投入他人的组合中,这一特征使得学者们可以同时获取到投资者间的社交关系以及复制交易行为的数据。Röder 和 Walter（2019）研究了社交投资者平台上的组合吸引来自粉丝的现金流的决定因素,并发现组合的历史收益率是其吸引粉丝投资的最主要原因,且与共同基金不同,社交投资平台上组合的原始收益率是其吸引粉丝最重要的指标,而非 Jensen（1968）的一因子 $alpha$,Fama 和 French（1992）的三因子 $alpha$,以及 Carhart（1997）的四因子 $alpha$ 等基于风险因子调整后的超额收益率指标。除了组合收益率,Ammann 和 Schaub（2020）首次使用社交投资平台的评论数据来研究社交信息传递对投资者行为的影响,并发现组合持有者的发言同样会影响其粉丝的复制交易行为。若组合的持有者在平台上发布的评论越多,则其粉丝投资于该组合的概率也越高。

2.2.3.2　社交对机构投资者行为的影响

与个人投资者类似,Shiller 和 Pound（1989）的问卷调查表明,机构投资者对投资组合的选择是受人际交流影响的。例如,机构投资者可通过与朋友和同事交流以获取关于个股的信息和新闻,尤其是资产庞大的机构投资者容易忽视的冷门小盘股。在 Shiller 和 Pound（1989）的基础之上,学者们通过识别机构投资者间的各种社交关系,研究了社交信息传递如何影响其投资行为和收益,并发现社交对机构投资者的影响具有两面性。

一方面,社交信息传递对于机构投资者具有正面影响。机构投资者在通过社交来传递和获取信息时,能够建立起信息优势,从而减少信息不对称以做出更好的投资决策并提升其投资收益。

首先,邻居是机构投资者的重要人际资源之一。居住地或工作区域相近的机构投资者之间可以通过线下会议和聚会等方式进行交流,从而通过"口口相传"的方式传递信息。Hong、Kubik 和 Stein(2005)利用机构投资者所在城市的数据研究发现,机构投资者更倾向于与同城的其他机构投资者购买(或卖出)相同的股票,即同城机构投资者间的持股和交易是高度相关的。对于这一现象,该文作者认为这极有可能是同城机构投资者间的"口口相传"行为所导致的。然而,由于数据的限制,该文作者并不能排除其他潜在的解释。例如,同城的机构投资者可能由于阅读相同的报纸或收看相同的电视节目并从这些共同的信息来源中挖掘投资观点,从而导致其持股和交易的高度相关。因此,在 Hong、Kubik 和 Stein (2005)的基础上,Pool、Stoffman 和 Yonker (2015)收集了基金经理居住地址的历史记录,并计算每对基金经理住址之间的地理距离。利用居住距离结合不同城市的人口密度,该文作者识别出了更为精确的邻居关系(如在曼哈顿或波士顿等人口稠密地区,只有居住距离少于一英里的两个基金经理才被归为邻居)。通过将上述邻居关系作为基金经理社交关系程度的代理变量,该文作者发现互为邻居的基金经理之间的投资重叠率远高于同一个城市非邻居基金经理间的重叠率,由此表明互为邻居的基金经理之间更有可能相互交流。同时,该文作者还发现当一对基金经理具有相似的种族背景时,上述影响将更为显著。这些发现使 Pool、Stoffman 和 Yonker (2015)能够排除 Hong、Kubik 和 Stein (2005)指出的一些替代解释,如本地偏好和本地媒体的影响等,从而证明机构投资者间的重叠交易是由社交信息传递所导致。在此基础上,通过对邻居之间的重叠交易组合(共同买入或共同卖出的股票组合)进行研究,该文作者发现机构投资者的重叠买入组合的收益率显著高于重叠卖出组合的收益率,而非重叠买入组合与非重叠卖出组合的收益率无显著差异。上述结果表明,作为邻居的机构投资者间会通过"口口相传"的方式传递有价值的信息,从而帮助机构投资者获取信息优势,并实现更高的投资收益率。

其次,校友是机构投资者另一重要的人际资源。机构投资者可通过校友网络与其他机构投资者、卖方分析师和上市公司高管等进行交流以获取信息。Cohen、Frazzini 和 Malloy(2008)率先基于共同基金经理和公司董事会成员之间的共享教育网络研究了校友关系对基金经理投资决策的影响,并发现基金经理对他们校友公司股票的投资金额更大,且基金经理在这些公司股票上的收益要好于没有校友关系的公司。通过构建投资组合,该文作者发现基金经理的校友关联公司组合年化收益率比非关联公司组合高出 8.4%。与此类似,Cohen、Frazzini 和 Malloy(2010)基于卖方分析师和上市公司高管的教育背景数据研究发现,当卖方分析师与上市公司高管有共同的教育背景时,他们推荐的股票表现更为出色。通过一个简单的投资组合策略,即做多校友分析师的买入建议公司和做空非校友分析师的买入建议公司,可获得 5.40% 的年化回报率。同时,通过将美国推出的旨在阻碍选择性披露的 FD 监管条例作为外生冲击,该文作者发现在 FD 监管条例通过之前以及在没有类似条例的地区(如英国),分析师的校友资源对其预测表现的帮助会更大,这表明卖方分析师的确通过其校友资源获取了更多私有信息。在国内,申宇、赵静梅和何欣(2016)利用我国上市公司高管和基金经理的教育背景信息构建了校友关系网络,并研究了校友关系网络对基金业绩的影响。该文作者发现基金经理的校友关系能够帮助其获取更多的私有信息,从而能够通过更为积极的主动投资和隐形交易来获得更好的投资收益。同时,校友关系只对基金买入交易产生积极的影响,而对卖出交易没有明显的影响,表明校友间往往会对好消息共享而对坏消息则是"大难临头各自飞"。上述文献均表明,校友资源是优质的信息来源,能够帮助机构投资者获取信息优势,从而获取更好的投资表现。

通过邻居和校友的社会关系构建社交信息传递的代理变量,学者们发现机构投资者能通过社交信息的传递改善自己的投资表现。但由于数据的限制,学者们无法更进一步地分析机构投资者如何利用他们所获取的信息,例如,机构投资者对于其通过社会网络获取的信息是照单全收,抑或是有选择地进行投资?对此,Lane、Lim 和 Uzzi(2022)利用超 100 万条即时短信和 200 万条机构投资者的交易记录,直接观测到了信息如何通过机构投资者的社会网络关系进行传播,从而分析其对机构投资者交易决策和投资收益的影响。该文结果表明,机构投资者对于信息的分享是不对称的,其更有可能交流关于投资收益而非损失的信息,尤其是与他们关系密切(交流频率更高)的人。这一证据与 Han、Hirshleifer 和 Walden(2022)的"自我强化传递偏差"模型结论一致。然而,与 Han、Hirshleifer 和 Walden(2022)模型不同的是,信息接收者随后的交流和交易记录表明,他们在一定程度上意识到了发送者在交流中的这种偏差。具体的,当信息是关于发送者的损失而不是收益时,信息接收者更有可能根据信息发送者发来的信息进行交易,且他们更可能通过购买信息发送者损失的股票从而在未来获取更高的投资回报。最后,该文作者发现,当收到关于亏损股票的信息是来自关系更为密切的同行时,机构投资者能在同一只股票上获取更高的投资回报。这一结果表明,机构投资者对于其通过社交获取的信息有很强的解读和挖掘能力,"取其精华去其糟粕",从而获取更高的投资回报率。

另一方面,社交信息传递对于机构投资者也可能存在负面影响。机构投资者在通过社交传递信息时,其间存在大量无价值的信息,以至于机构投资者无法通过此类信息获取更好的投资表现。同时,情绪和行为偏差会随着社交在机构投资者之间传染,从而导致机构投资者作出错误的决策并降低其收益率。

Qi 等(2020)基于我国 2005 年至 2015 年 134 个股票型共同基金的基金经理信息构建了基金经理的共享教育网络,并研究了在中国背景下校友网络对共同基金的基金经理的投资策略的影响。该文作者发现,拥有共同校友网络的共同基金的基金经理倾向于作出类似的投资组合配置(同时持有相同的股票或持有其校友过去持有过的股票),且当一对基金经理是研究生阶段的同学时,校友网络的影响往往更强。但是,与过往文献的发现不同(申宇,赵静梅,何欣,2016),该文作者发现校友网络对基金经理的投资收益并无正面的影响,且随着网络的扩大,校友网络会伤害基金经理的投资收益。这一结果表明,校友间的重叠交易可能只是基金经理间的无效抱团行为(羊群效应),并无法帮助其获取超额收益。

Au、Dong 和 Zhou(2020)以新冠疫情(COVID-19)的暴发作为外生冲击,并利用 SCI 指数反映基金经理与疫情风险地区的联系紧密程度,从而研究了 2020 年第一季度的疫情暴发期间社会关系如何影响基金经理的持股。该文作者发现,相比于与疫情地区没有联系的基金经理,位于疫情高风险地区或与该地区有社会联系的基金经理在该季度抛售了更多的股票。然而,这种减持被证明是恐慌导致的过度抛售,因为减持的股票在随后的一个季度里急剧反弹。这一结果表明,尽管社会关系有助于基金经理从熟悉的地区获取更多信息,但这也使得对新冠疫情的恐惧和"显著性偏差"(salience bias)通过社会网络进行传播,并最终导致了错误的交易决策。

Kuchler 等(2021)利用 SCI 指数进一步探讨了社会关系在解释专业投资者的投资行为中的作用。他们发现,机构投资者更有可能投资于与他们有较强社会关系的地区的公司。该文作者还发现,社会关系对市值低、分析师报道少的公司的投资影响最大,这与个人投资者缺乏系统分析的资源且依赖"口口相传"获取信息一致,机构投资者同样会通过社会关系来发现那些不被熟知的小市值股票的投资机会。然而,通过研究机构投资者的持仓,他们还发现机构投资者无法通过投资与其社会关系较强地区的公司来获取更高的投资收益。综上,上述结果表明社交网络可以提高机构投资者对信息透明度较低的公司的关注,从而影响他们的投资选择,但并不能为他们提供信息优势。

2.3　社交对投资结果的影响

2.3.1　基于过度交易的角度

关于个人投资者投资绩效的文献在 20 世纪 70 年代开始出现。Schlarbaum、Lewellen 和 Lease (1978a,1978b)分析了美国某证券经纪公司所有客户的综合收益,他们搜集了该经纪公司下面 2500 个客户从 1970 年 12 月开始的长达 7 年的交易记录,然后计算加总的月度收益。最终结果显示,投资者在股票选择中展现出了"令人印象深刻的智慧"。虽然他们承认一个经纪公司下面的客户不能代表全体投资者,但是他们充满信心地表示其结论是稳健的。

然而,在此之后的研究普遍发现个人投资者并没有 Schlarbaum、Lewellen 和 Lease (1978a,1978b)所声称的那样表现优异。Benos (2004) 以及 Odean (1998a) 指出,由于过度自信,个人投资者存在过度交易的现象。Dow 和 Gorton (1997) 指出,不仅是个人投资者,机构投资者也存在过度交易的现象。在他们的理论模型中,基金管理者仅仅为了向他们的雇主展示"他们并非什么都没做"就会从事无谓的交易。不仅是金融学的文献,心理学的文献也大量证实了过度自信与过度交易的普遍存在。Jerome 和 Frank (1935) 指出人们对于自己的能力存在过度自信,Lichtenstein、Fischhoff 和 Phillips 等 (1982) 则指出人们还对自己掌握的知识存在过度自信。择股是一项非常具有挑战的工作,并且人们尤其喜欢在具有挑战的工作中表现出过度自信。Griffin 和 Tversky (1992) 论证道,当面对不确定性非常强的任务的时候(例如在股票市场中作出投资决策），同新手相比，有经验的专家更加容易过度自信，因而也更加容易过度交易。

一个很自然的推论是，如果过度交易是一种非理性的行为，那么过度交易的投资者肯定会遭受更大的损失并最终退出市场，但现实是市场中始终存在着大量的过度交易行为。对此有许多种不同的理论尝试解释。一种是"逆向选择"：由于过度自信的人对自身的交易能力具有不切实际的估计，因此他们更爱在股票市场中找工作。最终，由于逆向选择导致市场中充斥了过度交易的从业者。另一种解释是"幸存者偏差"：Langer 和 Roth（1975）以及 Miller 和 Ross（1975）提出，当面对损失的时候，理性的投资者会意识到自身能力的局限而退出市场，但是那些高估自己能力的投资者，不仅不会将损失归咎于自己，还会将因为运气而获得的收益归功于自己的能力，因而他们不太可能退出市场。这些过度自信的交易者会持续进行交易并控制越来越多的财富，最终，整个市场都充斥了过度交易的投资者。Gervais 和 Odean（1999）提出了一个理论模型来支持以上假说。

也有学者从"投资者效用"以及"对于未来收益的预期"的角度解释过度交易的持续存在。Benos（1998）以及 Odean（1998a）的理论模型假设，过度自信的投资者不仅存在过度交易的行为，而且如果强行让他们进行理性的交易，他们的效用还会下降。因此，对于理性的投资者，当预期收益要低于交易成本的时候，他们会停止交易，但是对于上述过度自信的投资者，由于他们对于未来预期收益具有不切实际的高期望，故他们哪怕遭受损失也会持续进行交易。

Han、Hirshleifer 和 Walden（2022）以及 Han 和 Hirshleifer（2012）的理论模型不仅认为社交加快了高风险的主动投资策略在社区间的传播，还认为这种主动投资策略会导致整体收益的较低。主动投资策略的特点是交易频率高并且常常选择波动性比较高的个股。相比于以上其他对于过度交易的解释全都基于"个体"的心理偏差，Han、Hirshleifer 和 Walden（2022）提出虽然个体的因素很重要，社交在过度交易中也扮演了不可或缺的角色。哪怕不存在个体的过度自信，投资者的交流过程本身就会助长过度交易行为并对投资收益产生不利影响，因为高风险的交易策略（例如高频交易）在对话中具有更大的说服力。

2.3.2　基于信息扩散的角度

虽然许多文献从过度交易的角度论述了社交会导致收益的降低，但是也有相当一部分文献从信息扩散的角度认为社交有助于提高人们的收益。这类文献从信息经济学的观点出发,认为社交有利于信息扩散,而及时的信息是取得高收益的关键(Grossman & Stiglitz,1980;Ozsoylev & Walden,2011)。

　　虽然关于信息扩散促进收益提高的理论模型在很久之前就已被提出,并且已经相当完善,但是直到 Ozsoylev、Walden 和 Yavuz 等(2013),尚未有对于整个市场(例如整个国家的股票投资者)展开的实证研究。Ozsoylev、Walden 和 Yavuz 等(2013)的研究则开了先河,其研究的基本假设是,虽然最终任何信息会传递到网络的每个角落成为公开信息,但是位于网络"中心"的投资者比位于网络边缘的投资者能够更快地获得这些信息。因此,中心节点的投资者可以利用他们的网络信息优势获利。该理论的一个推论是:由于资产价格是由所有交易者加总的交易行为决定的,因而投资者网络位置的异质性可以用来解释资产价格的某些动态特征。Ozsoylev、Walden 和 Yavuz 等(2013)的实证研究使用"特征向量中心性"(eigenvector centrality)来度量土耳其其的每个股票投资者在本国投资者网络中所处的位置,发现越是处在网络"中心"的投资者,其投资收益越好,也即投资者的网络"中心性"与投资收益之间存在正向关系。在其他条件不变的情况下,投资者"中心性"每增加一个标准差,其投资收益就增加 0.2% 至 2.8%(以 30 天作为计算收益的周期),也即在其他条件不变的情况下,一个投资者每买入或卖出 10000 土耳其里拉的股票,他就比那些"中心性"比自己小一个标准差的投资者要多赚 20 到 280 里拉。Ozsoylev、Walden 和 Yavuz 等(2013)的研究控制了成交量等其他因素,其研究结果非常有力地支持了投资者网络的拓扑结构对于投资收益具有重要影响的观点。

　　在此基础上,便出现了两类研究角度。部分研究者认为大部分投资者对某一问题越关注,其在市场上显现的可能就越大。Mannes(2009)考察研究了群体智慧在群体中的影响,发现个体在群体中往往比较注重自身的第一直觉,忽略群体给予的有效建议,但总体上群体智慧对行为有着显著影响。Foutz 和 Jank(2007)利用 FSA 研究方法通过对某一虚拟股票交易网站中的信息进行筛选,发现其能准确预测未来市场情况,对投资决策有着一定的帮助。Chalmers、Kaul 和 Phillips(2013)研究了基金投资者的资产配置决策,发现相比个人投资者,基金投资者总会结合多方面的信息,不会出现过多的应激性反应。Chen、De 和 Hu 等(2014)通过研究投资者观点在社交媒体中的流动发现,媒体中那些受关注多的观点,总能对股票价格和收益率进行正确预测。

Azar 和 Lo (2016)通过研究 Twitter 中相关的投资者发布数据也得出了相似的结论。

另一部分研究者认为,群体智慧带来的效用不低于甚至超过领域的专家。Ray (2006) 通过对某一网站中,各类专业或非专业投资者对市场的各类指标的关注,例如利率、汇率、通胀率股票价格等,进行了研究后发现竟然能对其中大部分的指标进行准确的预测,从而证明了群体智慧的存在性。Ghosh、Zafar和 Bhattacharya 等(2013)通过研究传统专家的言论样本与 Twitter 中 50 万名具有专家标签的用户进行研究,对比发现两者各有优势,网络中的专家具有一些传统专家无法具有的优势。Budescu 和 Chen (2015)提出了一种利用群体智慧提升菜鸟投资者的方法,发现群体智慧能够有效提升"菜鸟投资者"的预测能力。Mollick 和 Nanda (2016)利用艺术品众筹的数据,对群体选择与专家选择的结果进行对比,发现群体选择的决策很大程度上能够弥补专家决策的不足。Tang (2018)研究了 Twitter 中对公司销量的预测,发现 Twitter 中的很多评论可以比肩专家,不仅能预测未来的销量,更能预测预想不到的销量增长。Lee、Li 和 Shin (2019)利用数字货币讨论平台中的数据研究发现,平台中培养出的专家能够成功预测未来长时间的数字货币价格,但无法预测出未来的波动率。Bankamp 和 Muntermann (2020)通过研究社交交易平台中投资者排行问题,发现排行是一个能够发现投资者专业性的方式,并会因此给投资者带来一定的收益且避免更大的风险。

2.4　社交对资产定价的影响

2.4.1　对成交量和波动率的影响

投资者在网上的互动与学习行为反映了"投资者情绪",当把个人的情绪加总之后就可以得到整个市场的投资者情绪。有一类文献就从这个角度入手,研究"投资者情绪"对于成交量与波动率的影响。Antweiler 和 Frank (2004)使用文本挖掘工具,从投资者的发帖中提取投资者情绪指数,就网络发帖与资产定价之间的关系展开了研究。他们发现,发帖量与成交量之间存在双向影响,但若从较短的区间(15 分钟)衡量,成交量对发帖量的影响更显著。

类似的,情绪与成交量之间也存在双向的影响,但是成交量对情绪的影响更明显,特别是对于那些小额交易而言。他们猜测,这是因为个人投资者更愿意在网上谈论他们刚刚完成的交易。进一步剔除了日期效应、联邦基金利率、新闻报道等因素对成交量的影响后,这种发帖量对于成交量的影响依旧是显著的。Das 和 Chen(2007)则发现,情绪与发帖量具有很高的相关性,他们推测,这是由于人们在对股票看涨的时候更乐于发帖。此外,Antweiler 和 Frank(2004)还检验了发帖量对于波动率的预测作用。他们考虑了已实现波动率以及GARCH 等两种常见的波动率模型,发现当把发帖量作为外生变量引入以上任意一个模型时,模型的预测能力都得到了提高。Das 和 Chen(2007)同样得到了这个结果。

另外一类文献从"社交互动增加了人们对于高波动率股票的偏好"的角度对社交与成交量之间的关系进行了研究。Han、Hirshleifer 和 Walden (2022)第一次从理论上说明,社交会在长期中增加特定种类股票的交易量与波动率,同时对这类股票的收益产生下行压力。根据他们的理论,由于"自我强化偏差"对于发送者函数与接收者函数的影响(见第 3 章),最终主动投资者在投资者社区中不断上升。又因为主动投资者的交易频率比较高,并且喜欢波动率高的股票(因为这类股票有更大的概率产生极端高收益),因而市场对于高波动率股票的需求增加,这类股票的波动率也进一步增大。

Han、Hirshleifer 和 Walden (2022)的模型对传统的模型作出了两大突破。首先,他从投资者之间"社交"的角度,而不是"资产本身特征"的角度解释了投资者对于高偏度的资产——例如期权或者"彩票股票"(lottery stock)——的喜爱。大量文献表明,投资者对于"彩票资产"具有非理性的偏好,这类资产包括:成长性高的股票、陷入财务危机的公司、最近 IPO 的公司、高波动率的股票等。此外,研究者发现投资者还容易对热门"话题股票"产生非理性的偏好,例如体育、娱乐、媒体等行业的股票。对于以上的现象,传统的理论理论仅仅从投资品本身的特征进行解释。例如,Mitton 和 Vorkink (2007)与 Goetzmann 和 Kumar (2008)提出,投资欠分散(underdiversified)的投资者更加喜欢高偏度,特别是高异质性偏度(idiosyncratic skewness)的股票,因为这类投资者缺乏经验,且倾向于高估资产的未来收益。Brunnermeier 和 Parker (2005)以及 Barberis 和 Huang (2008)在"前景理论"的基础上也得出了类似的结论。Han、Hirshleifer 和 Walden (2022)的理论对于前人的突破在于,哪怕投资者对于未来的预期是完全理性的,仅仅因为他与别人交流，其对股票的偏好就会逐渐向高偏度的股票倾斜。Han、Hirshleifer 和 Walden（2022）的理论也得到了实证的支持。Kallick、Suits 和 Dielman 等（1979）发现，生活在人口密集的城市的投资者比生活在地广人稀的农村的投资者更喜欢买彩票。Kumar（2009）则进一步发现，不仅是彩票，对于高偏度的股票，城市投资者也展现出了比农村投资者更大的喜爱。背后的原因可能是城市由于人口密集，因而人们有更多的机会进行交流，社交也更强，从而增加人们对于风险的偏好。

Han、Hirshleifer 和 Walden（2022）对传统理论的第二个突破在于他们试图解释传统理论无法解释的"股市波动率的增加伴随着交易量的增加"的异象。传统理论认为，当市场的波动率很大时，理性的投资者为了节省交易费用与减少风险，会尽量采用"买入并持有"的策略。但是事实是，在某些股市波动率高的期间，市场的成交量反而上升。Han、Hirshleifer 和 Walden（2022）的解释是，由于"自我强化偏差"对于社交的影响，主动交易者在投资者中的比重会逐渐增加。由于主动交易者偏好高波动的股票，因而在股市波动很大时，他们反而会增加交易频率，从而导致整个市场成交量的上升。

2.4.2 对资产价格的预测能力

Han 和 Yang（2013）通过构建一个理性预期均衡模型，探讨了信息网络对金融市场的影响。他们指出，当信息是外生的时候，社交沟通会提高市场效率。然而，由于投资者普遍有"搭便车"的动机，社交沟通会对信息的生产产生挤出效应。因此，在信息是内生的情况下，社交沟通最终会降低市场效率。其结果表明，在研究信息网络对金融市场的影响时，社交信息传递具有相当的重要性。

社交信息传递降低市场效率的一大特征便是经由社交传递的信息能够影响资产价格，从而导致此类信息对于资产价格具有一定程度上的预测能力。对此，学者们通过大量的实证研究对这一假设进行了验证。基于数据的可获得性，线上股票论坛是学者用于研究社交信息传递影响资产价格的主要数据来源。在线上股票论坛中，投资者可以通过发帖和评论互相交流和交换信息。因此，线上论坛的帖子可能包含有价值的私人信息，从而有助于预测股票收益。即使这些帖子中未包含有价值的信息，大量投资者也可能会遵循此类帖子中的建议，从而导致价格偏离有效水平。基于上述理由，学者们对于线上发帖是否能够预测股票收益率做了大量的研究,并发现了不同的结论。

在国外等较成熟的市场中,学者利用各种线上论坛的发帖数据研究发现,个人投资者在线上论坛中分享的信息往往只是噪音,并不具备能够预测未来收益率的有效信息。Tumarkin 和 Whitelaw(2001)利用线上论坛 RangingBull. com 于 1999 年 4 月至 2000 年 2 月的发帖数量数据研究了线上异常发帖活动是否对于股票未来的收益率有预测能力,其中异常发帖活动被定义为信息发布数量超过五天移动平均信息发布数量的两个标准差。他们发现,在具有异常发帖活动的当天,股票价格会出现小幅的上涨,但几乎没有证据表明其对于股票的未来收益有预测能力。因此,该文作者认为是市场信息影响了线上发帖活动,而非反向,这与市场有效是一致的。类似的,Dewally(2003)同样发现,线上论坛中关于股票推荐的帖子往往会在股票价格大幅上升后涌现,但并没有证据表明这类帖子的出现能够预测未来股票价格的变化。除发帖数量外,Kim 和 Kim(2014)通过文本分析的方法提取了 Yahoo! Finance 论坛帖子中蕴含的投资者情绪,并检验文本情绪是否具备预测股票收益率的能力。然而,他们同样发现,基于发帖信息提取的投资者情绪同样无法预测股票收益率,反而投资者情绪会受到先前股票价格的正向影响。上述证据表明,在一些国外论坛中,大量的发帖仅仅是传递噪音,并无法传递有价值的信息。

然而,与成熟度较高且更为有效的一些国外市场相比,我国的股票市场是由个人投资者支配的市场(Carpenter、Lu 和 Whitelaw,2021)。因此,在个人投资者对股票市场影响更大的背景下,我国的线上论坛更可能影响资产价格的变动,从而导致未来的收益率具有可预测性。金雪军、祝宇和杨晓兰(2013)利用东方财富股吧于 2012 年 10 月至 2013 年 9 月的发帖信息建立了基于网络媒体的看涨指数和意见趋同指数。该文作者发现,股吧帖子的发帖数量和看涨指数均能正向预测股票的未来收益率,而意见趋同指数则能负向预测股票收益率。类似的,杨晓兰、高媚和朱淋(2016)以及部慧等(2018)通过股吧帖子的文本信息提取了投资者情绪,并发现股吧投资者情绪对股票收益率、开盘价和收盘价分别有不同程度的预测能力。

除了上述以个人投资者为主的线上论坛之外,还存在部分论坛是以机构投资者为主的私人论坛。与个人投资者不同,一方面,机构投资者的资金量更可能对资产价格造成影响。另一方面,机构投资者具备更高的专业知识和素养,其分享的信息可能比个人投资者更具价值。Crawford、Gray 和 Kern

(2017)利用私人互联网论坛 Valueinvestorsclub 上的发帖数据研究了基金经理私下分享的投资建议是否会对资产价格变动产生影响,并发现了与 RangingBull. com 和 Yahoo! Finance 等个人投资者论坛不同的结论。该文作者发现,基金经理在该论坛上发表买入建议的股票在未来会产生正的超额收益,而发表卖出建议的股票在未来会产生负的异常收益。在这些结果的背景下,他们探讨了为什么基金经理在这些论坛上的发表的建议对于股票的未来收益具有预测能力。有证据表明,基金经理在该论坛上分享自己的私人信息能够获得建设性的反馈,这最终导致其分享的信息吸引了更多的套利者资本从而影响资产价格,这些发现与 Stein(2008)以及 Dow 和 Gorton(1994)理论预测一致。

2.4.3　资产估值与泡沫形成

除了对于资产收益率的预测能力,学者们通过研究发现,投资者间的社交信息传递行为会通过影响投资者的投资决策,从而影响到股票的估值并催生泡沫。

一方面,社交可以帮助投资者获取更多的信息,尤其是被其忽视的股票。因此,当投资者通过社交传递关于某一类资产的信息时,这类资产往往能引起投资者更多的关注,使得这类资产需求增加,从而导致估值的上升。Han、Hirshleifer 和 Walden (2022)的理论模型指出,社交可以让投资者选择更为积极的投资策略,而积极策略的特点表现为选择更高的波动率、偏度和极端收益率等特征的股票。这一推论表明,社交能够导致投资者购买更多具有彩票特征的股票,并造成此类股票价格的高估。对此,Bali 等(2021)以上市公司总部所在城市的人口密度和 SCI 指数作为公司股票投资者的社交信息传递活动的代理变量,并以股票的单日最大收益率(MAX)作为彩票特征,从而对这一推论进行验证。该文作者发现,公司总部所在城市人口密度更高和 SCI 指数更高的股票具有更高的彩票溢价,表明社交是造成彩票型股票价格高估的重要原因之一。但是,这一现象仅仅存在于机构持股比例较低的股票中。

Kuchler 等(2021)利用公司总部所在城市的社交联系指数作为社交的代理变量。研究发现,当一家公司所处的城市与拥有大量机构资本的城市(如纽约)有更强的社交联系时,该公司股票便会拥有更高的估值和流动性,且这些现象对于分析师覆盖面较小的小公司来说是最大的。这一发现表明地区间的社交关系影响了企业对资本的获取，并造成了经济产出的地域差异，证明了社交在投资决策中的重要性大到足以影响资产市场的均衡。

另一方面，与"传话游戏"类似，在投资者通过社交进行信息传递时，随着信息传递次数的增加，信息往往会偏离其本意，导致投资者接受错误的信息并作出错误的决策。Hirshleifer(2020)建立了有偏的信息过滤模型，并发现当信息传递存在偏差时，随着传递次数的增加，信息传递可以引起资产价格的泡沫。对此，Steiger 和 Pelster(2020)通过行为实验的方法，研究了社交互动对资产市场的影响，并对社交互动能引起资产定价泡沫这一假设进行了检验。该文作者通过对比允许社交的实验组市场和无社交的对照组市场在实验室环境中的资产价格，发现相对于对照组而言，允许参与者进行面对面交流的实验组市场显示出更明显的资产价格泡沫。

类似的，除了面对面的"口口相传"效应外，投资者的线上社交同样可以引起资产价格泡沫。Yang、Zhu 和 Cheng(2020)提取了股吧论坛发帖的文本信息并研究发现，股吧帖子中的文本信息能够正向预测股票的异常交易和崩盘概率。这表明，投资者在线上论坛的信息交流对股票价格泡沫的产生有着显著的影响，从而导致股票价格崩盘的概率提高。

2.5　小结

通过对现有的社交金融相关研究的总结可以发现：

首先，社交金融研究的发展随着社交模式的发展而发展。从最早的"面对面"以及"共同信仰"的社交行为，逐步转变为互联网线上社交。线上社交的模式及其所带来的整体扩散效应，与线下社交相比有着本质不同。如何对待互联网线上社交行为，才是目前社交金融的切入点。故而，本书针对的社交金融中的社交行为即为互联网社交。

其次，社交金融研究存在着系统性不足的问题。无论在投资者行为、投资结果还是资产定价方面，社交金融的研究都已开始起步，尤其在投资者行为方面已有一定深入，但受限于数据和研究方法等原因，在投资结果和资产定价方面存在不足，在系统性方面还存在缺失。本书根据学者研究成果建立社交金融理论框架，并在三方面进行系统性研究，能在上述两个方面对社交金融的研究进行一定程度的完善。

最后，社交金融未来的研究路径尚不明确。目前大部分的研究，都基于传统的金融学研究框架，有着较浓的学科研究特点。但随着目前 AI 技术的进一步发展，各个学科的研究方法和研究思路都将经历更大的挑战和发展。鉴于社交金融这一研究方向成就与信息时代的背景，本书将结合目前的科技发展趋势，给予社交金融研究发展指导，能够一定程度上起到社交金融研究的指引作用，启发更多感兴趣的研究者，并提升其研究和发展潜力。

第 3 章

社交金融理论框架的构建

3.1 模型构建

3.1.1 社交过程的推导

本章根据 Han、Hirshleifer 和 Walden(2022)提出的 SETB 模型的基础上进行扩展,将投资者对信息的解读能力引入模型框架,研究社交信息传递对投资者行为、收益率和资产定价方面的影响。

首先,为捕捉投资者"自我强化传递偏差"的特征,设定投资者的发送函数。在"自我强化传递偏差"的假设下,投资者会更愿意与他人讨论自己过往的成功投资经历,换句话说,投资者发出信息的概率会随其过去收益率(持有的个股收益率或组合的收益率)的升高而增大。具体的,本书定义发送函数由以下的线性函数表示:

$$s(R) = \beta R + \gamma \beta, \quad \gamma > 0, \qquad (3.1.1)$$

其中,R 表示信息发送者过去的投资收益,$s(R)$ 为投资者向他人发送信息的概率。

在式中,β 反映了信息发送者的"自我强化"(self-enhancement)程度,当信息发送者更希望通过汇报其高收益来提高自己在社交中的形象并获取满足感时,其"自我强化"程度则更强,即 β 更高。此外,γ 反映了信息发送者的交际能力(sociability/conversability),若一个投资者具备更强的交际能力或更愿意参与社交活动,则其 γ 越高。

在信息接收过程中,本书假设每个信息接收者的接收函数为:

$$r(R) = [f(R)]^{1-\omega}, \qquad \omega \geqslant 0, \qquad\qquad (3.1.2)$$

$$f(R) = aR^2 + bR + c, \qquad a, b, c > 0, \qquad\qquad (3.1.3)$$

其中，$r(R)$ 为信息接收者采纳信息发送者策略的概率，接收函数 $f(R)$ 为一个二次函数。

接收函数的推导

本节结合信息接收过程的两个特点对本书模型式（3.1.3）中的接收函数形式进行推导：第一，高极端收益率更易吸引信息接收者的注意；第二，不同的信息接收者会通过解读策略历史收益率中蕴含的信息，从而对该策略未来的收益形成不同的预期。首先，本节定义信息发送者投资策略具有未知的收益率均值 μ，且实际收益率为 $R = \mu + \in$。同时，假设信息接收者认为 μ 和 $\in$ 的分布分别为 $\mu \sim N(\mu_0, \sigma_\mu^2)$ 和 $\in \sim N(0, \sigma_\in^2)$。

在每一期，每一个信息接收者可以通过付出成本 c_1 选择关注并获取信息发送者投资策略的有关信息，其中，假设 c_1 服从均匀分布 $c_1 \sim U(0, \bar{c}_1)$。在关注的基础上，信息接收者可以选择付出成本 c_2，从而采纳信息发送者的策略，其中，假设 c_2 服从均匀分布 $c_2 \sim U(0, \bar{c}_2)$。对于没有进行关注的信息接收者而言，其不需要付出任何成本且不会改变自身策略。对于付出了成本 c_1 选择进行关注的信息接收者而言，其可根据已观测到的历史收益率对收益率均值（μ）进行 quasi-Bayesian 更新：

$$E[\mu | R] = \mu_0 + \beta_s(R - \mu_0) \qquad\qquad (3.1.4)$$

其中，

$$\beta_s = \frac{\sigma_\mu^2}{\sigma_\mu^2 + \sigma_\in^2} \qquad\qquad (3.1.5)$$

假设信息接收者会基于其观测到的历史收益率（R）推断出的收益率均值（$E[\mu|R]$）以及其关注成本（c_1）来决定是否关注信息发送者投资策略的相关信息。在现有研究中，Peng 和 Xiong（2006）指出，受到有限注意力的限制，投资者仅能将其注意力分配在少数不确定因素上。同时，Barber 和 Odean（2008）指出，高收益的资产会更容易吸引投资者的注意力。因此，本书假设信息接收者只能够关注到少数信息发送者的相关信息，且仅会关注收益率均值超过其关注成本的信息发送者投资策略的有关信息。

由于 c_1 服从均匀分布，信息接收者进行关注的概率为：

$$P(Attend \mid R) = P(E(\mu \mid R) - c_1 \geqslant 0)$$

$$= \int_0^{\beta_s R + (1-\beta_s)\mu_0} \frac{\mathrm{d}c_1}{\overline{c_1}}$$

$$= \frac{\beta_s R + (1-\beta_s)\mu_0}{\overline{c_1}} \tag{3.1.6}$$

当信息接收者关注到信息发送者的策略后,其会通过评估采纳信息发送者策略带来的潜在收益以及其转换成本(c_1)来决定是否转换自身的投资策略。假设信息接收者通过对更新后的历史收益率均值进行解读后,认为其采用信息发送者策略在未来所带来的收益为 $\mu^{1-\lambda}$,其中 $\lambda \geqslant 0$。根据现有的实证研究,Kromidha 和 Li(2019)以及 Ammann 和 Schaub(2020)均发现个人投资者投资于某一股票组合的意愿与其过往收益率呈正相关,而 Lane、Lim 和 Uzzi(2022)则发现,机构投资者投资于同行推荐股票的意愿与该股票过往走势呈负相关。换句话说,对于信息解读能力不同的投资者群体来说,其对于历史收益率与未来收益率关系的理解并不相同。因此,本书采用幂函数的形式来反映信息接收者如何推断其采纳发送者策略所能带来的潜在收益。当 $\lambda < 1$时,信息接收者认为其采用信息发送者策略所带来的收益会与该策略的历史收益率正相关;当 $\lambda > 1$ 时,信息接收者认为其采用信息发送者策略所带来的收益会与该策略的历史收益率负相关;当 $\lambda = 1$ 时,信息接收者认为采用信息发送者策略所带来的收益与该策略的历史收益率无关。由于 c_2 服从均匀分布,在关注的基础上,信息接收者通过进一步评估并采用信息发送者策略的概率为:

$$P(Switch \mid Attend, R) = P((E[\mu \mid R])^{1-\lambda} - c_2 \geqslant 0)$$

$$= \int_0^{[\beta_s R + (1-\beta_s)\mu_0]^{1-\lambda}} \frac{\mathrm{d}c_2}{\overline{c_2}}$$

$$= \frac{[\beta_s R + (1-\beta_s)\mu_0]^{1-\lambda}}{\overline{c_2}} \tag{3.1.7}$$

综上,结合式 3.1.6 和 3.1.7,可以得出信息接收者采纳信息发送者策略的概率(即接收函数)为:

$$P(Switch \mid R) = P(Attend \mid R)P(Switch \mid Attend, R)$$

$$= \frac{[\beta_s R + (1-\beta_s)\mu_0]^{2-\lambda}}{\overline{c_1}\,\overline{c_2}}$$

$$= \frac{[\beta_s^2 R^2 + 2\beta_s(1-\beta_s)\mu_0 R + (1-\beta_s)^2\mu_0^2]^{1-\frac{\lambda}{2}}}{\overline{c_1}\,\overline{c_2}} \tag{3.1.8}$$

显然，式 3.1.8 与式 3.1.3 中的接收函数具有相同的形式。具体的，当取 $a=\beta_s^2(\bar{c}_1\bar{c}_2)^{\frac{2}{\lambda-2}}$，$b=2\beta_s(1-\beta_s)\mu_0(\bar{c}_1\bar{c}_2)^{\frac{2}{\lambda-2}}$，$c=(1-\beta_s)^2\mu_0^2(\bar{c}_1\bar{c}_2)^{\frac{2}{\lambda-2}}$ 和 $\omega=\frac{\lambda}{2}$ 时，可以将式 3.1.8 转化为式 3.1.3。

参照 Han、Hirshleifer 和 Walden(2022) 的设定，本书假设收益率的分布满足 $s(R)$，$r(R)\in[0,1]$ 以及 $s'(R)$，$f'(R)\geqslant 0$。

在式中，$f(R)$ 即为 Han、Hirshleifer 和 Walden(2022) 模型中接收函数的设定。其中，二次函数 $f(R)$ 的参数 b 反映了信息接收者的"代表性启发偏差"。$b>0$ 反映了投资者采纳信息发送者策略的概率会随发送者的收益率提高而增加，即接收者更容易相信高收益发送者的投资建议。正值参数 a 反映了信息接收者的"显著性偏差"(Bordalo、Gennaioli & Shleifer，2012，2013a，b)，即极端收益更易吸引信息接收者的注意力，从而令其更容易对具有极端收益的发送者发出的信息作出反应。参数 c 则反映了信息接收者的交际能力，即反映接收者自身易被他人意见所左右的一种倾向。

从 $f(R)$ 的设定中可以看出，信息接收者采纳他人建议的概率会随着发送者收益率的上升而上升，而这一设定不足以解释 Lane、Lim 和 Uzzi(2022) 中的实证结果，即机构投资者更愿意购买信息发送者亏损的股票而非盈利的股票。在此基础上，将信息接收者对信息的解读能力 ω 加入接收函数，以区分能力不同的投资者群体对信息利用能力的差别。在此设定下，当 $0\leqslant\omega<1$ 时，信息接收者采纳发送者策略的概率会随发送者的收益率提高而增加；而当 $\omega>1$ 时，信息接收者采纳发送者策略的概率则会随着发送者的收益率提高而减小。

3.1.2　经济意义的设定

考虑市场中有数量非常大的 N 个投资者。时间是离散的，即 $t=0,1,2,\cdots$，且每一个时间段是非常短暂的。在每一个时间点 t 上，对每个投资者而言，市场中存在两种互斥的投资策略可以选择，包括积极型投资策略 A(Active) 和消极型投资策略 P(Passive)。A 型策略和 P 型策略的收益率分别为 R_A^t 和 R_P^t。选择 A 型策略和 P 型策略的投资者分别被称为 A 型投资者和 P 型投资者。

在每个时刻 t，A 型投资者占所有投资者的比例为 f_t。在每期，所有投资者会随机被新进入的投资者的以 η 的比例替代。新进入的投资者在初始时刻选择 A 型策略的比例为 $q \in [0,1]$。

A 型策略和 P 型策略收益率的均值、波动率和偏度定义为 μ_i、σ_i 和 γ_i，其中 $i \in \{A,P\}$。对于两种策略，本书假设有：

$$\mu_A = \mu_P - D, \ D \geqslant 0, \ \sigma_A > \sigma_P, \ \gamma_A > \gamma_P \tag{3.1.9}$$

式 3.1.9 反映了 A 型策略的两大特征。第一，本书假设 A 型策略的期望收益等于 P 型策略的期望收益减去收益率惩罚因子 D，这一假设反映了 A 型投资者的过度交易特征。A 型投资者往往会比 P 型投资者进行更为频繁的交易，因此会承担更高的交易成本（交易手续费和印花税）。同时，大量文献表明，投资者的过度交易行为往往会损害他们未来的投资收益（Barber & Odean，2000a，b，2001，2002）。第二，本书假设 A 型策略收益率的波动率和偏度高于 P 型策略，这一特征反映了 A 型策略的彩票（投机）特征。大量文献表明，具有更高波动率和偏度的资产具有更强的投机性（Bali，Cakici & Whitelaw，2011；Kumar，2009；Kumar，Page & Spalt，2011；郑振龙，孙清泉，2013），而这类资产也被称为彩票型资产。与过度交易类似，投资于彩票型股票的投资者往往具有更低的收益率，这与惩罚因子 D 的假设相一致。

在每一期，有比例为 χ 的投资者被随机选为潜在的信息发送者，同时，在剩下的投资者中选取相同数量的潜在信息接收者与发送者进行一对一匹配。其中，本书称 χ 为社交信息传递的强度。随后，对于每个 $i \in \{A,P\}$ 型策略的信息发送者会以 $s(R_i)$ 的概率向与其匹配的信息接收者发送信息。对应的，信息接收者接收到信息并采用发送者策略的概率为 $r(R_i)$。因此，当 A 型发送者发出的信息被 P 型接收者接收时，信息接收者从 P 型策略转化为 A 型策略的概率为 $T_A(R_A) = s(R_A)r(R_A)$。类似地，P 型发送者将 A 型接收者转化为 P 型的概率为 $T_P(R_P) = s(R_P)r(R_P)$。由此可定义无条件转换概率为：

$$\overline{T} = E[s(R_i)r(R_i)], i \in \{A,P\} \tag{3.1.10}$$

同时，本书定义它们的差值为 $\overline{T} = \overline{T}_A - \overline{T}_P$。

本书假设没有被选为信息接收者的投资者在当期不改变他们的策略类型。同时，当被选中的信息接收者与其匹配的发送者为相同的策略类型时，该接收者在当期也不改变其策略类型。因此，在每一期，可能改变策略的潜在信息接收者占投资者总数的比例为 $\chi f_t (1 - f_t)$。

根据上述假设，在时刻 t，A 型投资者所占比例的边际转换概率为：

$$E[f_{t+1} - f_t] = (1 - \eta) f_t (1 - f_t) \chi \overline{T} + \eta (q - f_t) \tag{3.1.11}$$

因此,在稳态下,A 型投资者的所占比例 $\bar{f}$ 应满足 $E[f_{t+1}-f_t]=0$,即:

$$0=(1-\eta)\bar{f}(1-\bar{f})\chi\bar{T}+\eta(q-\bar{f}) \tag{3.1.12}$$

同时,本书定义当 $\bar{T}>0$(即 $\bar{T}_A>\bar{T}_P$)时,A 型策略主导市场,即 $\bar{f}>q$。相反,当 $\bar{T}<0$(即 $\bar{T}_A<\bar{T}_P$)时,P 型策略主导市场,即 $\bar{f}<q$。在此基础上,由式(3.1.12)可得,当 $\bar{T}>0$ 时,有:

$$\bar{f}=x+\sqrt{x^2+\frac{\hat{\eta}q}{\chi\bar{T}}} \tag{3.1.13}$$

而当 $\bar{T}<0$ 时,有:

$$\bar{f}=x-\sqrt{x^2+\frac{\hat{\eta}q}{\chi\bar{T}}} \tag{3.1.14}$$

其中,$x=\dfrac{1}{2}\left(1-\dfrac{\hat{\eta}}{\chi\bar{T}}\right)$,$\hat{\eta}=\dfrac{\eta}{1-\eta}$。此外,当 $\bar{T}=0$ 时,有 $\bar{f}=q$。

3.2 模型结果

3.2.1 策略类型转换与投资者行为

根据前文设定,任意一个投资者可选择 A 型或 P 型策略,且可选择是否于下一期转换为相反的策略。以 P 型投资者转化为 A 型为例(A 型转化为 P 型类似),基于 $T_A(R_A)=s(R_A)r(R_A)$,本书给出以下命题。

命题 1

(1)存在 $\bar{\omega}>1$,当 $\omega<\bar{\omega}$ 时,投资者从 P 转化成 A 的概率($T_A(R_A)$)随 R_A 增大而增大;当 $\omega>\bar{\omega}$ 时,投资者从 P 转化成 A 的概率($T_A(R_A)$)随 R_A 增大而减小。

(2)存在 $\bar{\omega}>0$,当 $\omega<\bar{\omega}$ 时,投资者从 P 转化成 A 的概率($T_A(R_A)$)是 R_A 的凸函数。

(3)存在 $\bar{\omega}>1$,当 $\omega<\bar{\omega}$ 且 $R_A>0$ 时,投资者从 P 转化成 A 的概率对 R_A 的敏感度 $\left(\dfrac{\partial T_A(R_A)}{\partial R_A}\right)$,随信息发送者的自我强化传递偏差程度($\beta$)的增大而增

大;当 $\omega > \bar{\omega}$ 时,投资者从 P 转化成 A 的概率对 R_A 的敏感度 $\left(\dfrac{\partial T_A(R_A)}{\partial R_A}\right)$ 随信息发送者的自我强化传递偏差程度(β)的增大而减小。

命题 1 的证明

对于第 1 部分,首先求 $T_A(R_A)$ 对 R_A 的一阶偏导数,在 $s(R)$ 为线性函数,即 $s''(R)=0$ 的设定下,有:

$$\frac{\partial T_A(R_A)}{\partial R_A}=s'(R_A)r(R_A)+s(R_A)r'(R_A)$$

$$=\frac{\beta f(R_A)+(1-\omega)s(R_A)f'(R_A)}{[f(R_A)]^{\omega}} \tag{3.2.1}$$

由式 3.2.1 可知,在 $s(R)$,$f(R)$,$f'(R)>0$ 的假设下,易证当 $\omega < \dfrac{\beta f(R_A)}{s(R_A)f'(R_A)}+1$ 时,$\dfrac{\partial T_A(R_A)}{\partial R_A}>0$;当 $\omega > \dfrac{\beta f(R_A)}{s(R_A)f'(R_A)}+1$ 时,$\dfrac{\partial T_A(R_A)}{\partial R_A}<0$。

对于第 2 部分,求 $T_A(R_A)$ 对 R_A 的二阶偏导数,有:

$$\frac{\partial^2 T_A(R_A)}{\partial (R_A)^2}=2s'(R_A)r'(R_A)+s(R_A)r''(R_A)$$

$$=(1-\omega)\frac{2\beta f(R_A)f'(R_A)+s(R_A)[2af(R_A)-\omega]}{[f(R_A)]^{1+\omega}} \tag{3.2.2}$$

由式 3.2.2 可知,在 $s(R)$,$f(R)$,$f'(R)>0$ 的假设下,显然有当 $\omega < \min\left\{1,2af(R_A)+\dfrac{2\beta f(R_A)f'(R_A)}{s(R_A)}\right\}$ 时,$\dfrac{\partial^2 T_A(R_A)}{\partial (R_A)^2}>0$。

对于第 3 部分,求 $\dfrac{\partial T_A(R_A)}{\partial R_A}$ 对 β 的一阶偏导数,有:

$$\frac{\partial^2 T_A(R_A)}{\partial R_A \partial \beta}=\frac{f(R_A)+(1-\omega)R_A f'(R_A)}{[f(R_A)]^{\omega}} \tag{3.2.3}$$

由式 2.2.3 可知,在 $s(R)$,$f(R)$,$f'(R)>0$ 的假设下,且 $R_A>0$ 时,易证当 $\omega < \dfrac{f(R_A)}{R_A f'(R_A)}+1$时,$\dfrac{\partial^2 T_A(R_A)}{\partial R_A \partial \beta}>0$;当 $\omega > \dfrac{f(R_A)}{R_A f'(R_A)}+1$ 时,$\dfrac{\partial^2 T_A(R_A)}{\partial R_A \partial \beta}<0$。

命题 1(1) 具有丰富的经济含义,且为过往有关股票市场参与以及投资流向的实证发现提供了解释。命题 1(1)有着两方面的含义,一方面,当把投资者从 P 转化为 A 解读为进入股票市场时,命题 1(1)的前半部分表明,当居民的解读能力不足时,居民在与其他股市参与者(如邻居)进行信息传递或交流时,会在他人高回报的影响下更倾向于进入股市投资。对此,Kaustia 和 Knüpfer(2012)发现当邻居的股票投资收益率上升时,则同区居民在未来进入股票市场的概率会上升。另一方面,当把投资者从 P 转化为 A 解读为购买特定股票组合或基金时(如信息发送者构建的股票组合或其购买的基金),命题 1(1)的后半部分则表明,信息解读能力不足的投资者更愿意购买为信息发送者盈利的股票组合或基金。例如,近年的许多研究利用社交投资平台上的组合数据研究发现,当平台上组合收益率越高时,其粉丝更愿意关注甚至将钱投资于该组合中(Ammann & Schaub, 2020;Kromidha & Li, 2019;Pelster & Breitmayer, 2019;Röder & Walter, 2019)。个人投资者作为专业知识相对缺乏以及更易听信谣言的投资者群体,社交信息传递会令个人投资者更易相信来自高收益率信息发送者的信息,从而改变自身的投资策略。

命题 1(2) 为个人投资者的投资资金流的凸性作出了解释。对于解读能力不足的信息接收者(如个人投资者),其从 P 型转化为 A 型的概率除了随信息发送者的收益率上升而提升之外,同时还是信息发送者收益率的凸函数,这一结论与基金投资者资金流的凸性现象不谋而合。例如,Jin 等(2022)、Sirri 和 Tufano(1998)以及沈一凡(2021)分别基于国内外基金业绩和资金流的数据发现,基金业绩和其未来的资金流入关系是呈凸性的。类似的,Barber 和 Odean(2008)利用个人投资者的账户数据研究发现,股票的买卖不平衡(buy-sell imbalance)程度与该股前一天的收益率同样呈凸性关系。因此,命题 1(2)很好地解释了上述资金流和收益率的凸性关系。

命题 1(3) 给出了本模型关于信息发送者"自我强化传递偏差"程度对投资者行为影响的预测。当信息接收者缺乏对信息的解读能力时(如个人投资者),其对应的信息发送者的"自我强化传递偏差"程度越强,则信息接收者被高收益率发送者的信息和观点说服从而转换自身策略的概率越高,这是因为其自身的"代表性启发偏差"将发送者的"自我强化传递偏差"程度进行了进一步的放大。相反,当信息接收者对信息的解读能力足够强时(如机构投资者),其对应的信息发送者的"自我强化传递偏差"程度越强,则信息接收者越不容易被高收益率发送者的信息和观点说服,因为其能够很好地对发送者的"自我强化传递偏差"进行识别和调节。

接下来,本书给出如下社交信息传递对投资者行为影响的命题:

命题 2

在一个社交网络中：

(1)对于任何一个投资者而言，与其相连的相反策略投资者越多，则其转换策略的概率越高。

(2)投资者间信息传递的强度(χ)越大，则投资者转换成相反策略的概率越大。

命题 2 的证明

首先，在现实世界中，两个不同的投资者 i 和 j 间可以形成一种相互关系，如朋友、邻居和同事等。因此，本书将上述社会关系网络定义为一个邻接矩阵为 G，其元素 g_{ij} 的定义为：

$$g_{ij} = \begin{cases} 1, & \text{若投资者 } i \text{ 与 } j \text{ 相连}, \\ 0, & \text{若投资者 } i \text{ 与 } j \text{ 不相连}. \end{cases} \tag{3.2.4}$$

同时，由于相互关系的双向性，本书将该社会网络定义为无向网络，即对于邻接矩阵 G 有 $g_{ij} = g_{ji}$。

随后，本书定义对于每一个节点 i（即投资者 i），其对应的度中心性(Degree Centrality)—— 即与每一个节点相连的边的数量 —— 为 $D_i = \sum_i d_{ij}$。同时，对于节点 i，本书定义与其相连的相反策略投资者的集合为 N_i^C，该集合中的投资者数量为 D_i^C。最后，本书定义网络中边的总数为 $M = \frac{1}{2} \sum_i \sum_j d_{ij}$。

对网络中的任一节点（即投资者），其于下一期转换为相反策略（如 P 型转换为 A 型）的概率为：

$$p = \chi \times \frac{D_i}{M} \times \frac{D_i^C}{D_i} \sum_{j \in N_i^C} T_C(R_{C_j}) \tag{3.2.5}$$

其中，$T_C(R_{C_j})$ 表示与 i 策略相反的投资者 j 将 i 转化为相反策略的概率，如收益率为 R_{A_j} 的 A 型投资者 j 将 P 型投资者 i 转化为 A 型的概率为 $T_A(R_{A_j})$。

对于第 1 部分，由式 3.2.5 可知，网络中的任一投资者转化为相反策略的概率(p)会随与该投资者相连的相反策略投资者数量(D_i^C)的增加而提高。

对于第 2 部分，由式 3.2.5 可知，网络中的任一投资者转化为相反策略的概率(p)会随着社交信息传递的强度(χ)的增大而提高。

命题 2 给出了社交活动和社交信息传递的强度会改变投资者行为的预测。首先，**命题 2(1)** 表明，当投资者身边持不同策略的朋友、邻居或同行越多，则投资者更易受到他人的影响，从而改变自己的策略。这一预测可以解释过往研究中如 Hong、Kubik 和 Stein（2005），Pool、Stoffman 和 Yonker（2015），以及 Qi 等（2020）的实证发现，即互为邻居或校友的机构投资者更易购买或持有相同的股票。当一名机构投资者的邻居或校友同行均持有某只自己未持有的股票时，则投资者更容易在其邻居或校友的影响下购入相同的股票。

命题 2(2)表明，当投资者所处环境更易通过社交进行信息传递时，则其改变自身策略的可能性也更高。Bali 等（2021）、Kuchler 等（2021），以及 Hirshleifer、Peng 和 Wang（2023）均指出，处于高人口密度或高 Facebook SCI 指数城市的公司，因其投资者之间的潜在社交信息传递强度更高，更容易吸引投资者对其投资。

3.2.2　主导策略类型与资产价格

上一节阐述了社交信息传递如何导致投资者行为改变。接下来，本节将讨论社交信息传递如何影响整个市场中的投资策略所占比例。根据前文定义，当 $\bar{T}>0$ 时，则称 A 型策略支配市场，此时 A 型投资者的所占比例会随时间的推移而上升。反之，当 $\bar{T}<0$ 时，则称 P 型策略支配市场，此时 P 型投资者的所占比例会随时间的推移而上升。有基于此，本书给出以下命题。

命题 3
‥‥‥‥‥‥

(1)存在 $0<\bar{\omega}_1<1$ 和 $\bar{D}>0$，对所有 $\omega<\bar{\omega}_1$ 和 $D<\bar{D}$，A 型策略为市场中的主要策略。

(2)存在 $\bar{\omega}_2>1$，当 $1\leqslant\omega<\bar{\omega}_2$ 时，对所有 $D>0$，P 型策略为市场中的主要策略。

命题 3 的证明

首先，令 $u=\dfrac{\eta}{\chi \hat{T}}$，当 $\bar{T}>0$ 时，有

$$\frac{\partial \bar{f}}{\partial u}=-\frac{1}{2}+\frac{1}{2}\frac{u-1+2q}{\sqrt{(u-1)^2+4qu}}$$
$$=-\frac{1}{2}+\frac{1}{2}\frac{u-1+2q}{\sqrt{(u-1+2q)^2+4(1-q^2)}} \qquad (3.2.6)$$

当 $\bar{T}<0$ 时，有

$$\frac{\partial \bar{f}}{\partial u} = -\frac{1}{2} - \frac{1}{2} \frac{u-1+2q}{\sqrt{(u-1)^2 + 4qu}}$$

$$= -\frac{1}{2} - \frac{1}{2} \frac{u-1+2q}{\sqrt{(u-1+2q)^2 + 4(1-q^2)}} \qquad (3.2.7)$$

由 $0 < q < 1$ 可得，对 $\bar{T} > 0$ 和 $\bar{T} < 0$ 均有 $\frac{\partial \bar{f}}{\partial u} < 0$，即 $\bar{f}$ 是 u 的单调减函数。因此，$\bar{f}$ 是 $\bar{T}$ 的单调增函数。

对第 1 部分，当 $\omega = 0$ 时，有：

$$\bar{T} = \bar{T}_A - \bar{T}_P$$

$$= a\beta [\gamma_A \sigma_A^3 - \gamma_P \sigma_P^3 + 3\mu_A (\sigma_A^2 - \sigma_P^2)] + B(\sigma_A^2 - \sigma_P^2) - a\beta D^3$$

$$- (B + 3a\beta\mu_A)D^2 - [3a\beta(\sigma_P^2 + \mu_A^2) + 2B\mu_A + C]D \qquad (3.2.8)$$

其中，$B = a\gamma + b\beta$，$C = b\gamma + b\beta$。显然，当 $D = 0$ 时，有 $\bar{T} > 0$ 和 $\frac{\partial \bar{T}}{\partial D} < 0$。因此，必存在 $\bar{\omega}_1$ 和 $\bar{D}$，当 $\omega < \bar{\omega}_1$ 和 $D < \bar{D}$ 时，有 $\bar{T} > 0$。

对第 2 部分，当 $\omega = 1$ 时，有：

$$\bar{T} = \bar{T}_A - \bar{T}_P = \beta(\mu_A - \mu_P) = -\beta D \qquad (3.2.9)$$

当 $D > 0$ 时，有 $\bar{T} < 0$。因此，必存在 $1 \le \omega < \bar{\omega}_2$，对所有 $D > 0$，有 $\bar{T} < 0$。

根据**命题 3** 的预测，在适当的条件下，A 型和 P 型策略均可能支配市场。首先，**命题 3(1)** 表明，当市场中的投资者整体具有较低的信息解读能力且 A 型策略的收益率惩罚较低时，A 型策略会支配市场。Jin、Zhu 和 Huang（2019）通过我国的社交投资平台"雪球"研究发现，"雪球"平台上的投资组合的整体波动会随着时间的推移而上升，即 A 型策略的占比逐渐提高。由于雪球平台上的投资组合主要为个人投资者建立，因此这一实证发现与**命题 3(1)** 的预测相吻合。

与**命题 3(1)** 相反，**命题 3(2)** 的预测表明，当投资者群体的信息解读能力较强时，P 型策略可能支配市场。若将 A 型策略解读为过度交易或购买彩票型股票等非理性的投资策略时，这一预测表明，解读能力较强的投资者群体可能会降低自身的交易频率并配置波动率和偏度相对较低的资产，而这类资产相比于高波动和高偏度彩票型资产具有更高的期望收益率。因此，投资者对信息的解读能力有助于其作出更为理性的投资决策，从而提高其收益率。

此外,针对投资者群体信息解释能力不足的情况,本书还可推导出以下命题。

命题 4

当 ω 足够小时,有:

(1)稳态时 A 型投资者占投资者总数的比例($\bar{f}$)随 A 型策略的收益率惩罚因子(D)的增大而减小;

(2)稳态时 A 型投资者占投资者总数的比例($\bar{f}$)随 A 型策略的波动率(σ_A)的增大而增大;

(3)稳态时 A 型投资者占投资者总数的比例($\bar{f}$)随 A 型策略的偏度(γ_A)的增大而增大;

(4)稳态时 A 型投资者占投资者总数的比例($\bar{f}$)随整个网络中的社交信息传递强度(χ)的增大而增大

(5)稳态时 A 型投资者占投资者总数比例对该策略波动率和偏度的敏感度($\frac{\partial f}{\partial \sigma_A}$ 和 $\frac{\partial f}{\partial \gamma_A}$)信息发送者的自我强化传递偏差程度($\beta$)的提高而增大。

命题 4 的证明

对于第 1 部分,对于 $D>0$ 有:

$$\frac{\partial \bar{T}}{\partial D} = -3a\beta D^2 - 2(B+3a\beta\mu_A)D - [3a\beta(\sigma_P^2+\mu_A^2)+2B\mu_A+C] < 0$$

$$(3.2.10)$$

对于第 2 部分,求 $\bar{T}$ 对 σ_A 的一阶导数:

$$\frac{\partial \bar{T}}{\partial \sigma_A} = 3a\beta\gamma_A\sigma_A^2 + 6a\beta\mu_A\sigma_A + 2B\sigma_A > 0$$

$$(3.2.11)$$

对于第 3 部分,求 $\bar{T}$ 对 γA 的一阶导数:

$$\frac{\partial \bar{T}}{\partial \gamma_A} = a\beta\sigma_A^3 > 0$$

$$(3.2.12)$$

对于第 4 部分,求 $\bar{f}$ 对 χ 的偏导数:

$$\frac{\partial \bar{f}}{\partial \chi} = \frac{\partial \bar{f}}{\partial u}\frac{\partial u}{\partial \chi} > 0$$

$$(3.2.13)$$

对自我强化传递偏差程度,分别求$\frac{\partial \overline{T}}{\partial \sigma_A}$和$\frac{\partial \overline{T}}{\partial \gamma_A}$对$\beta$的偏导数:

$$\frac{\partial^2 \overline{T}}{\partial \sigma_A \partial \beta} = 3a\,\gamma_A\sigma_A^2 + 6a\,\mu_A\sigma_A > 0$$

$$\frac{\partial^2 \overline{T}}{\partial \gamma_A \partial \beta} = a\,\sigma_A^3 > 0 \tag{3.2.14}$$

命题 4 反映了在市场成熟度较低的情况下,社交信息传递对股市参与率及资产价格影响的多个方面。首先,**命题 4(1)**表明,若 A 型策略的收益率惩罚较高时,A 型的策略的支配地位可能被 P 型取代。例如,当 A 型策略被解读为参与股市时,这一命题表明在一个可以进行社交信息传递的社会中,当股市整体收益率较低时,股市参与率会显著下降。李涛(2006a)采用 2004 年广东省居民调查数据发现,股市低迷造成的普遍投资损失会降低社交互动对提升股市参与率的积极作用。类似的,李涛(2006b)利用 2005 年北京奥尔多投资咨询中心的调查数据发现,基于朋友收益率来形成自身预期收益率的居民进入股票市场的概率会降低,该文作者认为这同样是由于我国股票市场于此调查之前的长期低迷有关。此外,A 型策略也可被解读为高成交量的交易策略。在这一情况下,**命题 4(1)**则意味着高成交量会伴随着高收益率(即较低的惩罚因子 D)。Statman、Thorley 和 Vorkink(2006)通过向量自回归模型(VAR)研究发现,美国股票市场的成交量会随着近期收益率的上升而增大。

命题 4(2)和**命题 4(3)**则反映了两个经典资产定价异象的成因。当 A 型策略被解读为持有某只股票时,则 A 型投资者所占比例则可被视为对该股票的需求。因此,命题 4(2)和(3)表明,在一个可以进行社交信息传递的社会中,股票的波动率和偏度可以增加市场对该股票的需求,从而导致该股票的价格被高估,预期收益率降低。对于股票波动率,Ang 等(2006)最早发现高特质波动率的股票具有较低的预期收益率,从而提出了"特质波动率之谜"。对于股票偏度,Boyer、Mitton 和 Vorkink(2010)以及 Yao 等(2019)同样发现异质性偏度与预期收益率同样呈负相关关系。此外,高波动率和高偏度通常被视为彩票型特征,且往往伴随着高极端收益率。

命题 4(4)反映了社交信息传递强度对 A 型资产需求的影响。当一个社会的社交信息传递强度更强时,A 型资产(如高波动和高偏度股票)的需求会进一步增加,从而导致价格被进一步的高估。Bali 等(2021)研究发现,公司总部位于人口密度大或与其他地区社交联系更为紧密(以 Facebook 社交联系指数度量)的城市的股票会具有更高的彩票溢价。对于这一现象,Bali 等(2021)认为当城市人口密度更大或社交属性更强时,社交信息传递导致了投资者对彩票型股票需求的上升,造成其价格的高估。类似的,Kumar(2009)同样指出,社交密度更大的城镇居民相较于农村地区的居民会更倾向于购买彩票型股票。

最后,**命题 4(5)**还给出了一条值得探索的预测,反映了社交信息传递过程中存在的"自我强化传递偏差"对高波动率和高偏度的彩票型股票需求的影响。具体地,当市场中信息发送者整体的"自我强化传递偏差"程度越高,则彩票型股票的需求越大。

第二部分
社交对投资者行为的影响

通过"自我强化传递偏差"理论的分析可以发现,在金融投资领域,社交对投资者行为产生着深远而多样化的影响。这种影响可以从趋同行为、风险厌恶以及投资偏好等角度来理解和分析。

首先,社交因素在形成趋同行为中发挥着重要作用。人类是社会性动物,往往倾向于模仿他人的行为,尤其是在不确定的环境中。在金融市场中,投资者往往会受到他人投资行为的影响,倾向于跟随主流趋势或群体行为。在社交环境中,最终趋同的均衡是一种什么形态? 会否因为市场条件的不同而出现不同的稳态?

其次,社交对投资者的风险厌恶而导致的行为产生着重要影响。处置效应作为"风险厌恶"导致的最直观的行为偏差,能够很大程度上反映社交变化对风险厌恶变化的影响。所谓处置效应即是"快速平仓盈利,一直持有亏损"。社交能在一定程度上改变,投资者对待亏损资产和盈利资产的风险认知差异。这种改变究竟会对这两类资产的交易持有时间怎样的影响? 影响是否会存在差异?

最后,社交也影响着投资者的偏好和决策。投资者往往会受到他人的意见和建议的影响,从而调整他们的投资偏好和策略。例如,当投资者从社交网络或媒体上获取到积极的投资建议时,他们可能更倾向于投资于相关资产,反之亦然。此外,投资偏好的改变具体表现在什么方面? 这种具体改变是否会因为投资者特点而异?

本部分将分为三章,并从以上角度对一系列研究问题进行阐述分析。

<<<<< 第 4 章 >>>>>

社交与"趋同效应"

4.1　研究假说

首先,本部分检验社交学习对于投资者投资标的选择的影响。Hvide 和 Östberg(2015)、Ivkovic 和 Weisbenner (2007),以及 Hong、Kubik 和 Stein (2004)等都指出,临近的节点(无论是现实中的"邻居"还是网络上的"好友")之间比陌生人之间存在更多的交流,因而人们更容易受自己朋友的影响。又由于人们存在与周围人"趋同"的心理,因而往往容易作出一致的行为。Shiller 和 Pound (1989)对纽约交易所的交易员进行了一次问卷调查发现,当被问及自己最近购买的股票时,大多数交易员的回答是"前一阵子我还和朋友讨论过这个股票"。综上,我们认为社交学习会导致人们对于股票选择的趋同,并提出本章的第一个假说:

假设 1(投资趋同):社交学习使得近邻的投资者更加容易购买相同的股票。

接着,本章检验社交学习如何影响投资者的风险。在这里我们主要使用交易频率(Simon & Heimer, 2012)以及"成交量中高风险股票所占比重"两种方法来衡量投资者的风险。关于社交学习究竟是增加还是减少投资者的风险,按照"微观"与"宏观"的角度区分主要有两种观点。从投资者个人的微观角度,许多文献认为社交学习"中和"了风险。这类文献多基于对"个体行为实验"的结果。例如,Ahern、Duchin 和 Shumway (2014)测量了一群 MBA 学生在建立好友关系前以及建立好友关系后的风险偏好,他们发现,在建立好友关系后,每个学生的风险偏好与其朋友的风险偏好"差"缩小 41%,这说明如果一个投资者的风险比它朋友的平均水平要高(低),那么他的风险会被同伴的平均水平"拉低"(抬高)。类似的结论还有 Card 和 Giuliano (2013)。他们的心理学实验指出当投资决策是由两个人而非一个人作出时,资产泡沫产生的概率会更小。Baghestanian 和 Walker (2014)的研究也指出在获知其他人的投资决策的条件下,个体的投资会更加分散,从而降低风险。其他具有类似结论的研究包括 Kugler、Kausel 和 Kocher (2012),以及 Rockenbach 等(2007)。简而言之,这些文献的观点可以总结为"多看看其他人的决策,自己的决策就不会那么极端了"。据此,我们提出第二个假说:

假设 2(微观层面:风险趋同):对"个人"而言,社交学习促使其风险偏好向临近节点的平均值收敛。

然而,假说 2 着重于微观层面,并没有给出宏观层面上的结论。假说 2 告诉我们,社交学习可能提高一个人的风险(如果此人的朋友全都非常偏好风险),也可能降低个人的风险(如果此人的朋友全都非常厌恶风险),我们不禁要问,在投资者的加总层面上,投资风险究竟是增加了还是减少了呢? Han、Hirshleifer 和 Walden (2022)的理论模型给出了一个预言。他们的理论将投资者被分为了"主动交易者"和"被动交易者",其中主动交易者的交易频率更高、更加偏好波动性大的股票。他们接着指出,由于"自我强化偏差"的存在,主动投资者将比被动投资者在对话中更活跃,同时也更具说服力。最终,越来越多的被动投资者被"说服",并转而采用主动交易策略,整个社区的投资风险增加。据此,本书提出假说 3 和假说 4。

假设 3(宏观层面:风险上升):"自我强化偏差"增加了投资者的"总体"投资风险。

最后,许多文献指出社交学习也受到不同市场条件的影响。例如 Kaustia 和 Knupfer (2012)指出投资者在邻居赚钱的时候(牛市)会表现出更大的交易倾向,Simon 和 Heimer (2012)也指出当市场表现较好的时候,投资者的社交就更加活跃,据此,我们提出本章最后一个假说:

假设 4:社交学习对于投资行为的在不同市场条件下(牛熊市)有所不同。

4.2　数据来源及核心变量定义

　　本章使用的数据来自中国最大的社交投资平台雪球网（xueqiu.com），我们使用自己编写的爬虫程序抓取雪球网上的用户的好友关系以及雪球组合/雪球实盘的调仓记录。样本包括794151个信号发送者（雪球组合）以及5650个信号跟随者（雪球实盘）。本章使用的数据全部为雪球组合。

　　为了描述雪球网，我们借助了社交网络分析（Social Network Analysis）中的术语。我们把网络中的每个用户称为一个"节点"（node），节点之间的连接，也就是用户之间的关注关系，称为"边"（edge）。由于雪球网是非对称的网络，因此我们把总一个节点发出的边称为"输出边"（out edge），把从其他节点连接回来的称为"输入边"（in edge）。我们把一个节点输出边的数量称为"输出度"（out degree），把一个节点输入边的数量称为"输入度"。因此，输出度刻画了一个用户所关注的好友的数量，输入度刻画了一个用户的"粉丝"数量。我们接着把某节点所有输出边所连接的节点集称为他的"临近节点"（neighborhood）。

　　根据以上定义，雪球网中任意两个用户可以存在四种不同的关系：没有边，有一条边（可能有两个方向），有两条边（互为好友），如图4-1所示。

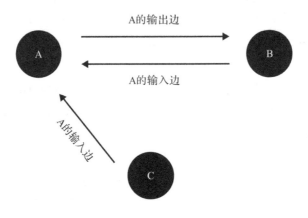

图4-1　雪球网社交关系示例

4.2.2 样本期的划分

由于假设需要检验社交学习在不同市场条件下的影响,我们首先要将样本期划分为"牛市"与"熊市"。在 2014 年至 2015 年间,中国的股市经历了 2007 年之后最大的牛市以及熊市。如图 4-2 所示,我们据此把样本划分为两个子样本期——2014 年 10 月至 2015 年 6 月为"牛市",在此期间,沪深 300 指数上涨了 216%;2015 年 6 月至 2015 年 10 月为"熊市",在此期间,指数下跌了 46%,几乎腰斩。

图 4-2 不仅展示了沪深指数(实线),还展示了日度新增雪球组合数(虚线)。日度新增雪球组合数类似于文献中常见的"沪深月新增开户数",可以用来投资者对于股票市场的参与情况。

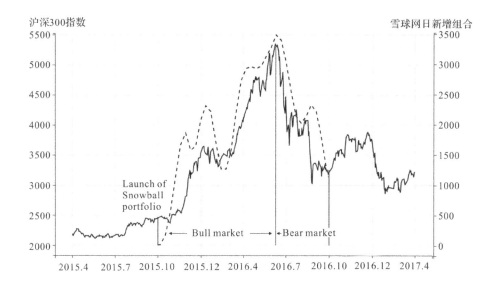

图 4-2 沪深 300 指数与雪球网日新增组合

4.2.3 投资风险的度量

本章使用两种方法来度量投资的风险。第一种方法是交易频率。Han、Hirshleifer 和 Walden (2022)的理论模型虽然将投资者分成了"主动投资者"和"被动投资者",然而他们并没有对什么是"主动交易者"作出定义。在

Simon 和 Heimer（2012）的实证研究中，他们提出交易频率是度量投资风险比较合适的变量，因为投资频率是最直观反映个人投资者激进程度的变量，故本章也遵循 Simon 和 Heimer（2012）的做法，使用交易频率作为投资风险的度量方式，具体而言，我们将投资频率定义为一个投资者一周之内的交易次数。

其次，由于投资风险的增加也可以体现在购买更多高风险股票上，我们使用投资者购买"高风险股票"的比重来进行投资风险的衡量。具体而言，我们先计算股票的已实现收益波动率（realized volatility）以及异质性波动率（idiosyncratic volatility）。在计算异质性波动率时，我们借鉴 Campbell、Lettau 和 Malkiel 等（2001），将异质性波动率定义为个股日收益率对市场指数回归后得到的残差。然后，我们计算每个投资者购买的股票中有多少落入了波动率最高的那 20% 的股票。我们把这一比例用 $HRS_{i,t}^{vol}$ 以及 $HRS_{i,t}^{ivol}$（High Risk Stocks）表示。其中上标 vol 表示用已实现收益波动率计算，$ivol$ 表示用异质性波动率计算，i 表示投资者，t 表示时间。接着，我们从 HRS 中减去与该投资者具有类似交易频率的投资者的平均 HRS 值，从而建立一个超额 HRS，用 $eHRS$ 表示。最后，我们把投资者相邻节点（所有输出边所连接的节点）的 $eHRS$ 值取平均值，用来衡量该投资者所处环境的平均投资风险水平，并用 $\overline{eHRS}^{nbr}$ 表示。

在计算 $eHRS$ 时，我们没有包括卖出交易，因为在中国卖空交易对于普通个人交易者还不普遍的情况下，买入交易可以更好反映投资者的决策与风险偏好，而卖出交易则更多反映投资者过去的决策。此外，卖出交易还可能是出于流动性的考虑，并非主动的投资行为。

4.2.4　社交学习的识别

作为一个迅速发展的新型投资平台，雪球网为我们提供了一个检验社交学习与投资行为的天然的实验场所，而且由于其"非对称网络"（directed network）的特性，雪球网可以在很大程度上避免以往研究中存在的"自我反射难题"（reflection problem）。"自我反射难题"最早由 Manski（1993）提出，该难题指的是，对于某个在社交网络中的个体，由于他既受到其邻居的影响，同时又向他的邻居施加影响，因而研究者很难明确地说该个体的行为究竟是否完全出于对他人"学习"的结果。这就像一个人面对镜子作出动作，不知情的观察者难以分辨出究竟是镜子里的人还是镜子外的人是动作的发出者,故得名"自我反射难题"。对此,一种解决方式是采用实验的形式——在样本形成好友关系前对变量进行一次测量,然后对其进行随机分组,让样本进行一段时间的社交互动,最后再对变量进行一次测量。这样,两次测量的差就能充分反映社交学习的影响(Ahern, Duchin & Shumway, 2014)。然而由于社交关系属于比较隐私的信息,因而这种方法操作起来的难度非常大。

雪球网"非对称网络"的特点在很大程度上可以减少"自我反射难题"所带来的影响,因为只有当社交关系的双方可以互相"看到"或者"交互"的时候,"自我反射难题"才会存在,而对于雪球网,投资者之间的交互很多时候是单向的。举例而言,投资者 A 关注了投资者 B,但 B 没有关注投资者 A。因此 A 很肯定会受到 B 的影响,而 B 不太可能会受到 A 的影响,因为 A 可以在 B 不知情的情况下关注 B(除非他仔细查看自己的粉丝列表[①])。换句话而言,除非 A 和 B"互为好友",否则"自我反射难题"可以认为几乎不存在。因此,我们只关注用户的"输出边"即可,也不再需要把样本分成形成社交关系前与形成社交关系后两个阶段。

当然,需要承认,如果存在一条对称边,即两个用户互相关注,那么"自我反射难题"是有可能存在的。然而在我们的样本中,这样互为好友的情况很少,只占总边数的 5% 左右,因此我们有理由相信这些对称关系不会产生严重的问题。

4.2.5　社交学习的度量

衡量社交学习并不容易,因为它受到很多因素的影响。在本章中,我们主要从两个角度来度量社交学习,我们称之为"学习的强度"以及"学习的质量"。我们使用输出度(即一个人关注其他好友的数量)的对数来度量学习强度,用 out_degree 表示。如果一个人没有关注任何人,那么我们就在他的关注数上加一,从而使得对数的底大于零。在许多文献中,度(degree)大量被用作衡量社交互动的指标(Han & Wang, 2015; Uddin, Hossain & Hamra et al., 2013)。在本章中,一个很大的输出度表示该投资者积极同他人建立联系并且具有很强的学习动力,也即输出度越大,学习的强度也就越大。

---

① 　对于 Facebook 这样的对称的社交网络而言,建立好友关系必须发送请求且得到对方的同意;而对于雪球网,关注用户则不需要发送请求,更不需要得到同意。

接下来的问题是如何定义学习质量。直观上讲,向一个广受尊重、具有很高声望的人(即"重要"的人)学习一般来说要好于向一个社区内默默无闻的人学习。在社交网络分析中,中心性(centrality)被用来刻画某个节点在网络中的重要性。因此,我们使用一个投资者所关注的节点的平均中心性来衡量他的学习质量。有许多心理学、社会学以及经济学文献引入了社交网络以及中心度这个概念。例如 Chi、Liu 和 Lau(2010)将美国的股票市场视为一个网络,其中每只股票都是网络中的一个节点,然后从网络的视角对股票价格的相关性进行研究。Peralta 和 Zareei(2016)则发现当把整个金融市场视为一个网络时、每种资产视为一个节点时,资产的中心性可以用来优化投资组合的构建。其他类似的研究包 Powell、Koput 和 Smith-Doerr 等(1999),以及 Tsai(2001)。

"学习质量"的计算方法具体如下。首先我们计算网络中每个节点的中心性(重要性)。我们使用的算法称为 PageRank[①](Brin & Page,2012)。遵循 Ozsoylev、Walden 和 Yavuz 等(2013)的做法,我们把中心性最高和最低的 2% 的观测从样本中剔除,以消除极端值的影响。接着,对于每个投资者,我们把他所关注的节点的中心性得分取平均,得到他关注节点的平均重要性,用 $\overline{centrality}^{nbr}$ 表示。$\overline{centrality}^{nbr}$ 在本章中被用来表示学习质量。一个高的 $\overline{centrality}^{nbr}$ 得分说明该投资者倾向于向比较"重要"的人进行学习。

为了能够更好理解"中心性"以及为什么它能够被用来衡量一个节点在网络中的重要程度,我们先假设在初始状态,网络中的每个人都具有相同的重要性得分。当一个投资者关注他人时,我们可以想象他将自己的"重要性"传递给了所关注的人,就好比他投了某人一票。这种"投票游戏"可以多次重复进行,最终,网络中的某人就会拥有最高的重要性得分,因为他被很多人关注,特别是被那些"重要"的人所关注。从经济学的角度,具有很高中心性得分的投资者位于网络的中心,具有信息优势(能够更快获得信息)(Ozsoylev、Walden & Yavuz et al.,2013)。

虽然 out_degree 与 $\overline{centrality}^{nbr}$ 都被用来刻画投资者在网络中的学习行为,但是他们各有侧重。out_degree 只关注那些局部的、具有直接联系(即存在一条边连接两者,而不需要通过第三个节点才能间接建立连接)的节点,而

---

① PageRank 非常适合本书,因为它使用于非对称的有向网络(directed network),而 Ozsoylev 等(2014)所采用的特征向量中心性只能应用于对称的网络。

$\overline{centrality}^{nbr}$ 则可以捕捉整个网络的特征。一个具有非常高 $\overline{centrality}^{nbr}$ 的得分的投资者不一定关注很多人或者被很多人关注。举个例子,一个投资者可能只关注了三个人,但是每个他所关注的人都拥有几千个粉丝(大 V),在这种情况下,这个投资者的 out_degree 很低,但是 $\overline{centrality}^{nbr}$ 却可能很高。

表 4-1　投资者特征

变量	均值			中位数			最小值			最大值			标准差		
	All	Bull	Bear	All	Bull	Bear	All	Bull	Bear	All	Bull	Bear	All	Bull	Bear
$\overline{centrality}^{nbr}$	159.3	—	—	145.7	—	—	1.22	—	—	488.6	—	—	134.1	—	—
$out\ degree$	3.1	—	—	2.83	—	—	1.1	—	—	5.5	—	—	0.9	—	—
自选股个数	44.6	—	—	25.0	—	—	3.0	—	—	352.0	—	—	50.9	—	—
发帖数	35.1	—	—	8.0	—	—	0.0	—	—	645.0	—	—	73.9	—	—
存续期	177.7	—	—	170.0	—	—	37.0	—	—	318.0	—	—	75.2	—	—

表 4-1 展示了 out_degree 和 $\overline{centrality}^{nbr}$ 的描述性统计值。我们发现即使剔除了极端值,out_degree 和 $\overline{centrality}^{nbr}$ 也呈现明显的左偏,即大部分的只关注了很少的人,并且其中心性很低,而同时存在少部分人获得了大量关注,处于网络的中心。这种"马太效应"在其他类型的网络中也大量存在,例如因特网。Barabási 和 Albert (1999)论述到,一个具有很多连接的节点会比其他节点具有更大的可能获得新的连接,就好门口有队伍的商店,他的队伍会越来越长,而旁边的商店则门可罗雀,哪怕两家店提供的商品完全同质。

图 4-3 使用 Gephi 软件将雪球网的整个社交网络进行了可视化。在图中,每个节点都代表一个用户,节点的大小表示该节点的输入度(in-degree),也即粉丝数。Gephi 软件自动将所有的用户按照社交网络的距离远近分成了若干"社区",并用不同的灰度进行了标注。我们可以看到,左上角的与右下角有着网络中比较大的五个社区。我们还可以发现网络中大部分都是分散、联系不紧密的节点,但是也存在少量拥有大量的输入度的点,这些点就是整个网络的"大 V",也就是具有很高中心性得分的节点,它们相当于子社区的"核心"。

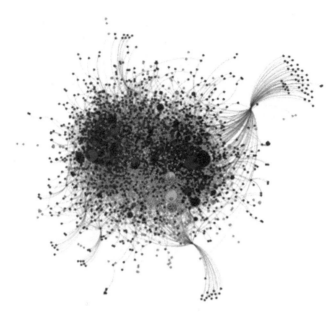

图 4-3　雪球网可视化

4.3　实证结果及分析(假设 1～假设 4)

4.3.1　对"投资趋同"的检验(假设 1)

我们首先检验社交学习是否促进了投资标的趋同,具体而言,我们需要回答以下问题:如果一个投资者的相邻节点交易了股票 i,那么同那些没有相邻节点交易股票 i 的投资者相比,他是否有更大的可能交易股票 i?

我们使用单边 t 检验来验证这个假设。首先,对于每个股票 i,我们计算在整个雪球社区,有多少人交易过它:

$$\rho_i = \frac{N_i}{N} \tag{4.3.1}$$

其中,N 表示样本的投资者总数,N_i 表示交易过股票 i 的投资者。ρ_i 在这被用来作为比较的基准。

接着,我们将根据 N_i 分成两组:其中一组拥有交易过股票 i 的相邻节点,而另一组则没有,我们分别使用 $N_i^{with\_nbr\_i}$ 以及 $N_i^{without\_nbr\_i}$ 来表示它们,根据定义：

$$N_i = N_i^{with\_nbr\_i} + N_i^{without\_nbr\_i} \tag{4.3.2}$$

类似的，我们也根据相同的规则将 N 分成 $N^{with\_nbr\_i}$ 以及 $N^{without\_nbr\_i}$ 两组。由此，我们可以得到两类 ρ_i，其中一类具有"同伴偏差"（相邻节点交易过股票 i），而另一类没有（相邻节点没有交易过股票 i），分别表示为：

$$\rho_i^{with\_nbr\_i} = \frac{N_i^{with\_nbr\_i}}{N^{with\_nbr\_i}} \tag{4.3.3}$$

$$\rho_i^{without\_nbr\_i} = \frac{N_i^{without\_nbr\_i}}{N^{without\_nbr\_i}} \tag{4.3.4}$$

举个例子，ρ_i 为 1% 说明有 1% 的投资者交易过股票 i；$\rho_i^{with\_nbr\_i}$ 为 1% 说明在所有拥有"交易过股票 i 的相邻节点"的投资者中，有 1% 也交易过这个股票；$\rho_i^{without\_nbr\_i}$ 也可以用类似的方式进行解释。如果 $\rho_i^{with\_nbr\_i}$ 要显著大于 ρ_i，并且 $\rho_i^{without\_nbr\_i}$ 显著小于 ρ_i，那么这就表示相邻节点的交易行为增加了一个投资者对于相同股票的购买倾向，或者换句话说，社交学习使得投资趋同。表 4-2 和表 4-3 分别展示了 $\rho_i^{with\_nbr\_i}$、ρ_i 以及 $\rho_i^{without\_nbr\_i}$ 的均值以及它们之间差的 t 检验结果。可以发现，同假设 1 一致，三者呈现的关系为：

$$\rho_i^{with\_nbr\_i} > \rho_i > \rho_i^{without\_nbr\_i} \tag{4.3.5}$$

并且它们之间的差在 1% 的水平上显著不为零。这一结果说明相邻节点的交易行为的确影响到了投资者的股票选择。具体而言，一个股票被某投资者交易到的平均概率为 0.46%，然而如果该投资者拥有某个相邻节点交易了这个股票，那么他也交易这个股票的概率就提高到了 0.72%，增加幅度为70%。另一方面，如果该投资者没有任何一个相邻节点交易这个股票，那么他交易这个股票的概率就下降到了 0.3%，下降幅度达到 35%。因此，t 检验支持了"投资趋同"假说（假设 1），即相邻节点之间倾向于交易相同的股票。

表 4-2 均值统计

	ρ_i	$\rho_i^{with\_nbr\_i}$	$\rho_i^{without\_nbr\_i}$
均值	0.4568	0.7193	0.3015
标准差	(0.8165)	(0.9252)	(0.4280)

表 4-3　t 检验结果

变量		差	t	N
(1)	(2)	(1)−(2)	(1)−(2)>0	
$\rho_i^{with\_nbr\_i}$	ρ_i	0.2625	78.16***	2,626
ρ_i	$\rho_i^{without\_nbr\_i}$	0.1552	18.63***	2,626
$\rho_i^{with\_nbr\_i}$	$\rho_i^{without\_nbr\_i}$	0.4177	39.42***	2,626

4.3.2　对"风险趋同"的检验（假设 2，假设 4）

本节检验"风险趋同"假设（假设 2），即投资者的风险偏好会逐渐收敛于其临近节点的平均风险水平；本节也同时检验社交对于风险偏好的影响是否在不同市场环境下不同（假设 4）。我们借助 Ahern、Duchin 和 Shumway（2014）的方法来检验这个假设，以下是对应的模型：

$$eHRS_i = \alpha + \beta_1 \overline{eHRS_i^{nbr}} + \beta_2 0 + \beta_3 Outdegre e_i + \delta X_i + \varepsilon_i \qquad (4.3.6)$$

其中，主要的解释变量为投资者临近节点的风险水平 $\overline{eHRS_i^{nbr}}$，以及刻画其社交学习的变量 out_degree 与 $\overline{Centrality^{nbr}}$。其中 out_degree 用来刻画学习强度，$\overline{Centrality^{nbr}}$ 用来刻画学习的质量。

公式（4.3.6）同 Ahern、Duchin 和 Shumway（2014）所使用的方法有一个很大的区别。为了避免潜在的"自我反射难题"，Ahern、Duchin 和 Shumway（2014）把 MBA 学生在互相认识"前"的临近节点风险水平作为主要的解释变量，并且用他们形成社交联系"后"的风险偏好作为被解释变量。但是在本章的回归中，所有变量都是同期的。本章没有将变量分为"连接前"与"连接后"的原因是雪球网为非对称的有向网络，可以在很大程度上避免"自我反射难题"（详情参考 4.2.5 节）。

一个正（负）的 $\overline{eHRS^{nbr}}$ 系数（β_1）说明一个投资者的临近节点对其具有正向（负向）的影响，也就是说，一个投资者的风险偏好趋同于他所关注的节点。$\overline{centrality_i^{nbr}}$ 的系数（β_2）与 out_degree 的系数（β_3）则表示社交学习究竟是降低还是增加一个人的风险水平。与此同时，我们也预期公式（4.3.6）中的系数会在牛市与熊市时呈现不同的水平。

此外，X 是投资者个人特征的控制变量，包括交易频率、交易幅度[①]、投资者存续期、自选股个数、在雪球网发帖数、性别、地域等。此处"投资者存续期"被定义为该投资者在雪球网第一笔交易至最后一笔交易所跨越的时间；交易频率被定义为在投资者存续期间，平均每周进行买入交易的次数。此外，考虑到交易风险还有可能受到投资者个性的影响，例如开朗和外向的投资者一般而言具有更大的风险偏好（Grinblatt & Keloharju，2009；Zuckerman & Kuhlman，2000），我们使用一个投资者在雪球网上发帖数的对数以及他的自选股个数来作为他性格的代理变量。如果一个投资者发帖非常积极，或者将许多股票添加到他的自选股列表中，那么他有更大的可能具有外向的性格，在社区中也更加活跃。如表 4-4 所示。

表 4-4　社交学习与风险

变量	全样本		牛市		熊市	
	$eHRS^{vol}$ (1)	$eHRS^{ivol}$ (2)	$eHRS^{vol}$ (3)	$eHRS^{ivol}$ (4)	$eHRS^{vol}$ (5)	$eHRS^{ivol}$ (6)
$\overline{eHRS^{nbr}}$	0.4314***	0.4558***	0.4604***	0.4723***	0.2717***	0.3046***
	(0.0049)	(0.0047)	(0.0057)	(0.0053)	(0.0060)	(0.0058)
$\overline{centrality^{nbr}}$	−0.0062***	−0.0051***	−0.0066***	−0.0066***	−0.0029***	−0.0008*
	(0.0003)	(0.0003)	(0.0004)	(0.0004)	(0.0005)	(0.0005)
out_degree	−0.4313***	−0.3503***	−0.3879***	−0.3069***	−0.7396***	−0.5041***
	(0.0523)	(0.0522)	(0.0579)	(0.0579)	(0.0842)	(0.0844)
交易频率	0.8983***	0.6724***	0.3750***	0.4875***	0.8194***	0.7203**
	(0.1749)	(0.1746)	(0.1182)	(0.1182)	(0.3157)	(0.3164)
交易幅度	8.3284***	8.1127***	9.2522***	8.4446***	7.0853***	7.1348***
	(0.1703)	(0.1700)	(0.1964)	(0.1965)	(0.2088)	(0.2094)
自选股个数	0.5454***	0.5284***	0.5925***	0.5646***	1.0540***	1.1771***
	(0.0513)	(0.0512)	(0.0563)	(0.0563)	(0.0857)	(0.0859)
发帖数	0.2997***	0.3641***	0.2085***	0.2670***	0.5118***	0.5989***
	(0.0327)	(0.0327)	(0.0358)	(0/0358)	(0.0529)	(0.0531)
存续期	−0.0272***	−0.0237***	−0.0166***	−0.0094***	−0.0036***	−0.0016
	(0.0006)	(0.0006)	(0.0009)	(0.0009)	(0.0010)	(0.0010)
Adj. R^2	0.0479	0.0505	0.0502	0.0526	0.0249	0.0306

注：***，**，* 分别表示 1%，5% 以及 10% 的显著性水平，括号中的为标准差。

_____

　　① 即平均每笔调仓占原有组合的权重。

表 4-4 给出了社交学习对于投资风险影响的 OLS 回归结果。对于我们定义的两个衡量投资风险的变量($eHRS^{vol}$ 与 $eHRS^{ivol}$),在整个样本期内以及子样本期内,$\overline{eHRS}^{nbr}$ 的系数(β_1)都是正的,并且在 1% 的水平上显著。这说明投资者的风险会向其相邻节点靠拢。例如在模型(1)中,如果一个投资者的相邻节点所持有的高风险股票比重增加一个百分点,那么他自己的组合所持有的高风险股票则会增加 0.43 个百分点。这一结果同"风险趋同"的假设相符(假说 2)。

$\overline{centrality}^{nbr}$ 的系数(β_2)以及 $out\ degree$ 的系数(β_3)在所有的模型中全都是显著为负的,这说明加强学习强度与学习质量,在"微观"层面可以减少风险行为。例如,如果一个人的学习强度(所关注的用户数)增加百分之一,那么他的风险水平分别降低 0.43(模型 1)与 0.35(模型 2)个百分点。这个假说同"社交学习降低风险"的观点相一致。

我们还发现在牛市期间,相较于熊市,临近节点的风险水平对于个体具有更大的影响。这说明在股票市场上升期,"风险趋同"的效应更加明显。举例而言,在牛市,$\overline{eHRS}^{nbr}$ 的系数(β_1)比熊市要大 69%(0.4604 vs. 0.2717,分别对应模型 3 和模型 5)。综上,这些结果说明在不同的市场条件下,社交学习对于投资风险的影响是不同的,符合上文提出的假说。

与此同时,我们还发现交易频率、交易幅度、自选股数量以及发帖数都对投资风险有着正向影响,说明越是外向、活跃的投资者,其投资风险越高。此外,投资者存续期(作为投资经验的代理变量)同风险负相关,说明越是有经验的投资者,其投资理念越不激进。

除了检验社交学习与投资风险的静态关系,我们还希望了解两者之间的动态关系,也即在已知"风险趋同"的事实的情况下,我们将进一步研究一个投资者究竟会以什么样的速度同他的临近节点趋同,以及这种速度在不同的市场条件下会有什么变化。为此,我们将个体的月度 $eHRS$ 的一阶差分作为被解释变量,将他和其临近节点 $eHRS$ 的差的滞后一期($eHRS_{i,t-1} - \overline{eHRS}^{nbr}_{i,t-1}$)作为被解释变量。整个模型如下:

$$eHRS_{i,t} - eHRS_{i,t-1} = \alpha + \beta_1(eHRS_{i,t-1} - \overline{eHRS}^{nbr}_{i,t-1})$$
$$+ \beta_2\overline{centrality}^{nbr}_i + \beta_3 outdegree_i + \delta_1 X_{i,t}$$
$$+ \delta_2 X_i + \varepsilon_i \qquad (4.3.7)$$

此处,所用变量都用月度的买入交易进行计算。$X_{i,t}$ 用来表示个体的随时间变化的控制变量,即月度交易频率和月度平均交易幅度;X_i 用来表示不随时间变化的个体控制变量,即发帖数、自选股数以及投资者存续期等。

为了能够进一步揭示投资者在向临近节点收敛时还受到哪些其他因素的影响,我们引入了反映投资者激进程度的虚拟变量 *active*。*active* 是一个月度变量,其定义如下:当投资者上一个月的 *eHRS* 大于 0 时,他就被认为是一个激进的投资者,*active* 取值为 1,若 *eHRS* 小于 0,那么 *active* 的取值为 0。我们进一步在回归中引入该虚拟变量同($eHRS_{i,t-1} - \overline{eHRS_{i,t-1}^{nbr}}$)的交互项。因此,修改后的模型如下:

$$eHRS_{i,t} - eHRS_{i,t-1} = \alpha + \beta_1(eHRS_{i,t-1} - \overline{eHRS_{i,t-1}^{nbr}}) + \beta_2 centrality_i^{nbr}$$
$$+ \beta_3 out\ degree_i + \beta_4 active_{i,t-1}$$
$$+ \beta_5 active_{i,t-1} \times (eHRS_{i,t-1} - \overline{eHRS_{i,t-1}^{nbr}})$$
$$+ \delta_1 X_{i,t} + \delta_2 X_i + \varepsilon_i \qquad (4.3.8)$$

此处,负值的 β_1 说明一个投资者交易高风险股票的行为趋同于他的邻近节点,并且当个体与相邻节点的差距越大时,这种趋同的速度越快[①]。对于不同的子样本期,一个更大的 β_1 值(以绝对值衡量)说明这种趋同的速度更快。交互项的系数,β_5,则表示这种趋同的行为对于激进和保守的投资者存在什么不同。表 4-5 给出了相应的结果。

在所有的模型设定中,我们发现 β_1 的系数在所有的样本期中都是负的,不论采用何种风险的衡量方式。这说明当投资者和他的同伴差距越大时,他就有更大的动力向平均值收敛。举例而言,在全样本期(模型 1),如果一个投资者交易的高风险股票的比重比他的临近节点高一个百分点,那么下一个月他的该比重就会下降 25 个基点。此外,同表类似,我们发现对于任何子样本期,一个投资者的学习强度以及学习质量有助于减少其风险交易行为,这由 $\overline{centrality^{nbr}}$ 以及 out_degree 的为负的系数体现出来。综上,以上发现支持了投资者的风险倾向于收敛于他的临近节点的"风险趋同"假说(假说 2)。

特别有意思的是,我们发现在牛市期间以及对于激进的投资者(*active* 的值为 1),这种趋同的效应更加明显。毫无例外的,交互项的系数,β_5,显著为负,说明对于那些在上一期表现出高于平均水平的风险行为的投资者而言,他们有更大的倾向收敛于其临近节点。例如,同保守的投资者(*active* 的值为 0)相比,激进投资者的收敛速度要快 0.2%(见模型 2 和模型 4)。

---

① 这一模式非常类似宏观经济学中经济逐渐收敛于稳态。

表4-5 社交学习对于风险的动态影响

	全样本				牛市				熊市			
	$HRS_t^{vol}-eHRS_{t-1}^{vol}$	$HRS_t^{vol}-eHRS_{t-1}^{vol}$	$eHRS_t^{vol}-eHRS_{t-1}^{vol}$	$eHRS_t^{vol}-eHRS_{t-1}^{vol}$	$eHRS_t^{vol}-eHRS_{t-1}^{vol}$	$eHRS_t^{vol}-eHRS_{t-1}^{vol}$	$eHRS_t^{vol}-eHRS_{t-1}^{vol}$	$eHRS_t^{vol}-eHRS_{t-1}^{vol}$	$eHRS_t^{vol}-eHRS_{t-1}^{vol}$	$eHRS_t^{vol}-eHRS_{t-1}^{vol}$	$eHRS_t^{vol}-eHRS_{t-1}^{vol}$	$eHRS_t^{vol}-eHRS_{t-1}^{vol}$
	(1)	(2)	(3)	(4)	(5)	(6)	(7)	(8)	(9)	(10)	(11)	(12)
$eHRS_{t-1}$	-0.2526***	-0.0451***	-0.2496***	-0.0411***	-0.3199***	-0.0551***	-0.3138***	-0.0435***	-0.3264***	-0.0460***	-0.3270***	-0.0265***
	(0.0005)	(0.0017)	(0.0005)	(0.0017)	(0.0008)	(0.0026)	(0.0008)	(0.0025)	(0.0011)	(0.0034)	(0.0011)	(0.0034)
$\overline{eHRS_{t-1}^{nbr}}$												
$centrality^{nbr}$		-1.8207***		-1.4361***		-1.9701***		-1.3640***		-1.7643***		-1.8143***
		(0.1065)		(0.1065)		(0.1446)		(0.1448)		(0.1244)		(0.1246)
$out\,degree$		-0.2530***		-0.2038***		-0.3077***		-0.2428***		-0.4450***		-0.3541***
		(0.0183)		(0.0182)		(0.0256)		(0.0257)		(0.0436)		(0.0437)
$active_{t-1}$		-6.7858***		-6.9830***		-8.3674***		-8.7129***		-9.8193***		-11.1277***
		(0.0465)		(0.0460)		(0.0662)		(0.0662)		(0.1067)		(0.1076)
$active_{t-1} \times eHRS_{t-1}^{nbr}$		-0.1946***		-0.1963***		-0.2509***		-0.2581***		-0.2677***		-0.2845***
		(0.0019)		(0.0018)		(0/0028)		(0.0027)		(0.0037)		(0.0037)
月交易频率	-0.0055***	-0.0384***	-0.0035*	-0.0315***	-0.0322***	-0.0658***	-0.0309***	-0.0655***	-0.0214***	-0.0661***	-0.0216***	-0.0766***
	(0.0018)	(0.0018)	(0.0018)	(0.0018)	(0.0027)	(0.0027)	(0.0027)	(0.0027)	(0.0037)	(0.0039)	(0.0038)	(0.0039)
月交易幅度	2.6575***	2.7350***	2.6931***	2.8223***	4.0501***	4.2172***	4.0523***	4.2084***	3.7203***	3.8396***	3.9335***	4.0710***
	(0.0521)	(0.0518)	(0.0521)	(0.0518)	(0.0812)	(0.0805)	(0.0814)	(0.0806)	(0.1033)	(0.1024)	(0.1037)	(0.1026)
自选股数量	0.2102***	0.3150***	0.2306***	0.3156***	0.2773***	0.3929***	0.2759***	0.3727***	0.6163***	0.8481***	0.7410***	0.9415***
	(0.0170)	(0.0180)	(0.0170)	(0.0180)	(0.0238)	(0.0251)	(0.0239)	(0.0251)	(0.0421)	(0.0448)	(0.0423)	(0.0449)
发帖量	0.0488***	0.0920***	0.0859***	0.1064***	0.0598***	0.0907***	0.1146***	0.1227***	0.1170***	0.2201***	0.1737***	0.2503***
	(0.0104)	(0.0112)	(0.0104)	(0.0112)	(0.0144)	(0.0155)	(0.0144)	(0.0156)	(0.0261)	(0.0272)	(0.0262)	(0.0272)
投资者存续期	-0.0009***	-0.0019***	-0.0002	0.0027***	0.0025***	0.0061***	0.0036***	0.0072***	-0.0019***	-0.0004***	-0.0001	0.0011
	(0.0002)	(0.0002)	(0.0002)	(0.0002)	(0.0004)	(0.0004)	(0.0004)	(0.0004)	(0.0005)	(0.0005)	(0.0005)	(0.0005)
Adj. R^2	0.1271	0.1386	0.1257	0.1380	0.1616	0.1777	0.1587	0.1761	0.1647	0.1807	0.1656	0.1849

注：***$p<0.001$；**$p<0.01$；*$p<0.05$；*$p<0.1$

为了保证我们的方法不会受到模型设定偏差的影响,我们对于投资风险使用了其他的衡量的方法作为稳健性检验。在原来的 HRS 的定义中,高风险股票是根据用户的买入交易来计算的,然而用户最终的买入决定可能会受到很多其他因素的影响,不一定与其最初的"意愿"相符。为了能够更加准确地衡量用户的买入,我们选择用户自选股列表中高风险股票的比重来衡量他的风险偏好。具体而言,新的 HRS 被定义为在一个用户的自选股股票中,有多少比重落入了波动率最高的 20% 的股票。在这里波动率分别用已实现收益以及异质性波动率计算,分别被记为 HRS^{vol} 与 HRS^{ivol},按照相同的方法,我们计算一个投资者临近节点的 HRS 水平,记为 $\overline{HRS}^{nbr}$。最后,我们用 HRS^{vol}、HRS^{ivol} 以及 $\overline{HRS}^{nbr}$ 取代 $eHRS^{vol}$,$eHRS^{ivol}$ 以及 $\overline{eHRS}^{nbr}$,并重新计算公式(4.3.8)。最终结果呈现在表 4-6 中。

表 4-6　社交学习与风险(稳健性检验)

变量	全样本		牛市		熊市	
	HRS^{vol}	HRS^{ivol}	HRS^{vol}	HRS^{ivol}	HRS^{vol}	HRS^{ivol}
	(1)	(2)	(3)	(4)	(5)	(6)
$\overline{HRS}^{nbr}$	0.5441***	0.5523***	0.5692***	0.5840***	0.2740***	0.2916***
	(0.0038)	(0.0036)	(0.0046)	(0.0044)	(0.0055)	(0.0051)
$\overline{centrality}^{nbr}$	−0.0033***	−0.0038***	−0.0043***	−0.0057***	−0.0023***	−0.0014***
	(0.0002)	(0.0002)	(0.0003)	(0.0003)	(0.0004)	(0.0004)
$out\,degree$	−0.1344***	0.0537	−0.2285***	−0.0850**	−0.1183*	0.1276**
	(0.0343)	(0.0352)	(0.0416)	(0.0424)	(0.0624)	(0.0641)
自选股数	1.0384***	0.9832***	1.1623***	1.0380***	0.7673***	0.7405***
	(0.0335)	(0.0344)	(0.0402)	(0.0411)	(0.0634)	(0.0652)
发帖数	0.6571***	0.7423***	0.5617***	0.6128***	0.6618***	0.8083***
	(0.0213)	(0.0219)	(0.0255)	(0.0261)	(0.0391)	(0.0402)
投资者存续期	−0.0141***	−0.0126***	−0.0170***	−0.0113***	0.0059***	0.0070***
	(0.0004)	(0.0004)	(0.0006)	(0.0006)	(0.0007)	(0.0008)
$Adj.R^2$	0.0853	0.0945	0.0891	0.0977	0.0244	0.0330

　　注:***,**,* 分别表示 1%,5% 以及 10% 的显著性水平,括号中的为标准差。

　　表 4-6 中,$\overline{HRS}^{nbr}$ 的系数在所有模型中全部显著为正,该结果仍旧支持了"风险趋同"的假说。例如在全样本期间(模型 1),一个投资者临近节点的风

险水平上升一个百分点,该投资者的风险交易水平就上升0.54个百分点。与此同时,我们再次观察到这种趋同效应在市场上升期与下降期呈现不同的特征。综上,以上结果表明我们的主要发现是稳健的。

4.3.3 对"自我强化偏差"的检验(假设3)

本节检验假设3,即"自我强化偏差"在投资者交流时是否存在,以及这种心理偏差最终是否会增加投资者群体的整体风险。本节基于Han、Hirshleifer和Walden(2022)的理论模型,检验分成三步:首先检验发送函数中是否存在"自我强化偏差"(收益率越高,越容易发起对话);其次检验接受函数是否存在"自我强化偏差"(对话发起者收益率越高,对话接收者越容易);最后考察投资者总体风险的演化。

首先我们检验Han、Hirshleifer和Walden(2022)的模型中关于收益率与发起对话的假设。该假设认为,由于自我强化偏差的存在,投资者会将盈利归功于自己,而将损失归咎于环境,因而他在盈利的时候更有可能同他人讨论自己的投资。因此,我们预期观察到投资收益与发起对话数(本章用发帖数来表示)应该存在正相关。

为了检验这个假设,每周我们都把投资者按照其周收益高低分成五组,然后考察对于每个收益组,其对应的平均发帖数是多少。这种方法的好处是非常直观,而且可以展现变量之间的非线性关系。表4-7展现了结果。由于用户的发帖既可能是他手动书写的,也可能是系统触发的(例如某用户进行了一次调仓,那么雪球网自动会以该用户的名义发布一条消息,内容即为调仓信息),因而我们同时还统计剔除了系统消息后的发帖数。

表4-7　收益与发帖数

收益率分位数	发帖数(包含系统消息)	发帖数(不包含系统消息)
1(low)	1.58	0.88
2	1.47	0.94
3	1.59	1.08
4	1.84	1.29
5(high)	2.40	1.70

从表4-7中我们可以发现,收益率与发帖数之间存在非常强烈的正相关

关系。对于收益最低的 20% 的用户,平均每周发送 1.58 条(含系统消息)或者 0.88 条(不含系统消息)帖子,而对于收益最高的 20% 的用户,其发帖数分别增加到 2.4 条与 1.7 条,增幅达到 50% 以上。

在表 4-8 中,我们使用"发帖概率"来刻画用户的发帖行为。发帖概率被定义为在特定一周至少发帖一次的用户占该组用户的比重。以第一行(收益率最低的五分位数)为例,该行表示有 20% 的用户至少发布了一个帖子,或者有 13% 的用户至少发布了一条不包含系统消息的帖子。与预期一致,表 4-8 再一次支持了"收益越高,交流越频繁"的假设。

表 4-8　收益与发帖概率

收益率分位数	发帖概率(包含系统消息)	发帖概率(不包含系统消息)
1(low)	0.20	0.13
2	0.19	0.14
3	0.21	0.15
4	0.23	0.17
5(high)	0.27	0.21

接下来我们使用回归的方式定量分析收益与发起对话行为之间的关系,Han、Hirshleifer 和 Walden(2018)的模型使用了如下线性模型来刻画:

$$message.count_{i,t} = \beta_0 + \beta_1 R_{i,t} \tag{4.3.9}$$

其中,$message.count_{i,t}$ 为投资者 i 在时刻 t 的发帖数,$R_{i,t}$ 是该投资者的收益。一个正的 β_1 表示"自我强化偏差"存在,并且它导致投资者收益率越高,越容易向他人发起对话。

考虑到投资者的发帖数不仅受其自身收益的影响,还可能受到其临近节点的影响,因而我们拓展 4-9,加入反映临近节点特征的两个变量:临近节点的平均收益 $\overline{R}_{-i,t}$ 以及临近节点的平均发帖数 $\overline{message}_{-i,t}$。此外,虽然 Han、Hirshleifer 和 Walden(2018)只提出"接收函数"存在凸性,但他们并没有提到"发送函数"是否存在凸性[①],为了检验收益率是否在"发送函数"中也存在凸性,我们加入变量 $R_{i,t}^2$。改进后的模型如下:

$$message.count_{i,t} = \beta_0 + \beta_1 R_{i,t} + \beta_2 R_{i,t}^2 + \beta_3 \overline{R}_{-i,t} + \beta_4 \overline{(message)}_{-i,t} \tag{4.3.10}$$

---

① 即收益越高,发帖数越多,并且发帖数呈递增的形式增加。

我们在模型中控制了个体效应与时间效应,表 4-9 给出了回归结果。可以发现,同预期一致,$R_{i,t}$ 的符号显著为正,说明高收益率增加了投资者发起对话的可能。此外,我们还观察到 $R_{i,t}^2$ 的系数也在 1% 的水平上显著为正,说明"自我强化偏差"不光会导致收益率与发帖呈现正向关系,而且这种关系是凸的:用户收益越高,发帖就以越快的速度增加。

此外值得注意的是,表 4-9 的结果还说明临近节点的收益越高,投资者发帖越少,这可能是由于当临近节点的收益率变高后,投资者无法再向他们夸耀自己的战果,因而发帖数随之减少。

表 4-9　发送函数的检验

	1	2	3
$R_{i,t}$	0.0750***	0.0775***	0.0688***
	(0.0017)	(0.0022)	(0.0022)
$R_{i,t}^2$			0.0023***
			(0.0002)
$\overline{R}_{-i,t}$		−0.0084***	−0.0059**
		(0.0030)	(0.0030)
$\overline{message}_{-i,t}$		0.0299***	0.0299***
		(0.0005)	(0.0005)
个体效应	Yes	Yes	Yes
时间效应	Yes	Yes	Yes
R^2	0.0059	0.0169	0.0176
N	334614	334614	334614

注:***,**,* 分别表示 1%,5% 以及 10% 的显著性水平,括号中的为标准差。

接下来我们检验"接收者函数":信号发送者的收益越高,那么信号接收者越容易被"说服",也即从自己的策略(被动策略)转换到信号发送者的策略(主动策略),从而导致交易频率上升;此外,受到"自我强化偏差"的影响,发起者收益的影响是呈"凸性"[①]的,也即越是极端收益,其说服能力就越大。Han、Hirshleifer 和 Walden(2018)给出的理论模型如下:

$$trade.count_{i,t} = a + b_1(\overline{R}_{-i,t})^2 + c\overline{R}_{-i,t} \tag{4.3.11}$$

---

① 这里凸表示二阶导数大于 0,即 convex。

其中,i 是信号接收者,$\overline{R}_{-i,t}$ 是对话发送者(在本章中即信号接收者关注的相邻节点,由于不止一个,所以取平均值)的平均收益。如果系数 c 和 b_1 为正,那么就存在凸关系。

然而,Han、Hirshleifer 和 Walden(2018)的理论模型仍旧过于简化,在实证检验中,我们发现信号接收者转化的概率不仅取决于对话发送者的收益,更取决于两者收益的差:假使对话发送者的收益很高,但如果其仍旧低于信号接收者,那么他就不会产生任何"说服力"。

为了体现这一点,我们使用两者的差 $(\overline{R}_{-i,t}-\overline{R}_{i,t})$ 作为主要的解释变量。此外,根据 4.2.5 节中的定义,我们引入 $\overline{centrality}^{nbr}$ 和 out_degree 分别刻画社交学习的强度和质量。改进后的模型如下:

$$y_{i,t}=a+b_1(\overline{R}_{-i,t}-\overline{R}_{i,t})^2+c\,(\overline{R}_{-i,t}-\overline{R}_{i,t})+out\_degree+\overline{centrality}^{nbr}$$

$$(4.3.12)$$

除了交易频率($trade.count$),我们还使用多种方式来衡量投资者策略的转变,包括高风险股票的比重 $eHRS$(定义详见 4.2.3 节)、收益的偏度($skewness$)以及收益的 β,它们在模型中都用 $y_{i,t}$ 表示。表 4-10 呈现了结果。

表 4-10 接收函数的检验

	I ($y=trade.count$)	I ($y=trade.count$)	II ($y=eHRS$)	III ($y=skewness$)	IV ($y=\beta$)
$(\overline{R}_{-i,t}-\overline{R}_{i,t})^2$	0.0022***	0.0033***	0.0007***	0.0004***	0.0001**
	(0.0003)	(0.0001)	(0.0001)	(0.0001)	(0.0001)
$\overline{R}_{-i,t}-\overline{R}_{i,t}$	0.0239***	0.0280***	0.0063***	0.0009	0.0022***
	(0.0032)	(0.0012)	(0.0007)	(0.0007)	(0.0007)
$\overline{centrality}^{nbr}$		0.2556***			
		(0.0278)			
out_degree		0.0061***			
		(0.0002)			
个体效应	Yes	No	Yes	Yes	Yes
时间效应	Yes	Yes	Yes	Yes	Yes
R^2	0.0003	0.0323	0.0006	0.0001	0.0000
N.	301702	0.0321	301702	301702	301702

注:***,**,* 分别表示 1%,5% 以及 10% 的显著性水平,括号中的为标准差。

我们可以发现,同预期的一致,$\overline{R}_{-i,t} - \overline{R}_{i,t}$ 以及 $(\overline{R}_{-i,t} - \overline{R}_{i,t})^2$ 的系数都在 1% 的水平上显著为正,说明当信号发送者的收益率越高时,投资者越容易转向高风险的投资策略。特别的是,$(\overline{R}_{-i,t} - \overline{R}_{i,t})^2$ 的系数为正支持了"自我强化偏差"的假说,即人们对于极端高收益会表现出特别大的反应,并且这种增加是递增(凸)的,信号发送者的收益越高,他们的"说服力"也越大。反映社交学习的两个变量 $\overline{centrality}^{nbr}$ 与 out_degree 系数显著为正说明了社交学习会助长激进投资策略在整个社区中的传播。

综上,表 4-9 和表 4-10 支持了"自我强化偏差"在投资者交流中的存在(假说 2)。

Han、Hirshleifer 和 Walden(2022)的模型最后指出,由于"自我强化偏差"对上述投资者交流的影响,高风险的投资策略最终会逐渐在社区中取得主导地位,因而整个社区的投资风险也会随着时间增加。我们使用"交易频率"与"高风险股票占成交量的比重(HRS)"两种方式衡量投资风险,两种指标的定义详见 4.2.3 节。

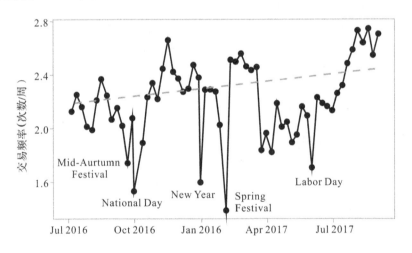

图 4-4 交易风险(按照交易频率计算)

图 4-4 画出了所有信号跟随者从 2016 年 6 月开始至 2017 年 9 月的平均周交易频率。图中的灰色直线表示使用 OLS 的拟合曲线。我们可以看到除了某些节假日导致整体交易频率减少以外[1],整个社区的交易频率随着时间

---

① 这些节假日包括中秋、国庆、元旦、春节、劳动节等。

不断上升,斜率为正的拟合曲线也支持了这一点。例如在样本开始期的 2016 年 7 月,整个社区的平均交易频率为 2.2 次/周,而到了 2017 年 9 月,平均交易频率上升到了 2.8 次/周。

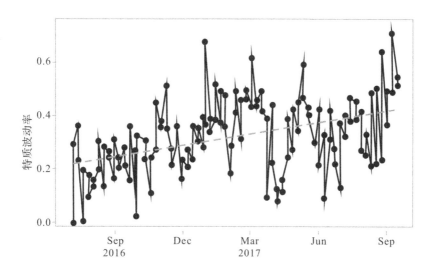

图 4-5 交易风险(按标的股票的风险计算)

图 4-5 给出了整个雪球社区购买高风险股票的行为(HRS 水平)。可以很明显地发现,不仅社区的交易频率增加了,投资者对于高风险股票的偏好也增加了。例如在样本初期,风险指标为 0.2 左右,表示高风险股票只占总体成交量的 20%,但是到了一年后的样本末期,风险指标上升到 0.6,意味着高风险股票已经占了整个交易额的 60%,是期初值的三倍。

综上,图 4-4 与图 4-5 表明雪球社区的整体投资风险是不断上升的,这个结果同"社交学习增加投资风险"的假说(假说 3)相一致。

第 5 章
社交与"风险厌恶"

5.1 研究假说

　　通过前文的理论分析可以得知,社交行为对处置效应的影响分为两部分。首先,社交提升了投资者对资产整体的风险偏好。根据前文通过理论分析所阐述的"发送者函数",由于投资者"自我强化偏差"的存在,投资策略的收益率越高,投资者就越倾向于在社交网络中对其他投资者进行展示,在社交交易平台中则表现为对这类策略倾向于持有更长时间,以便对更多人进行传播;与此同时,根据"接收者函数"的特点,这类策略也更容易被其他投资者所接纳。因此,整个平台中投资者对股票的持有时间上升。最后根据处置效应的定义,投资者对风险资产的持有时间越长,其风险追逐倾向越大,由此引出第一个研究假设:

　　假设 5:社交导致投资者对其资产(无论资产盈利或亏损)的持有时间整体上升,即总体风险偏好上升。

　　另一方面,社交减小了投资者对待盈利资产与亏损资产风险态度的不一致性,即减小了处置效应。处置效应表现为:对待盈利资产时为风险规避倾向,即更快卖出盈利资产;对待亏损资产为风险追逐倾向,即持有亏损资产的时间更长。处置效应的变化反映的是投资者对盈利资产与亏损资产风险态度不一致性的相对变化,可以表现为盈利资产平均持有时间与亏损资产平均持有时间之差的变化。通过文献梳理发现,一部分现有研究认为社交行为增大

---

* 本章部分内容已于 2021 年发表在 *PLOS One* 第 2 期。

了投资者对自我社交形象的关注,从而使亏损资产与盈利资产相比于社交行为发生之前,二者持有时间长度的差距增大,从而增大了处置效应;而另一部分研究认为社交行为提升了投资者的自我意识,使得投资者对亏损更加敏感,持有盈利资产与亏损资产平均的时间长度差距更小,导致投资者处置效应的减小。本书根据前文的理论分析认为,社交行为在提升投资者自我意识的同时,也使得投资者对亏损资产在未来继续亏损的确信度提升,使得投资者持有盈利资产和亏损资产的平均时间长度差异进一步减小,从而减小投资者的处置效应。由此引出第二个研究假设:

假设 6:社交导致投资者对盈利资产和亏损资产持有时间的差异减小,对待二者风险态度的不一致性减小,即处置效应减小。

5.2 数据来源及核心变量定义

1. 数据来源

本书通过 python 软件的 Scrapy 模块,并结合非结构化数据库 Mongodb 和队列数据库 redis 构造网络爬虫(具体爬虫代码可参考附录),获得了雪球平台从 2016 年 6 月至 2018 年 6 月的实盘组合,总共获取雪球实盘 21481 个。根据 2018 年雪球官方数据统计,存续的雪球实盘约 1 万,从而可以得知本书获得的数据不存在大面积遗漏。在数据清洗过程中,本书发现样本存在一定的错误与异常值。为了保证实证不受异常值影响,本书利用一定的筛选标准,并结合祝宇(2018)对雪球数据的清洗标准,对数据展开进一步清洗和筛选。

(1)剔除存续期小于 60 天的实盘组合

所谓存续期即是实盘组合从建立开始一直到关闭的那天的活跃天数。一些实盘组合存续天数可能只有一两天,并且交易笔数极少,也不进行任何的社交行为,这可能是因为这些投资者仅仅只想对平台进行尝试,并非对平台进行长期利用;另一方面,有些投资者的建仓时间极其接近时间窗口期的结束,这部分实盘组合由于活跃时间也较短,也会造成一定的数据偏差。据此,根据上述两种可能存在的情况,对存续期小于 60 天的实盘组合进行剔除。

(2)剔除非 A 股市场的实盘组

雪球实盘目前仅支持 A 股与港股的交易。一方面,港股交易的机制与 A 股交易相差甚远,每日的涨跌幅以及可以买空卖空的股票种类相去甚远,进行港股交易与 A 股交易的门槛存在着较大区别,且也仅限于沪港通与深港通的交易通道,且港股作为我国金融对外的主要窗口,受到国际金融市场的影响较大;另一方面,据统计数据,相比于 A 股交易,港股交易也只占 1%,对整体样本的影响较小。为了保障整体研究的一致性,避免不同市场带来的特征的异质性,可能导致的研究结论不稳定性,因此排除所有进行过港股交易的组合。

(3)剔除异常收益率的实盘组合

在总体上,雪球采用 Modified Dietz 算法进行净值计算,但也会存在特殊交易下的异常变化。例如,如果用户没有关闭实盘组合,但却在两三天时间内将所有资产进行清空,则会导致净值可能出现负收益的情况;另一方面,雪球中存在一些收益率极高的投资者,其净值在不到一年的时间高达 10000,这显然是雪球网系统产生的错误。故而本书采用 winzorize 处理方法,将净值最高的 1%,与净值最低的 1%组合进行剔除,在确保数据损失在一定范围的基础上,保证样本研究结果不受极端值影响。

(4)剔除非正常调仓记录

本书发现有一些交易的调仓记录存在明显的错误,例如存在一笔调仓从 0%变动为 0%的记录,抑或者存在仓位从−3120%到−5700%的错误,从尝试判断,显然这是一笔错误的调仓记录,本书将对于这类调仓记录进行删除。

(5)其他数据缺失

针对一部分数据存在祝宇(2018)中提到的限制性问题,本书借鉴其采用的以下两类限制进行筛选:①进入最终样本的雪球组合与雪球实盘必须有完整的基本信息、调仓记录、业绩历史记录三大块数据;②进入最终样本的用户必须至少拥有一个雪球组合或者雪球实盘,并且该组合与实盘的信息都完整。本书除特殊说明数据的来源,所有实证均基于上述经过清洗和筛选后的数据,经过上述数据清洗过程后,保留下的雪球实盘组合共有 12631 个。

2.处置效应的识别

为了计算处置效应,需对实盘组合的交易数据进行处理。首先计算所有投资者购买的所有股票自买入开始至其平仓的时间段内每日的持仓价。若一只股票平仓后又重新买入,则重新计算一个新的仓位。经过交易数据的处理,借鉴 Feng 和 Seasholes(2005)以及 Heimer(2016)对处置效应的识别机制,其设定因变量为 $Sale_{ijt}$,如果投资者在时刻清仓股票,则取值为 1,反之则为 0;自变量为 $Gain_{ijt}$,如果投资者在时刻的股票,当日的持仓价如果小于当日收盘价,则取值为 1,反之则为 0。通过 $Sale_{ijt}$ 对 $Gain_{ijt}$ 进行回归得到的回归系数即为处置效应的大小,其代表的经济学意义在于,投资者的股票在时刻盈利时卖出该股票的概率,该概率为正,证明处置效应存在。

3.社交行为的度量

(1)样本分组比较

在雪球平台中,通常新用户都会在开始跟随或订阅其他投资者的投资组合之前进行一些交易,这就给通过分割样本来分离社交提供了可行性。在第一次开始跟随或订阅其他投资者之前的交易更接近于不受其他投资者影响的交易,反之,在开始跟随或订阅其他投资者之后更像是开始受社交影响的交易(Manski,1993)。社交对处置效应的影响也可通过比较两个时期进行体现。有鉴于此,本书将样本分为 *pre-follow* 和 *post-follow* 两个部分。图 5-1 为样本分组的示意图。如图 5-1 所示,一个投资者在 t_0 时刻在雪球进行了第一笔交易,在 t_1 时刻第一次对其他投资组合进行了订阅和跟随,从 t_0 到 t_1 这段时间即是 *pre-follow* 阶段。在 t_1 时刻到 t_2 这一时刻即是 *post-follow* 阶段,*post-follow* 阶段于 *pre-follow* 阶段的时间间隔相等,即 $t_2 - t_1 = t_1 - t_0$。将 *pre-follow* 和 *post-follow* 阶段加总起来,即是图中所谓的 *two-stage*,即从 t_0 时刻到 t_2 时刻。在 *pre-follow* 和 *post-follow* 的时间长度一致能够一定程度减小不同的样本长度带来的偏差。t_n 时刻即是组合在样本中最后一笔交易发生的时刻,将 t_0 到 t_n 时刻命名 full sample。

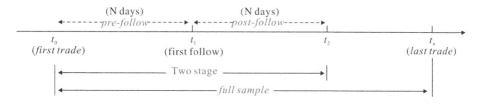

图 5-1 样本分组示意图

在此基础上对样本的分组比较分为两类,首先,对 *pre-follow* 阶段和 *post-follow* 阶段进行分别进行 $Sale_{ijt}$ 对 $Gain_{ijt}$ 的回归,并计算回归系数,以此比较两阶段处置效应的大小,从而判断处置效应的变化。此外,为了避免组间效应的遗漏,本书还将 *pre-follow* 和 *post-follow* 的数据进行整合,构造一个判定是否该笔交易处于 *post-follow* 阶段的虚拟变量 post-follow。该变量值为1,则表明投资者 i 的股票 j 在 post-follow 阶段被卖出,若为0,则表明该股票没有在 post-follow 阶段被卖出。最后将该虚拟变量加入回归方程中，并与 $Gain_{ijt}$ 相乘生成一个交叉项，回归得出该交叉项的系数，通过判断该系数的符号，从而判断处置效应的变化。

（2）三个社交变量

尽管样本分组能够很好分离出社交带来的影响，但同时也存在局限性。首先，对样本进行分组处理，需要有更为严格的筛选条件，这就不可避免造成了样本的丢失，可能存在人为进行样本选择的偏误；再者，仅仅进行分组处理，无法揭示社交的影响机制。有鉴于此，本书借鉴 Pelster（2018）对社交交易网络的研究，并结合第 3 章中对信号发送者和信号接收者的分析，将社交行为主要分为主动产生和被动接受两种类型，并将其设定三个有关于社交的变量：学习强度（learning-intensity）、学习质量（learning-quality）和受关注度（public-scrutinization）。每一个变量都代表一种社交的影响机制。

在主动产生方面，Rendell、Boyd 和 Cownden 等（2010）将社交行为认定为社交学习，在社交网络中进行观察，并复制成功者的行为，并研究指出能够减少行为的错误并提升投资收益率。通过借用了这种社交学习的定义，用来度量投资者在社交网络中，通过主动的社交进行学习的状况。一种最为直接度量方法，即是计算投资者订阅其他投资者的数量，订阅的数量越多，也就意味着投资者有着一个更强的主动进行社交学习的动力。学习强度（learning-intensity）便直接运用这种方法进行定义。如等式 5.2.1 所示，学习强度（learning-intensity）为投资者 j 在 t 时刻的关注数加 1 的对数值。

$$learning\text{-}intensity_{jt} = \ln(number\ of\ following\ s_{jt}+1) \qquad (5.2.1)$$

学习强度的定义也存在一定的缺陷，无法对社交学习的具体内容进行定义。由于社交学习同时也是一个对信息的搜集处理过程，则本书将从获取信息的优势程度的角度定义社交学习的内容。可以设想如下场景，假设所有社交网络中的投资者一开始拥有着相同的信息优势，也就是有同样的重要性。当某一个投资者开始对另一个投资者进行跟随或订阅时，就相当于这个投资者对另一投资者进行了"投票"，或可以理解为将代表自身的一部分重要性转移给了另一个投资者。这样的行为在不停重复之后，有一部分投资者会聚集很多的"票"，也就拥有更高的重要性。在经济学的视角下，这样的投资者便具在网络中具有了更高的中心程度，并具有更多的信息优势（Ozsoylev, Walden & Yavuz et al, 2014）。这样的信息优势和中心程度在社交网络分析中被称为中心度（centrality）。

在社交网络分析研究中，中心度体现了一个节点处在网络的中心程度，一个越高的中心度得分表明这个节点越处于这个网络的中心位置,更有研究表明社交网络中节点的信息优势可以用该节点的中心度(centrality)进行度量(Pelster,2018)。而在中心度的度量方面,本书选择 PageRank 中心作为度量投资者信息优势的方法。Brin 和 Page(1998)提出 PageRank 算法最早用来度量网站在网络中的重要程度,这与本书对投资者重要程度的设定相对契合。依托上述中心度的定义和度量方法,本书通过等式(5.2.2)对每一个投资者的学习质量(learning-quality)进行度量。在等式(5.2.2)中,首先在每天设立一个社交网络,算出在 t 时刻每一个投资者的中心度。而后提取出 t 时刻每一个投资者 j 所关注的 N 个投资者的中心度($centrality_{njt}$),并分别求均值。最后为避免较大的回归系数,在此基础上乘以 100。

$$learning\text{-}quality_{jt} = \frac{1}{N} \sum_{n=1}^{N} (centrality_{njt} \times 100) \tag{5.2.2}$$

相比于学习强度(learning-intensity),学习质量(learning-quality)更能对交易者的学习特征进行刻画。两者之间的区别可通过以下例子进行解释。设想一个投资者跟随和订阅了许多组合,但这些被订阅的组合没有其他任何的订阅者。换而言之,此投资者跟随的都是一些不重要的节点。这样的场景下,该投资者虽然有着一个很高的学习强度,但其学习质量却很低。为了保证学习强度与学习质量捕捉社交学习行为的不同特征,本书对两者之间进行了皮尔逊相关系数的计算。相关系数的结果为 0.12,表明两者之间的弱相关,与本书一开始的设想一致。

在被动接受方面,除学习强度和学习质量之外,本书还对投资者的受关注度(public-scrutinization)进行了度量。受关注度作为一个投资者在社交中的被动行为的,表现的是自身交易表现披露在其他投资者面前时的状态。许多研究都表明受关注度能够显著影响处置效应。一部分研究将受关注度归因于社交形象,并能够增强处置效应。其研究发现随着跟随者的增大,投资者会更加不愿意卖出那些遭受损失的资产,因为这样会影响其在跟随者当中的威望。另一部分研究认为受关注度会减小处置效应,其将其解释为投资者自我意识的结果,认为跟随者人数的增加能够提升投资者对那些遭受亏损资产的敏感度,从而更为主动地调整投资策略。

在此基础上,本书用投资者的粉丝数量作为受关注度的代理变量。投资者拥有一个更大的跟随者数量,表明该组合的投资记录披露给更多投资者,则会有一个更强的受关注度。等式(5.2.3)度量了投资者 j 在时刻 t 的受关

注度:

$$public\text{-}scrutinization_{jt} = \ln(number\ of\ follower\ s_{jt} + 1) \qquad (5.2.3)$$

5.3 对社交中"风险厌恶"的检验(假设5,假设6)

5.3.1 生存分析

在进行生存分析之前,需先通过对交易数据和社交网络数据的预处理,得出了一系列相关交易与社交变量的描述性统计量。表 5-1 展示了这一系列的统计量。表 5-1 中的子表 A 为投资者部分交易信息的统计量。首先定义了实盘组合的存续时间:从建立开始一直到样本中的最后一笔交易截止。从平均来看实盘组合的平均生命周期在 348.8 天,接近于一年时间。平均的交易次数为 114.5 次。同时也发现,投资者为了规避实现收益为负,在实现收益为正的情况下的卖出交易数量 30.6,大于实现收益为负的卖出交易数量 10.6。与此同时,投资者日平均持有的股票数量仅为 2.75,且在存续期间曾经交易过的平均股票数量为 22.1 只。整体的收益率差距很大,最大值为 355%,即整体收益上涨了 3 倍多,但最小值为 -96.8%,几乎将本金全部亏损;收益率中位数在 -3.74% 左右,大部分投资者都无法获得正收益率。表 5-1 中的子表 B 呈现了平台中投资者的社交网络信息。由于网络中的节点每天都在变化,表中计算的变量皆为投资者存续期间最后一日的平均值。由此可以发现,大部分投资者都仅拥有少量粉丝(followers)并关注了少量用户(followings),极少部分投资者拥有数量极多的粉丝并关注了大量用户。

表 5-1 各类交易与社交变量描述性统计

	最小值	均值	中位数	最大值	标准差
A. 交易信息					
组合存续时间(日)	0	348.8	372	638	176.1
组合交易次数	1	114.5	117	200	68.1
组合卖出交易次数	0	41.2	39	104	28.1
组合盈利的卖出交易次数	0	30.6	28	94	21.4

续表

	最小值	均值	中位数	最大值	标准差
组合亏损的卖出交易次数	0	10.6	8	68	9.86
日平均持有股票数	1	2.75	2.13	26.3	2.01
交易过的股票数量	1	22.1	19	96	16.2
收益率(%)	−96.8	−3.74	−2.32	355.3	0.32
B.社交信息					
粉丝(followers)数量	0	8.49	0	2083	70.7
关注(followings)数量	0	10.1	4	294	18.3

　　根据处置效应的定义,对资产持有时间越长则表明其风险偏好越大,其中投资者的盈利资产相对于亏损资产持有时间变短,或亏损资产相对于盈利资产持有时间变长,则其自身的处置效应增大。表 5-2 对 *pre-follow* 和 *post-follow* 两个阶段股票的持有时间进行了计算,并对两个阶段的持有时间的差异性进行了 t 检验。

表 5-2　在 *pre-follow* 和 *post-follow* 两个阶段股票持有时间对比

	pre-follow(1)	*post-follow*(2)	*p-value*(3)
股票在清仓前的平均持有期(日)	15.3 (19.8)	27.2 (39.2)	<0.001
盈利股票在清仓前的平均持有期(日)	14.6 (19.2)	25.1 (37.6)	<0.001
亏损股票在清仓前的平均持有期(日)	15.4 (21.3)	27.1 (42.1)	<0.001

　　从表 5-2 的第 1 行结果可以发现,投资者在开始对其他投资者进行跟随之后,所有股票的持有时间显著变长。根据处置效应的定义,对资产的持有时间越长,表明其风险偏好越大,从而证明 *post-follow* 阶段相比于 *pre-follow* 阶段,投资者整体的风险态度上升,社交提升了投资者的风险偏好程度,有效证明了假设 5 存在的合理性。另一方面,第 2 行和第 3 行再分别对盈利和亏损股票的持有时间进行对比之后发现,处置效应的变化方向不一致。第 2 行中,盈利股票的持有期从 14.6 天显著增长为 25.1 天,在亏损股票持有期不

变的情况下,表明处置效应的减小;而第 3 行中,亏损股票的平均持有时间从 15.4 天显著增长为 27.1 天,在盈利股票持有期不变的情况下,处置效应的增大。总体上亏损股票相对于盈利股票持有时间的变化无法得知,故而从表5-2 中无法看出总体处置效应的变化情况。

为进一步发现处置效应总体的变化情况,本书在图 5-2 中画出了 Kaplan-Meier 生存曲线。Kaplan-Meier 生存曲线最早用在医学领域,通过观察患病的实验生物服用某种药物之后的生存时间,来测定药物对疾病的治疗效果 (Kaplan & Meier, 1958)。由于其在处置效应研究方面有诸多便利,有许多研究将其引入并取得了很好的研究效果 (Heimer, 2016; Pelster & Hofmann, 2018)。在图 5-2 中,以点 A 为例,如果持有时间为 100 天,剩余的持仓数量比例为 0.9,这表示平均来看 10% 的股票在 100 天之内卖出。处于 *pre-follow* 阶段的曲线用深黑色表示,处于 *post-follow* 阶段的曲线用浅灰色表示,盈利的股票用实线表示,亏损的股票用虚线表示。从而最后生成了四条曲线,分别为处在 *pre-follow* 时期盈利股票的曲线、处在 *post-follow* 时期盈利股票的曲线、处在 *pre-follow* 时期亏损股票的曲线和处在 *post-follow* 时期亏损股票的曲线。

图 5-2 揭示了两个重要结果。首先,对投资者的风险偏好变化进行了揭示。通过比较深黑色曲线与浅灰色曲线,发现无论实线还是虚线在 *post-follow* 阶段都比 *pre-follow* 阶段的曲线要高。例如,在持有时间同为 100 天的情况下,同是盈利股票生存曲线中的点,处于 *post-follow* 时期的点 C 为 0.94,明显高于点 A 的 0.90,同理,*post-follow* 阶段亏损曲线上的点 D,高于 *pre-follow* 阶段亏损曲线上的点 B。这也就表明所有投资者股票的持有期在 *post-follow* 阶段都比 *pre-follow* 阶段要长,同时也可以说明投资者在 *post-follow* 阶段相比 *pre-follow* 阶段对风险的偏好要更高,因为根据处置效应的推论,投资者越快卖出股票越代表其风险规避。这也与表 5-2 中的结果一致,由此进一步证明了研究假设 5 的合理性。

其次,对投资者处置效应变化进行了揭示。通过观察发现,实线总是在虚线之上。这表明投资者在相比于股票亏损的情况下,更愿意股票盈利的情况下卖出股票,也即是处置效应一直存在。同时,无论实线还是虚线在 *post-follow* 阶段都比 *pre-follow* 阶段的曲线要高。另外,也是最重要的结论,在 *post-follow* 阶段的实线与虚线之间的距离小于 *pre-follow* 阶段实线与虚线之间的距离。这也就表明,在 *post-follow* 阶段处置效应相比于 *pre-follow*

阶段显著减小。可以通过分析图 5-2 中特殊的点进行分析,例如点 A(B)表明在 100 天时,如果股票处于盈利(亏损)状态,90%(93%)持有的股票还没有卖出。因此,A 与 B 两点之间的垂直距离(0.93−0.90＝0.03)度量了投资者在股票盈利状态下相比于亏损状态更倾向于卖出的意愿,也就是对待盈利股票和亏损股票风险态度的不一致性,即是 pre-follow 阶段处置效应的大小。同理,点 C 和 D 的垂直距离衡量了在 post-follow 阶段投资者处置效应的大小。可以非常清楚地发现,在 post-follow 阶段的垂直距离小于 pre-follow 阶段的垂直距离,也就意味着处置效应在 post-follow 阶段小于 pre-follow 阶段。由此证明了假设 6 的合理性。

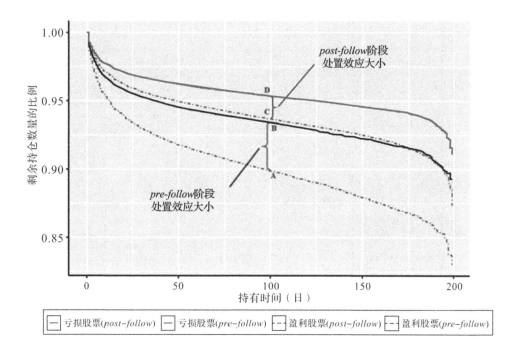

图 5-2　持有股票的 Kaplan-Meier 曲线

为了对社交对处置效应的影响进行稳健性检验,选用研究数据的样本内外样本进行对比分析。首先选择 Full sample 中所有投资者的交易记录,标记为 social;而后将平台中所有没有对任何投资者进行订阅,同时也没有被任何其他投资者订阅的投资者的交易记录进行提取,并与 Full sample 中投资者一样进行处置效应的识别,并标记为 non-social,最后分别画出两样本的 Kaplan

-Meier 曲线。图 5-3 为样本内外的 Kaplan-Meier 曲线的对比图。其中浅灰（深黑）色曲线表明投资者（未）经过社交，亏损股票由实线表示，盈利股票由虚线表示。从图中可以发现，浅灰色曲线皆在深黑色曲线之上，表明无论是亏损股票还是盈利股票，经过社交的投资者的曲线都在未经过社交的投资者曲线之上。即相比于没有进行社交的投资者，进行社交的投资者持有股票的时间更长，其风险偏好整体上升。从而进一步证明了研究假设 5 的合理性。另一方面，点 A 与 B 之间的距离大于点 C 与点 D 之间的距离，表明那些没有经历过社交的投资者的处置效应大于经历过社交的投资者，进一步证明研究假设6 的合理性。

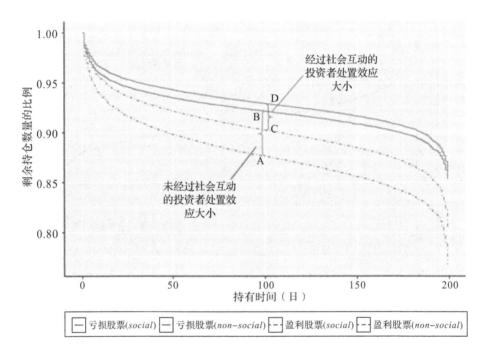

图 5-3　样本 *social* 与 *non-social* 的 Kaplan-Meier 曲线

5.3.2　划分样本的回归分析

尽管图 5-2 表明 *post-follow* 阶段的处置效应明显小于 *pre-follow* 阶段，但这需要针对每一个投资者的每一只股票进行持有期的计算，无法对整体样本的变化进行计算。为了从整体上对处置效应的变化进行度量，本书使用了 Cox proportional hazard 模型,建立卖出交易模型,并对其进行回归。Cox proportional hazard 模型也作为生存分析方法中的另一模型,广泛运用于医学领域(Cox,1972),同时也被许多金融方面的学者引入处置效应研究(张伟强,王玥,廖理,2011;肖琳,赵大萍,房勇,2018;刘新,张月芳,2019;Heimer,2016;Gemayel 和 Preda,2018)。

等式(5.3.1)为建立的模型。因变量衡量了股票被投资者在时刻卖出时的概率,包括了等式右侧所有因素对其的影响。为所有自变量因素皆为 0 时股票被卖出的基准概率。根据前文所述的处置效应的识别,作为一个虚拟变量,在时刻,如果股票被投资者在盈利的情况下卖出则值为 1,反之,如果股票在亏损的情况下卖出则值为 0。β_1 为正表明处置效应存在,即一只股票在盈利的情况下投资者更倾向于卖出。因此,$pre\text{-}follow$ 阶段与 $post\text{-}follow$ 阶段的处置效应的变化,可以通过比较的大小实现。

$$h_{ij}(t) = h_0(t)\exp(\beta_1 gain_{ijt}) \tag{5.3.1}$$

在等式(5.3.1)的基础上,本书还将 $pre\text{-}follow$ 和 $post\text{-}follow$ 的数据进行整合,构造一个判定是否该笔交易处于 $post\text{-}follow$ 阶段的虚拟变量 $post\text{-}follow_{ijt}$。该变量值若为 1,则表明投资者 i 的股票 j 在 $post\text{-}follow$ 阶段被卖出,若为 0,则表明该股票没有在 $post\text{-}follow$ 阶段被卖出。等式(5.3.2)为建立的另一模型。其中 $gain_{ijt}$ 与 $post\text{-}follow_{ijt}$ 的交叉项的系数 β_3,为 $post\text{-}follow$ 阶段相比于 $pre\text{-}follow$ 阶段的处置效应的变化,若为正,则处置效应增大,反之,则处置效应减小。

$$h_{ij}(t) = h_0(t)\exp(\beta_1 gain_{ijt} + \beta_2 post\text{-}follow_{ijt} + \beta_3 gain_{ijt}$$
$$\times post\text{-}follow_{ijt}) \tag{5.3.2}$$

表 5-3 报告了等式(5.3.1)和等式(5.3.2)的回归结果。列 1 和列 2 分别为等式(5.3.1)在 $pre\text{-}follow$ 和 $post\text{-}follow$ 阶段的回归结果,列 3 为等式(5.3.2)在 $two\text{-}stage$ 阶段的回归结果。从整体来看,表 5-3 反映出投资者在订阅或跟随其他投资者之后,处置效益显著减小。列 1 中 $pre\text{-}follow$ 阶段,投资者在股票盈利的情况下卖出的概率为 57%($e^{0.451}-1$),列 2 中的 $post\text{-}follow$ 阶段卖出的概率为 42.6%($e^{0.355}-1$),可以发现在 $pre\text{-}follow$ 阶段卖出盈利股票的概率更高,同时表明,经过订阅或跟随其他投资者的组合之后,处置效应减小。列 3 中将 $two\text{-}stage$ 的阶段进行整合,交叉项 $gain_{ijt} \times post\text{-}follow_{ijt}$ 的系数为 -0.095。相比于 $pre\text{-}follow$ 阶段,在 $post\text{-}follow$ 阶段卖出盈利股票的概率减小 9.06%($e^{-0.095}-1$)。从而处置效应在订阅或跟随其他

投资者组合之后，处置效应减小。

表 5-3　社交与处置效应的 Cox proportional hazard 模型回归结果

	pre-follow(1)	*post-follow*(2)	*Two-stage*(3)
gain	0.451***	0.355***	0.450***
	(0.015)	(0.017)	(0.015)
post-follow			−0.127***
			(0.020)
gain×*post-follow*			−0.095***
			(0.023)
Observations	316,116	289,584	605,700
R^2	0.003	0.002	0.003

*** $p<0.001$; ** $p<0.01$; * $p<0.05$; · $p<0.1$

为了获得一个更为稳健的结果，接下来对研究结果进行 Logistic 回归。Logistic 回归模型用来对因变量为虚拟变量的回归方程进行参数估计。等式 (5.3.3) 为 Logistic 回归方程。等式左边为因变量 $sale_{ijt}$，如果股票 i 被投资者 j 在 t 时刻卖出时，$sale_{ijt}$ 值为 1，如果没有在此时刻卖出，则 $sale_{ijt}$ 值为 0。在经过 $logit$ 变换之后的表达式变为 $logit\left[\dfrac{P(sale_{ijt})}{1-P(sale_{ijt})}\right]$，该变化形式服从正态分布。等式右侧的自变量 $gain_{ijt}$，如果投资者 j 的股票 i 在 t 时刻为盈利状态，则变量值为 1，反之，若为亏损，则变量值为 0。

$$logit\left[\frac{P(sale_{ijt})}{1-P(sale_{ijt})}\right]=\beta_j gain_{ijt} \quad (\text{对每一个投资者 } j) \qquad (5.3.3)$$

为了从每一个投资者角度展示出处置效应的变化，对每一个投资者 j 运用等式 (5.3.3) 分别在 *pre-follow* 和 *post-follow* 阶段进行回归。则在每一个阶段每一个投资者都会给出一个 β_j 统计值。图 4-4 则展示了这些 β_j 统计值的分布曲线，其中浅灰色为 *pre-follow* 阶段的分布值，深黑色为 *post-follow* 阶段的分布值。由此可以得出两个结果，首先，无论是 *pre-follow* 阶段还是 *post-follow* 阶段，β_j 分布曲线皆为右偏，表明处置效应的存在。再者，发现 *post-follow* 阶段的 β_j 相比于 *pre-follow* 阶段的 β_j 有所减小。通过观察 0 点附近和大于 0 的部分可以发现，在 *post-follow* 阶段的 β_j 分布曲线相比于 *pre-follow* 阶段的分布曲线，β_j 更集中于 0 点附近，而大于 0 的区域则相对减少，大于 0 的 β_i 值就表示处置效应的存在。这就意味着对投资者来说，*pre-follow* 阶段的处置效应要大于 *post-follow* 阶段，社交交行为之后处置效应显著减小。该实证结果充分证明了研究假设 6 存在的合理性。

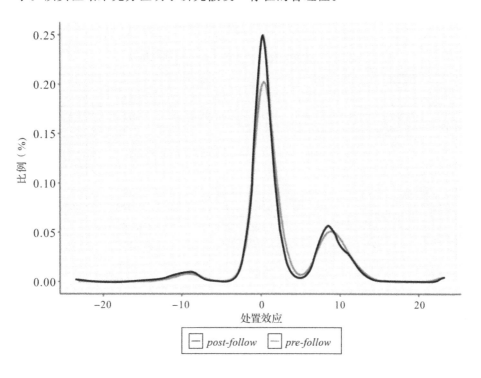

图 5-4 投资者处置效应在 *pre-follow* 与 *post-follow* 阶段的分布

为进一步加强回归结果的稳健性，等式(5.3.4)在等式(5.3.3)的基础上加入一个虚拟变量 *post-follow*$_{ijt}$。与等式(5.3.2)类似，当投资者 j 做出交易所处的阶段为 *post-follow* 时，该变量为 1，若处于 *pre-follow*，则变量为 0。交叉项 *gain*$_{ijt}$ × *post-follow*$_{ijt}$ 的系数 β_3，衡量了经过社会互动之后处置效应的变化。在加入虚拟变量的同时，也控制了面板数据的固定效应。等式右边的 α_i、α_j 和 α_t，同时对股票、投资者和持有时间进行了固定效应的控制。最后，用了三个变量将市场表现和投资者交易经验进行控制：*Momentum*、*Activedays* 和 *Tradenumber*。其中 *Momentum* 用来控制市场表现，为 *Carhart* 模型中提出的动量因子（Carhart，1997）；*Activedays* 和 *Tradenumber* 用来控制投资者交易经验，其中 *Activedays* 为自进入平台以来到某笔交易的累积活跃天数，*Tradenumber* 为自进入平台来到某笔交易所做过的累计交易笔数。三个变量都包含在等式(5.3.4)的变量 $controls$ 中。

$$logit\left[\frac{P(sale_{ijt})}{1-P(sale_{ijt})}\right]=\alpha_i+\alpha_j+\alpha_t+\beta_1 gain_{ijt}+\beta_2 post\text{-}follow_{ijt}$$
$$+\beta_3 gain_{ijt}\times post\text{-}follow_{ijt}+\beta controls+\mu_{ijt}$$

$$(5.3.4)$$

表 5-4   社交与处置效应的 Logisitic 回归结果

	Pre-follow	Post-follow	Two-stage	Two-stage	Two-stage	Two-stage	Two-stage	Full Sample	Full Sample
	(1)	(2)	(3)	(4)	(5)	(6)	(7)	(8)	(9)
gain	0.903***	0.738***	0.814***	0.814***	0.814***	0.814***	0.815***	0.754***	0.754***
	(0.022)	(0.025)	(0.020)	(0.020)	(0.020)	(0.020)	(0.020)	(0.019)	(0.019)
post-follow			0.170***	0.169***	0.159***	0.053	0.092**	0.084***	0.016
			(0.026)	(0.026)	(0.028)	(0.028)	(0.029)	(0.020)	(0.021)
gain×Post-follow			-0.106***	-0.106***	-0.107***	-0.109***	-0.107***	-0.104***	-0.103***
			(0.029)	(0.029)	(0.029)	(0.029)	(0.029)	(0.022)	(0.022)
momentum				0.623			0.659		1.060*
				(0.873)			(0.874)		(0.468)
active days					0.032		-0.355***		-0.094***
					(0.037)		(0.049)		(0.021)
trade number						2.775***	4.496***		1.998***
						(0.282)	(0.370)		(0.190)
Trader FE	Yes	Yes	Yes	Yes	Yes	Yes	Yes	Yes	Yes
Holding periol FE	Yes	Yes	Yes	Yes	Yes	Yes	Yes	Yes	Yes
Stock FE	Yes	Yes	Yes	Yes	Yes	Yes	Yes	Yes	Yes
Observations	273.004	253.302	574.726	574.724	574.724	574.724	574.724	1,709,439	1,709,439

*** $p<0.001$; ** $p<0.01$; * $p<0.05$; $p<0.1$

表 5-4 展示了等式(5.3.4)的回归结果,并进一步证明了社交减小了投资者的处置效应。第 1 列和第 2 列在不包含 $post\text{-}follow$ 变量的前提下,分别对 $pre\text{-}follow$ 和 $post\text{-}follow$ 阶段的数据进行了回归。通过对比第 1 列和第 2 列发现,处置效应从 $pre\text{-}follow$ 阶段的 0.903 减小到 $post\text{-}follow$ 阶段的 0.738。第 3 列将两个阶段整合为 $two\text{-}stage$,并加入 $post\text{-}follow$ 变量进行回归。发现交叉项 $gain_{ijt}\times post\text{-}follow_{ijt}$ 的系数 β_3 为 -0.106,表明在经过社交之后,如果股票为盈利状态,则卖出的概率会减小 10%($e^{-0.106}-1$)。第 4 列到第 7 列,通过加入 $Momentum$、$Active days$ 和 $Trade number$ 三个控制变量,控制市场表现和投资者交易经验,得出了与之前的实证一致的结果。这三列

中交叉项的系数皆小于 0。第 8 列和第 9 列将 Full sample 样本加入,进行稳健性检验。Full sample 样本即是投资者从开始进入雪球直到样本最后一笔交易为止的阶段,不再限制第一订阅或跟随其他投资者的前后时间长度相同(具体可参考图 5-1)。第 8 列和第 9 列的回归结果发现交叉项的系数 β_3 皆为负,同时也证明了经过社交之后投资者处置效应减小。综上所述,所有的模型回归模型的 β_3 系数皆为负,都表明社交减小了投资者处置效应,有效证明了假设 6 的合理性。

与 5.3.1 小节中类似为了获得更稳健的回归结果,将没有经过社交的投资者样本加入,并对等式(5.3.4)的方程进行改进,将 $post\text{-}follow$ 更改为 $social$,若 $social_i$ 为 1,则表明投资者在时间窗口内进行了社交,若 $social_i$ 为 0 则表明时间窗口内,该投资者没有经历社交,经过改进之后的等式(5.3.4)如等式(5.3.5)所示,其中等式右边的 α_i、α_j 和 α_t,同时对股票、投资者和持有时间进行了固定效应的控制,主要考察交叉项 $gain_{ijt} \times social_i$ 的回归系数 β_3 的大小,最后同样也用了三个变量 $Momentum$、$Activedays$ 和 $Tradenumber$,将市场表现和投资者交易经验进行控制。

$$logit\left[\frac{P(sale_{ijt})}{1-P(sale_{ijt})}\right]=\alpha_i+\alpha_j+\alpha_t+\beta_1 gain_{ijt}+\beta_2 social_i+\beta_3 gain_{ijt}$$
$$\times social_i+\beta controls+\mu_{ijt} \tag{5.3.5}$$

表 5-5 为等式(5.3.5)的回归结果,所有回归结果都对投资者、股票以及股票持有期进行了固定效应的控制。其中列(1)和列(2)为 $non\text{-}social$ 样本的回归结果,列(3)和列(4)为 social 样本的回归结果,列(5)和列(6)为两个样本整合的回归结果。列(1)中 gain 的回归系数为 0.7,在 0.1% 的置信水平下显著,列(3)中 gain 的回归系数为 0.605,在 0.1% 的置信水平下显著,通过对比列(1)和列(3)中变量 gain 的回归系数可以发现,social 样本的投资者处置效应显著小于 $non\text{-}social$ 样本投资者的处置效应(0.605<0.7)。列(2)和列(4)在列(1)和列(3)的基础上,加入了三个控制变量,控制了市场走势以及投资者经验,得到的结果与前两列类似(0.613<0.707)。为了进一步控制组间可能带来的影响,列(5)和列(6)将两个样本进行合并,并提供一个名为 social 的变量,通过观察列(5)和列(6)的交叉项 gain×social 的回归系数可以发现,两列交叉项的系数皆显著为负(−0.082 和 −0.079),并在 0.1% 的置信水平下显著。综上所述,相比于没有进行社交的投资者,进行了社交的投资者处置效应显著减小,该稳健性检验进一步证明了研究假设 6 的合理性。

表 5-5　样本 *social* 与 *non-social* 的 *logistic* 回归结果

	non-social		*social*		*all*	
	(1)	(2)	(3)	(4)	(5)	(6)
gain	0.700***	0.707***	0.605***	0.613***	0.604***	0.602***
	(0.007)	(0.007)	(0.004)	(0.004)	(0.006)	(0.006)
social					0.007	−0.043***
					(0.005)	(0.005)
gain×social					−0.082***	−0.079***
					(0.007)	(0.007)
Momentum		2.694***		3.428***		3.313***
		(0.426)		(0.228)		(0.195)
Activeday		−0.000***		−0.000***		−0.001***
		(0.000)		(0.000)		(0.000)
Tradenumber		0.001***		0.001***		0.003***
		(0.000)		(0.000)		(0.000)
Trader FE	Yes	Yes	Yes	Yes	Yes	Yes
Holding period FE	Yes	Yes	Yes	Yes	Yes	Yes
Stock FE	Yes	Yes	Yes	Yes	Yes	Yes

*** $p<0.001$；** $p<0.01$；* $p<0.05$

5.3.3　社交指标对处置效应的回归分析

通过上述研究，可以发现社交与处置效应之间存在一个负向关系。在这一部分，将更为深入探讨社交对处置效应的影响，通过设定三个变量从而对社交进行细化。按照前文中对社交的度量，设定学习强度（*learning-intensity*）、学习质量（*learning-quality*）和受关注度（*public-scrutinization*）三个变量。学习强度与学习质量两个变量，除4.3.2小节中涉及的主动社交行为的设定之外，同时将之前设定 *post-follow* 这样一个虚拟变量转化为一个连续变量。在减少样本损失的同时，也兼顾了社交在时间上的变化。受关注度（*public-scrutinization*）则填补了之前的 *post-follow* 所不能涵盖的在社交中所受的被动影响。上述三个变量皆以日度进行计算，故而可将投资者交易的所有时间段进行回归。等式（5.3.5）为加入上述三个变量之后的模型：

$$logit\left[\frac{P(sale_{ijt})}{1-P(sale_{ijt})}\right]=\alpha_i+\alpha_j+\alpha_t+\beta_1\,gain_{ijt}$$

$$+\beta_2\,public-scrutinization_{jt}$$

$$+\beta_3\,gain_{ijt}\times public\text{-}scrutinization_{jt}$$

$$+\beta_4\,learning\text{-}intensity_{jt}$$

$$+\beta_5\,gain_{ijt}\times learning\text{-}intensity_{jt}$$

$$+\beta_6\,learning\text{-}quality_{jt}$$

$$+\beta_7\,gain_{ijt}\times learning\text{-}quality_{jt}$$

$$+\beta controls+\mu_{ijt} \tag{5.3.6}$$

表 5-6 为等式(5.3.6)的回归结果。通过第 1 行到第 3 行回归结果可以发现,受关注度($public\text{-}scrutinization$)与处置效应存在负向关系。以第 4 列为例,可以发现交叉项 $gain\times public\text{-}scrutinization$ 的系数 β_3 为 -0.033。即当一个投资者的跟随者数量每上升 1%,那该投资者卖出一个盈利股票的概率将会下降 $3.24\%(e^{-0.033}-1)$。这与以往研究认为投资者的交易如果被公开披露则会提升投资者的自我意识,并因此减小投资者的处置效应的结论一致。这同时也揭示了社交交易平台的另一个特点:就算投资者不主动与其他投资者建立联系,仅仅依靠将自身的交易记录披露给其他投资者,也能使得自身的行为偏差减小。该实证结果对假设 6 进行了有力证明。

表 5-6 同时发现学习强度($learning\text{-}intensity$)与处置效应之间存在负相关关系。第四列中交叉项 $gain\times learning\text{-}intensity$ 的系数 β_5 为 -0.064。即一个投资者的被跟随者的数量上升一个 1%,则其卖出盈利股票的概率下降 $6.2\%(e^{-0.064}-1)$。为了解释这个结果,首先明确一个概念:高的学习强度意味着投资者观察的组合具有非常多的数量。这样一个观察的数量能够通过不同的方式来影响着交易决策。有研究表明人们可以通过社交学习(观察其他人的行为)或类社交行为(试错)来形成自身的决策,大量的观察相比于自身不断试错,更能够有助于提升行为的结果(Rendell, Boyd & Cownden et al., 2010)。除此之外,更大数量的被模仿对象能够提升自身的学习效率。该结果充分证明了假设 6 存在的合理性。

表 5-6　学习强度、学习质量和受关注度对处置效应的回归结果

	(1)	(2)	(3)	(4)
gain	0.631***	0.728***	0.633***	0.747***
	(0.007)	(0.012)	(0.008)	(0.013)
public-scrutinization	0.009			0.002
	(0.006)			(0.006)
gain×public-scrutinization	−0.041***			−0.033***
	(0.005)			(0.005)
learning-intensity		0.048***		0.033***
		(0.010)		(0.009)
gain×learning-intensity		−0.071***		−0.064***
		(0.006)		(0.006)
learning-quality			0.637***	0.612***
			(0.080)	(0.082)
gain×learning-quality			−0.332***	−0.259**
			(0.078)	(0.079)
momentum	2.146***	2.122***	2.129***	2.149***
	(0.297)	(0.297)	(0.297)	(0.297)
activedays	−0.116***	−0.124***	−0.127***	−0.108***
	(0.015)	(0.017)	(0.015)	(0.016)
tradenumber	1.101***	1.114***	1.093***	1.114***
	(0.102)	(0.102)	(0.102)	(0.102)
trader FE	Yes	Yes	Yes	Yes
holding period FE	Yes	Yes	Yes	Yes
stock FE	Yes	Yes	Yes	Yes
observations	2,767,176	2,767,176	2,767,176	2,767,176

*** $p < 0.001$；** $p < 0.01$；* $p < 0.05$；· $p < 0.1$

除此之外，表 5-6 也表明学习质量（*learning-quality*）同样对处置效应之间存在着负效应，*gain×learning-quality* 的回归系数β_7为−0.259，表明学习质量每上升一个单位，其在盈利条件下卖出股票的可能性下降 25.9%。学习质量代表着投资者从网络中获得信息的优势，有研究认为投资者在网络中的信息优势能够提升投资者的投资收益信息优势能够减小投资者的处置效应，

可从不确定性条件下的决策进行解释。有研究表明,在不确定性条件下,公司会延迟退出那些亏损的投资项目,因为管理者期望这些项目能在未来变得好起来(Dixit,1989)。与此相似,不确定性下投资者更倾向于延迟卖出那些亏损的股票。这样便导致一直持有那些亏损的股票,由此增大了处置效应。不确定性下的决策理论认为在这样的情况下,投资者要卖出那些亏损的股票,首先必须考虑如下两个问题:(1)如果不做该决定,那么其他的选择有哪些? 例如,继续持有该股票。(2)做这个决定的结果是什么? 例如,价格会回归,曾经的亏损会被抹平,抑或亏损的继续扩大。在没有足够的信息的情况下,投资者会在做决定时犹豫不决,结果便是一直持有那些亏损的股票,导致了处置效应的增加。反之,如果投资者具有了一定的信息优势,则会将那些亏损的股票尽快卖出。从而学习质量越高,代表投资者在网络中信息优势越大,能够使得投资者的处置效应越小。该结果也与第三章中的理论分析的结果一致,即验证了假设 6 中内容的合理性。

综合表 5-6 的回归结果可以发现,在社交行为中,投资者无论基于信号发送者,或是信号接收者的角色,都能使得自身的处置效应显著减小,充分验证了假设 6 的合理性。

第 6 章
社交与"偏好"(个人 *vs.* 机构)

6.1 研究假说

在信息接收过程中,通过理论模型分析发现,在"自我强化传递偏差"存在的情况下,信息解读能力不足的个人投资者无法对信息传递过程中存在的偏差进行调节,甚至可能会在"代表性启发偏差"的影响下,进一步将偏差放大。在这一情况下,信息接收者会在社交信息传递的影响下更多地选择 A 型策略,即更为积极的投资策略。对于 A 型策略,最为直观的解释便是交易更为频繁的策略(Simon&Heimer,2013)。因此,本章提出以下研究假设:

假设 7:社交信息传递会令个人投资者的交易频率上升。

除更高的交易频率外,理论模型研究发现 A 型策略通常还具有更高的波动率、偏度和极端收益率,即彩票型特征。对于个人投资者而言,选择波动率和偏度更高的策略意味着他们会更倾向于购买彩票型股票。因此,本章进而提出以下研究假设:

假设 8:社交信息传递会令个人投资者更倾向于购买彩票型股票。

现有文献对于社交信息传递如何影响机构投资者行为存在争议。一方面,理论模型指出,对信息解读能力较强的投资者群体而言,P 型策略(即低波动率、低偏度和低极端收益率的非彩票型策略)会占据主导地位。在此情况下,专业投资者群体之间的信息传递强度会进一步提升此类投资者采用 P 型策略的概率。换言之,社交信息传递会令机构投资者减少对于高波动、高偏度和高极端收益率的 A 型资产的持有。在实证研究中,Lane、Lim 和 Uzzi (2022)的研究结果表明,机构投资者在接收信息后与个人投资者有着显著的差异,能够支持理论分析所给出的结论。基于上述理论分析,由于社交信息传递对机构投资者行为的影响存在两面性,本章提出以下研究假设:

假设 9:基金经理工作区域周边的校友同行越多,则其持有的彩票型股票越少。

6.2　社交是否会影响个人投资者交易频率的检验(假设 7)

6.2.1　数据来源及核心变量定义

本节的研究数据主要来自我国最大的社交投资平台——雪球(https://xueqiu.com)。社交投资平台允许投资者们通过发布投资策略和发表评论来分享各自的投资观点。在这类平台上,用户可以关注和追踪他们喜欢的策略和用户,且在一些平台上,甚至可以复制或直接投资于他人的投资策略。

就"雪球"平台而言,用户可以在注册后发表评论(包括发帖)并构建及发布交易策略。每个用户最多可以创建 20 个虚拟交易组合,并将最多 1 个实盘交易账户在平台上公开。若投资组合数量达到限制,则用户必须至少关闭一个当前组合后才能创建新的组合。用户执行的所有操作的相关信息都可在用户的个人主页上获取。

在从"雪球"平台上搜集信息时,所有信息,包括平台或其他用户发布的新闻、评论和交易策略,在注册后均可以免费获取。为追踪和学习他人的交易策略,用户可以关注其他用户及其发布的虚拟及实盘组合。然而,与其他一些平台不同,"雪球"不允许投资者直接投资于他人的交易策略(组合)。换句话说,"雪球"用户复制他人投资组合的唯一方法是手动复制或模仿他人的交易。此外,用户可以通过他们所关注的用户(以下称之为领导者)的个人主页来查看他们所发布的所有评论。虽然本节的数据集不包括网页访问者如何浏览这些页面的详细信息,但正如指出,此类平台上的个人主页访问者约三分之一的鼠标点击集中在查看用户的历史评论,这与查看当前组合持仓的点击数量非常

本章 6.2 节已于 2022 年发表在 *Financial Innovation* 第 1 期。

接近,表明用户粉丝非常重视领导者的评论及发言。该文作者的实证发现还表明,组合持有者发表的评论与其粉丝投资于该组合的现金流入呈正相关关系,表明粉丝的确会受到领导者发言的影响而进行相应的交易。

社交投资平台为学者研究社交信息传递如何直接影响用户投资行为提供了宝贵的机会。然而,基于社交投资平台的研究存在几个重要的局限性。首先,用户是自愿选择是否使用社交投资平台,而这一行为便会引起对使用此类平台的投资者是否具有代表性的担忧。以本节的研究为例,"雪球"是我国最大的股票论坛和社交投资平台之一,拥有超过3000万的活跃用户。同时,"雪球"平台的进入门槛非常低,任何拥有智能手机的人均可以创建自己的账户。截至目前,我们并没有发现证据表明"雪球"上的投资者与使用其他平台或不使用社交投资平台的投资者存在显著的差异。其次,由于"雪球"不允许用户直接投资于其他组合,因此,"雪球"平台上的虚拟投资组合可能是用户出于娱乐目的而构建。倘若如此,虚拟组合可能无法反映组合持有者的真实偏好和投资行为。为解决这一问题,本节着重研究实盘组合的投资者行为是否受到其领导者评论发言的影响。在这种情况下,本节所指的"粉丝"仅包括平台上的实盘投资组合持有者。此外,社交投资平台的用户不仅仅自愿选择是否使用平台,还是自愿选择是否关注其他用户。因此,选择是否关注其他用户这一行为有可能会带来选择偏误的问题。为减轻对这一问题的担忧,本节参照的实证框架,通过使用倾向得分匹配(PSM)及双重差分(DID)的方法来减轻对这一问题的忧虑。

本节的样本包括"雪球"平台所有实盘组合,样本期为2016年7月至2019年12月。其中,我们移除了样本期间存续时间短于180天(对应六个月)和执行交易次数少于5次的实盘组合。在上述数据清洗过程后,本节样本总共包括10,034个实盘组合。

接下来,本节对本章实证分析中所需的变量进行定义。本章所用数据均来自"雪球"平台及国泰安数据库(CSMAR),所有变量均基于周度频率定义。

1. 交易频率

本章探讨的关键问题是社交信息传递如何影响个人投资者的投资行为,包括交易频率和选股特征。因此,本节首先定义两个反映投资者交易频率的变量。第一,本节定义 $Trades_{i,t}$ 作为投资者 i 于第 t 周执行的交易笔数的对数值。第二,本节定义 $Turnover_{i,t}$ 作为投资者 i 的实盘组合于第 t 周的换手率。

2. 评论特征

接下来,本节定义反映投资者在"雪球"平台上发言评论的特征。参照的做法,本章剔除了字数少于 5 个字的评论,因为它们绝大多数并不蕴含足够的信息。

首先,本节定义 $Comment_{i,t}$ 为发表评论或帖子的虚拟变量,若投资者 i 于第 t 周在"雪球"平台上发布了至少一条评论或帖子则取值为 1,否则为 0。对应地,本节定义 $Leader\ Comment_{i,t}$ 为领导者发表评论的虚拟变量,若投资者 i 所关注的领导者中至少有一人于第 t 周发布了至少一条评论或帖子则取值为 1,否则为 0。其中,$Leader\ Comment_{i,t}$ 的定义局限于投资者 i 在第 t 周关注了至少一个领导者的情况。

其次,本节定义 $Count_{i,t}$ 为投资者 i 于第 t 周在"雪球"平台上发布评论和帖子数量的对数值。对应的,本节定义 $Leader\ Count_{i,t}$ 为投资者 i 关注的领导者于第 t 周的人均发帖数量的对数值。两个变量的定义均局限于投资者 i(或其关注的领导者)于第 t 周发布了至少一条评论或帖子的情况下。

最后,为反映评论或帖子中蕴含的情感,本节分别定义 $Positive_{i,t}$ 和 $Negative_{i,t}$ 为投资者 i 于第 t 周发布的评论和帖子中平均每条评论的积极词汇占比和消极词汇占比。对应的,本节分别定义 $Leader\ Positive_{i,t}$ 和 $Leader\ Negative_{i,t}$ 为投资者 i 关注的领导者于第 t 周发布的评论和帖子中平均每条评论的积极词汇占比和消极词汇占比。上述变量的定义均局限于投资者 i(或其关注的领导者)于第 t 周发布了至少一条评论或帖子的情况下。

参照过往文献,本书先用 Jieba 分词器将每条评论拆分成词语,随后台湾大学开发的中文情感词典(NTUSD)对拆分词语的情感进行定义。NTUSD 共包含 2,810 个积极词汇和 8,276 个消极词汇,且被广泛用于中文情感的研究。图6-1绘制了积极词汇和消极词汇的词云图,图中词语的大小反映了词语被使用的频率。从图 6-1(a)中可以看出,"雪球"用户最常用的积极词汇有"发展""利润""增加""成长"和"提升"等。从图 6-1(b)中可以看出,"雪球"用户最常用的消极词汇有"不会""下跌""下降""不要"和"不明"等。

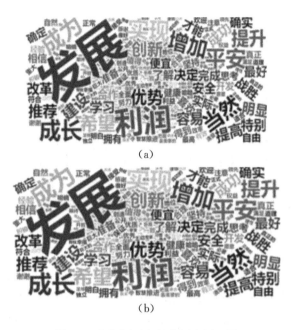

图 6-1 "雪球"平台用户评论词云图

3. 控制变量

最后，本节定义其他的控制变量来反映投资者实盘组合的特征。对于第 t 周每个投资者 i 的实盘组合，我们定义以下变量，包括：对数收益率（$Return_{i,t}$）、日收益率的标准差（$Return\ SD_{i,t}$）、日均持有股票数量（$No.\ securities_{i,t}$）、粉丝数量（$No.\ followers_{i,t}$）、关注的领导者数量（$No.\ leaders_{i,t}$）、和实盘组合成立周数（$Portfolio\ Age_{i,t}$）。

表 6-1 给出了所有变量的描述性统计。我们发现，一周内平均有 15.37% 的投资者在"雪球"平台上发布了至少一条评论或帖子；对应的，投资者关注的领导中，一周内平均有 60.05% 的领导者发布了至少一条评论或帖子。因此，变量 Count、Positive 和 Negative 的样本数（对应地，变量 Leader Count、Leader Positive 和 Leader Negative）分别为 Comment（对应地，Leader Comment）的 15.37%（对应地，60.05%）。我们还从表 6-1 中发现，投资者的平均收益率为每周 −0.09%，负的收益表明本章样本中的个人投资者整体上处于亏损状态。此外，从 Trades 和 Turnover 的分位数上来看，反映投资者交易频率的两个变量存在左截断的特征。在这一情况下，当 Trades 和 Turnover 作为被解释变量时，OLS 回归可能存在偏差。为解决这一问题，本

章在稳健性检验中将采用泊松伪最大似然估计来解决这一问题。

表 6-1   描述性统计

	样本数	平均值	标准差	Q1	中位数	Q3
Trades	1,133,050	0.5432	0.8610	0.0000	0.0000	1.0986
Turnover	1,133,050	0.3996	1.1107	0.0000	0.0000	0.1838
IVOL	302,515	0.0185	0.0092	0.0119	0.0167	0.0233
MAX(3)	302,515	0.0411	0.0206	0.0258	0.0371	0.0525
Comment	1,133,050	0.1537	0.3607	0.0000	0.0000	0.0000
Count	174,143	0.9048	0.9652	0.0000	0.6931	1.6094
Positive	174,143	0.0290	0.0436	0.0000	0.0120	0.0431
Negative	174,143	0.0218	0.0412	0.0000	0.0000	0.0339
LeaderComment	689,206	0.6005	0.4898	0.0000	1.0000	1.0000
LeaderCount	413,890	1.6229	1.5679	0.4380	1.7243	2.7839
LeaderPositive	413,890	0.0472	0.0269	0.0381	0.0486	0.0567
LeaderNegative	413,890	0.0402	0.0252	0.0297	0.0418	0.0515
Return	1,133,050	−0.0009	0.0391	−0.0118	0.0000	0.0119
ReturnSD	1,133,050	0.0122	0.0405	0.0000	0.0090	0.0168
No. securities	1,133,050	1.9752	1.1127	1.0986	1.9459	2.8332
No. followers	1,133,050	0.2087	0.5431	0.0000	0.0000	0.0000
PortfolioAge	1,133,050	3.8752	1.0102	3.4012	4.1431	4.6250
No. leaders	1,133,050	0.9335	0.9629	0.0000	0.6931	1.6094

6.2.2   实证结果及分析

接下来,本节分析"雪球"平台上个人投资者是否会受到其关注的领导者所发布的评论或帖子的影响从而改变自身的投资行为。然而,由于"雪球"平台的用户是自愿选择是否关注他人,因此这一行为可能会导致关注过他人的投资者和从未关注他人的投资者间存在系统性偏差。为解决这一问题,本节采用 PSM 的方法来减轻对于这一问题的忧虑。首先,本节将样本中实盘投资者分成处理组和控制组。其中，处理组包括了在样本期内至少关注过一个领导者的投资者；控制组包含了在样本期内从未关注过任何人的投资者。随后，本节定义 Treat 为分组虚拟变量，若投资者被分入处理组则取值为 1，否则为 0。接下来，我们采用 Logit 模型将 $Treat$ 对 $Trade$、$Turnover$、$IVOL$、$MAX(3)$、$Return$、$Return\ SD$、$No.\ securities$ 和 $No.\ followers$ 于投资者进入控制组前的平均值进行回归获取倾向匹配得分。最后，我们采用卡尺为 0.01 的最近邻匹配法将处理组和控制组的投资者进行 1：1 的匹配。在匹配过程中，我们剔除了无法找到配对样本的投资者。结果见表 6-2。

表 6-2　相关系数矩阵

	Trades	Turnover	IVOL	MAX(3)	Comment	Count	Positive	Negative	Leader Comment	Leader Count	Leader Positive	Leader Negative	Return	Return SD	No securities	No followers	Portfolio Age	No leaders
Trades	1.00																	
Turnover	0.68	1.00																
IVOL	0.23	0.32	1.00															
MAX(3)	0.24	0.32	0.89	1.00														
Comment	0.19	0.11	−0.04	−0.04	1.00													
Count	0.13	0.12	0.04	0.04	—	1.00												
Positive	−0.02	−0.04	−0.04	−0.04	—	0.01	1.00											
Negative	−0.02	−0.03	0.00	0.01	—	−0.02	0.11	1.00										
Leader Comment	0.11	0.03	−0.03	−0.02	0.26	−0.01	0.05	0.05	1.00									
Leader Count	0.04	−0.03	−0.08	−0.07	0.04	0.22	0.04	0.01	—	1.00								
Leader Positive	−0.02	−0.03	−0.02	−0.02	−0.07	0.01	0.15	0.06	—	0.11	1.00							
Leader Negative	−0.01	−0.02	0.00	0.00	−0.09	0.01	0.06	0.18	—	0.17	0.26	1.00						
Return	−0.05	−0.09	−0.11	−0.07	0.02	0.03	0.02	−0.03	0.01	0.01	0.01	−0.02	1.00					
Return SD	0.08	0.09	0.18	0.18	0.02	0.02	0.01	0.02	0.01	0.02	0.00	−0.02		1.00				
No securities	0.29	0.11	−0.05	−0.04	0.13	0.02	0.03	0.01	0.14	0.13	0.02	0.01	0.07		1.00			
No followers	0.03	0.00	−0.02	−0.01	0.12	0.08	0.03	0.01	0.13	0.09	0.03	0.02	0.02	0.14		1.00		
Portfolio Age	−0.10	−0.09	0.07	0.10	−0.19	−0.12	0.08	0.03	−0.02	0.07	0.12	0.01	0.00	−0.01	0.18		1.00	
No leaders	0.04	−0.02	−0.02	0.00	0.05	−0.03	0.06	0.07	0.41	0.03	0.08	0.12	0.01	0.01	0.11	0.19	0.28	1.00

通过上述 PSM 方法，我们获取包含了 3036 个处理组投资者和 3036 个控制组投资者的匹配样本。随后，我们对匹配后的样本进行平衡性检验。具体

的,我们分别计算处理组和控制组各变量的平均值,并采用 t 检验验证两组均值是否存在显著的差异。表 6-3 汇报了匹配样本的平衡性检验结果。从表中最后一列的 p 值可以看出,各变量的组间 t 检验 p 值均大于 0.1,表明匹配后样本的处理组和控制组间不存在显著差异。

表 6-3 倾向匹配得分:平衡性检验

	处理组	控制组	差值	p 值
Trades	0.6023	0.6096	−0.0073	0.5679
Turnover	0.5326	0.5436	−0.0110	0.5800
IVOL	0.0183	0.0183	0.0000	0.8441
MAX(3)	0.0404	0.0404	0.0000	0.9620
Return	−0.0015	−0.0015	0.0000	0.9502
Return SD	0.0123	0.0123	0.0000	0.8938
No. securities	1.6319	1.6443	−0.0124	0.6109
No. followers	0.1085	0.1066	0.0019	0.8067
Portfolio Age	3.4765	3.4649	0.0116	0.5237

接下来,我们采用匹配后的样本进行双重差分法(DID)分析。在我们的设定下,处理事件为投资者第一次接收到来自其关注的领导者发出的信息(即评论或发帖)。显然,对于每一个不同的投资者,处理事件不会在同一时间发生。因此,我们采用提出的方法,用以下公式进行回归:

$$Y_{i,t} = \lambda Treatment_{i,t} + Controls_{i,t} + \gamma_i + \mu_t + \in_{i,t}, \qquad (6.2.1)$$

其中,$Treatment_{i,t}$ 为虚拟变量,当投资者处于处理组且处理事件发生后取值为 1,否则为 0。$Y_{i,t}$ 和 $Controls_{i,t}$ 分别代表投资者的投资行为变量(包括交易频率和选股特征)和控制变量。我们通过加入投资者的个体固定效应(γ_i)来控制不随时间而变化的投资者特征。我们还加入时间固定效应(μ_t)来控制时间趋势和与投资者无关的特征,如市场表现。标准误在投资者和时间两个层面上进行双重聚类调整。

表 6-4 汇报了 DID 的回归结果。列(1)和列(2)给出了以交易频率变量为被解释变量的回归结果。两列中 *Treatment* 的系数表明,社交信息传递对投资者交易频率的处理效应均在 1% 的显著水平上显著为正。在经济意义上,当处理组投资者首次接收到其关注的领导者发出的信息后,其每周的交易次数(*Trades*)和换手率(*Turnover*)平均分别上升了标准差的 15.98% 和

12.13%。

表 6-4　双重差分法的回归结果

	Trades(1)	Turnover(2)
Treatment	0.1340***	0.1399***
	(8.70)	(6.53)
Return	−0.5730***	−1.5686***
	(−5.59)	(−8.48)
Return SD	0.7069**	1.3999**
	(2.03)	(2.09)
No. securities	0.5176***	0.4155***
	(32.11)	(21.68)
No. followers	0.1011***	0.1120***
	(5.70)	(5.36)
Portfolio Age	−0.0863***	−0.0988***
	(−10.82)	(−9.31)
Portfolio fixed effects	Yes	Yes
Time fixed effects	Yes	Yes
Observations	616,389	616,389
Adjusted R^2	0.3162	0.3031

注:***、**和*分别代表显著性水平为1%、5%和10%。括号内为基于个体和时间双重聚类调整后标准误计算的 t 统计值。所有解释变量均滞后一期。

为更进一步研究社交信息传递如何影响"雪球"平台上个人投资者的行为,本节通过面板回归进行更细致的分析。首先,本节采用以下公式将投资者的交易频率和选股特征变量分别对领导者是否发布评论的虚拟变量(Leader Comment)进行回归:

$$Y_{i,t}=\kappa Leader\ Comment_{i,t-1}+Controls_{i,t-1}+\gamma_i+\mu_t+\in_{i,t} \qquad (6.2.2)$$

其中,与式(6.2.1)一致,$Y_{i,t}$ 和 Controls$_{i,t}$ 分别代表投资者的投资行为变量(包括交易频率和选股特征)和控制变量。我们采用固定效应模型对式(6.2.2)进行估计,所有解释变量均滞后一期,标准误在投资者和时间两个层面上进行双重聚类调整。

表 6-5　领导者评论对投资行为的影响

	Trades		Turnover		IVOL		MAX(3)	
	(1)	(2)	(3)	(4)	(5)	(6)	(7)	(8)
Leader Comment	0.0781***	0.0598***	0.0717***	0.0557***	0.0002**	0.0002***	0.0004***	0.0004***
	(11.34)	(10.01)	(8.38)	(7.09)	(2.52)	(2.62)	(2.32)	(2.20)
Return		0.6368***		0.0560		−0.0001		0.0138***
		(7.15)		(0.41)		(−0.16)		(6.80)
Return SD		0.6283***		1.2603***		0.0142***		0.0320***
		(3.38)		(3.51)		(2.82)		(2.84)
No. securities		0.4346***		0.2470***		0.0006***		0.0011***
		(31.46)		(17.06)		(4.88)		(4.52)
No. followers		0.0308***		0.0344***		0.0001		0.0001
		(2.24)		(2.31)		(0.44)		(0.25)
Portfolio Age		−0.0986***		−0.0926***		−0.0003***		−0.0008***
		(−9.96)		(−7.72)		(−3.27)		(−3.98)
No. leaders		0.0495***		0.0571***		−0.00003***		0.0001
		(4.45)		(5.02)		(−0.27)		(0.26)
Portfolio fixed effects	Yes	Yes	Yes	Yes	Yes	Yes	Yes	Yes
Time fixed effects	Yes	Yes	Yes	Yes	Yes	Yes	Yes	Yes
Observations	684,438	684,438	684,438	684,438	184,671	184,671	184,671	184,671
Adjusted R^2	0.2830	0.3166	0.2988	0.3080	0.3887	0.3904	0.4164	0.4189

注:***、** 和 * 分别代表显著性水平为1%、5%和10%。括号内为基于个体和时间双重聚类调整后标准误计算的 t 统计值。所有解释变量均滞后一期。

表 6-5 汇报了式(6.2.2)的固定效应回归结果。列(1)至(4)给出了以交易频率变量(Trades 和 Turnover)为被解释变量的回归结果。在列(1)中,当以交易数量为被解释变量时,Leader Comment 的回归系数在1%的显著水平上显著为正。在列(2)中,当回归中加入控制变量后,Leader Comment 的回归系数有所减小,但依然保持在1%的显著水平上显著为正。从经济意义上来看,在回归中加入控制变量后,当投资者关注的领导者于前一周发布了至少一条评论时,其交易数量平均上升了标准差的6.95%。列(3)和列(4)汇报了以组合换手率为解释变量的结果。与列(1)和列(2)一致,列(3)和列(4)中Leader Comment 的系数均在1%的显著水平上显著为正。经济意义上来看,在回归中加入控制变量后,当投资者关注的领导者于前一周发布了至少一条评论时,其组合换手率平均上升了标准差的5.01%。综上,列(1)至(4)的结果表明,领导者发布的评论使得投资者的交易频率显著上升。

表 6-5 的结果表明当投资者关注的领导者在前一周有发布评论时,投资者会进行更为频繁的交易,且更倾向于购买高波动率和高极端收益率的股票。

接下来,本节将在此基础上进一步研究领导者评论的特征对投资者行为的影响。具体的,本书采用以下公式将投资行为变量对领导者评论特征变量进行回归:

$$Y_{i,t} = \kappa X_{i,t-1} + Controls_{i,t-1} + \gamma_i + \mu_t + \epsilon_{i,t} \qquad (6.2.3)$$

其中,X 包括 *Leader Count*、*Leader Positive* 和 *Leader Negative* 三个变量。由于上述三个变量的定义均局限于领导者至少发布了一条评论的情况下,因此,接下来的回归仅包括前一周领导者至少发布了一条评论的样本。

表 6-6　领导者评论的特征对交易频率的影响

	Trades				Turnover			
	(1)	(2)	(3)	(4)	(5)	(6)	(7)	(8)
Leader Count	0.0224***			0.0226***	0.0199***			0.0199***
	(7.24)			(7.29)	(5.53)			(5.75)
Leader Positive		0.0435		0.0193		0.0552		0.0311
		(0.72)		(0.32)		(0.72)		(0.43)
Leader Negativee			-0.0446	-0.1011			0.0240	-0.0265
			(-0.70)	(-1.59)			(0.30)	(-0.36)
Return	0.7438***	0.7476***	0.7474***	0.7433***	0.2246*	0.2279*	0.2281*	0.2244***
	(8.19)	(8.21)	(8.21)	(8.19)	(1.68)	(1.70)	(1.71)	(2.79)
Return SD	0.5480***	0.5526***	0.5527***	0.5480***	1.1671***	1.1711***	1.1712***	1.1670***
	(2.95)	(2.97)	(2.97)	(2.95)	(3.16)	(3.17)	(3.17)	(4.40)
No. securities	0.4754***	0.4767***	0.4767***	0.4753***	0.2574***	0.2585***	0.2585***	0.2574***
	(31.00)	(31.01)	(31.01)	(31.00)	(15.87)	(15.91)	(15.91)	(19.16)
No. followers	0.0345**	0.0345**	0.0345**	0.0345**	0.0316*	0.0317*	0.0317*	0.0316*
	(2.12)	(2.12)	(2.12)	(2.11)	(1.92)	(1.93)	(1.93)	(1.92)
Portfolio Age	-0.1361***	-0.1359***	-0.1358***	-0.1359***	-0.1325***	-0.1324***	-0.1324***	-0.1325***
	(-8.99)	(-8.94)	(-8.94)	(-8.99)	(-7.47)	(-7.44)	(-7.44)	(-7.54)
No. leaders	0.0654***	0.0698***	0.0700***	0.0655***	0.0663***	0.0702***	0.0703***	0.0663***
	(5.13)	(5.47)	(5.48)	(5.14)	(5.47)	(5.76)	(5.76)	(5.52)
Portfolio fixed effects	Yes	Yes	Yes	Yes	Yes	Yes	Yes	Yes
Time fixed effects	Yes	Yes	Yes	Yes	Yes	Yes	Yes	Yes
Observations	410,132	410,132	410,132	410,132	410,132	410,132	410,132	410,132
Adjusted R^2	0.3227	0.3223	0.3223	0.3228	0.3283	0.3281	0.3281	0.3283

注:***、** 和 * 分别代表显著性水平为 1%、5% 和 10%。括号内为基于个体和时间双重聚类调整后标准误计算的 t 统计值。所有解释变量均滞后一期。

表 6-6 汇报了式(6.2.3)回归结果。列(1)至(4)给出了以交易数量

(Trade)为被解释变量的结果。列(1)中,*Leader Count* 的回归系数在 1% 的显著水平上显著为正,表明投资者关注的领导者在前一周发布的评论越多,则投资者进行的交易数量也随之增加。在经济意义上,领导者人均发布的评论数量每增加一单位标准差,则投资者的交易数量随之增加其标准差的 4.08%。在列(2)和列(3)中,我们研究评论中蕴含的情感对投资者交易数量的影响。结果表明,*Leader Positive* 的系数为正,而 *Leader Negative* 的系数为负,表明领导者评论中隐含的积极和消极情绪分别会增加和减少投资者的交易数量。然而,*Leader Positive* 和 *Leader Negative* 的系数在 10% 的显著性水平上均不显著。同时,在经济意义上,*Leader Positive*(*Leader Negative*)每增加一个单位标准差,则投资者的交易数量仅仅随之增加(减少)其标准差的 0.14%(0.13%),并不具有显著的经济意义。在列(4)中,当我们同时将 *Leader Count*、*Leader Positive* 和 *Leader Negative* 同时加入回归中时,*Leader Count* 依然在 1% 的显著水平上显著为正,而 *Leader Positive* 和 *Leader Negative* 仍不显著。因此,表 6-6 中列(1)至(4)的结果表明投资者主要是受到领导者评论的数量而非情感的影响而做出更多的交易。

列(5)至(8)给出了以投资者组合换手率(*Turnover*)为被解释变量的结果。与 *Trades* 的结果类似,在列(5)至(8)中,*Leader Count* 的系数始终在 1% 的显著水平上显著为正,而 *Leader Positive* 和 *Leader Negative* 均不显著。在经济意义上,领导者人均发布的评论数量每增加一单位标准差,则投资者组合的换手率随之增加其标准差的 2.81%。因此,表 6-6 中列(5)至(8)中的结果表明投资者的组合换手率会随其关注的领导者发布评论的数量而进一步上升,但对评论中蕴含的情感并不敏感。

综上所述,本节的结果表明投资者会在其领导者评论的影响下显著地提升其交易频率。此外,在领导者于前一周发布了至少一条评论的情况下,评论的数量会进一步加强其对于投资者交易频率的影响。然而,本书并未发现评论中的情感对投资者产生影响的证据,这与过往文献的结论有所不同。例如,采用我国股票论坛东方财富股吧的发帖数据研究发现,网络发帖中蕴含的情感会导致股票的异常交易。产生上述差异的一个潜在解释是,以往文献的研究对象仅包含我国在创业板上市的公司股票,而本章样本中的投资者则可以选择我国所有上市公司的股票中进行交易。正如指出,相比于"主板"股票,创业板股票多为小市值且波动率更高的股票,因此,热衷于交易此类股票的投资者可能更易受情绪的影响而进行交易。

6.3 社交是否会影响个人投资者选股偏好的检验（假设8）

6.3.1 数据来源及核心变量定义

本节在数据和解释变量构建上与6.2.1节一致。在被解释变量方面,本节进一步定义以下变量来反映投资者的选股特征。

除交易频率外,本节通过定义变量来反映投资者购买股票的特征。根据本书第三章模型 A 型策略（资产）相对于 P 型策略（资产）的特征,本节定义以下两个变量来反映投资者购买股票的特征。第一,本节定义 $IVOL_{i,t}$ 为投资者 i 于第 t 周购买股票的特质波动率的加权平均值,权重为购买每只股票的成交额。其中,特质波动率为每只股票于过去 21 个交易日（对应一个月）的日度收益率对三因子回归所得残差的标准差。第二,本节定义 $MAX(3)_{i,t}$ 为投资者 i 于第 t 周购买股票于过去 21 个交易日中的三个最高单日收益率的平均值。本节定义的两个选股特征变量均局限于投资者 i 于第 t 周至少进行了一笔交易的情况下。

6.3.2 实证结果及分析

首先,表6-7给出了式(6.2.1)的 DID 回归结果。列(1)和列(2)给出了以选股特征变量为被解释变量的回归结果。两列中 *Treatment* 的系数表明,社交信息传递对投资者购买股票的特质波动率（*IVOL*）和单日最大收益率（*MAX(3)*）的处理效应分别在5%和10%的显著水平上显著为正。在经济意义上,当处理组投资者首次接收到其关注的领导者发出的信息后,其购买股票的特质波动率和极端日收益平均分别上升了标准差的3.16%和2.84%。本节的结果表明当实盘投资者开始在“雪球”平台上受到社交信息传递的影响之后,其购买的股票具有更高的波动率和更高的单日极端收益率。为更进一步研究社交信息传递如何影响“雪球”平台上个人投资者的行为,本节进一步通过面板回归进行更细致的分析。

表6-5中也汇报了式(6.2.2)的固定效应回归结果,被解释变量为选股特征［*IVOL* 和 *MAX(3)*］。在列(5)至(8)中,*Leader Comment* 的回归系数均至

少在 5% 的显著水平上显著为正。经济意义上来看，在回归中加入控制变量后，当投资者关注的领导者于前一周发布了至少一条评论时，其购买股票的特质波动率和极端日收益率平均分别上升了标准差的 2.17% 和 1.94%。因此，表 6-5 的结果表明，领导者发布的评论使得投资者更倾向于购买具有高波动率和高极端收益率的股票。

表 6-7　双重差分法的回归结果

	IVOL(1)	MAX(3)(2)
Treatment	0.0003**	0.0006*
	(2.21)	(1.82)
Return	−0.0089**	−0.0114**
	(−8.24)	(−4.46)
Return SD	0.0223**	0.0501**
	(2.81)	(2.74)
No. securities	0.0008**	0.0015**
	(6.09)	(5.85)
No. followers	0.0001	−0.00003
	(0.29)	(−0.07)
Portfolio Age	−0.0002**	−0.0008**
	(−3.07)	(−4.58)
Portfolio fixed effects	Yes	Yes
Time fixed effects	Yes	Yes
Observations	616,389	616,389
Adjusted R^2	0.3162	0.3031

注：***、** 和 * 分别代表显著性水平为 1%、5% 和 10%。括号内为基于个体和时间双重聚类调整后标准误计算的 t 统计值。所有解释变量均滞后一期。

表 6-8 汇报了式 6.2.3 的固定效应回归结果，被解释变量为选股特征［IVOL 和 MAX(3)］。与交易频率的结果类似，表 6-8 中 Leader Count 的系数始终至少在 10% 的显著水平上显著为正，表明随着领导者评论数量的增加，投资者会更倾向于购买高波动率和高极端收益率的股票。在经济意义上，领导者评论数量每增加一单位标准差，则 IVOL 和 MAX(3) 分别随之上升其标准差的 1.70% 和 1.52%。

与之相反，反映领导者评论情感的变量系数则并不显著，仅列（8）中 *Leader Positive* 的系数在10％显著水平上显著，但从整体来看并不稳健。

综上所述，本节的结果表明投资者会在其领导者评论的影响下，倾向购买高波动率和高极端收益率的股票。此外，在领导者于前一周发布了至少一条评论的情况下，评论的数量会进一步加强其对于投资者选股偏好的影响。然而，本书并未发现评论中的情感对投资者产生影响的证据。

表 6-8 领导者评论的特征对选股特征的影响

	IVOL				MAX			
	(1)	(2)	(3)	(4)	(5)	(6)	(7)	(8)
Leader Count	0.0001*			0.0001*	0.0002**			0.0002**
	(1.75)			(1.79)	(2.13)			(2.24)
Leader Positive		−0.0009		−0.0011		−0.0031		−0.0035*
		(−0.94)		(−1.10)		(−1.59)		(−1.71)
Leader Negative			0.0016	0.0015			0.0029	0.0026
			(1.50)	(1.43)			(1.22)	(1.15)
Return	0.0004	0.0004	0.0005	0.0004	0.0153***	0.0153***	0.0153***	0.0153***
	(0.41)	(0.42)	(0.43)	(0.71)	(6.43)	(6.43)	(6.44)	(11.22)
Return SD	0.0111**	0.0111**	0.0111**	0.0111**	0.0254**	0.0254**	0.0254**	0.0254**
	(2.26)	(2.26)	(2.26)	(2.40)	(2.30)	(2.30)	(2.30)	(2.45)
No. securities	0.0005***	0.0005***	0.0005***	0.0005***	0.0011***	0.0011***	0.0011***	0.0011***
	(3.90)	(3.94)	(3.94)	(4.08)	(3.88)	(3.93)	(3.93)	(4.10)
No followers	−0.0001	−0.0001	−0.0001	−0.0001	−0.0002	−0.0002	−0.0002	−0.0002
	(−0.59)	(−0.60)	(−0.60)	(−0.61)	(−0.78)	(−0.79)	(−0.79)	(−0.80)
Portfolio Age	−0.0004**	−0.0004**	−0.0004**	−0.0004**	−0.0009***	−0.0009***	−0.0009***	−0.0009***
	(−2.36)	(−2.35)	(−2.36)	(−2.39)	(−2.88)	(−2.86)	(−2.87)	(−2.93)
No. leaders	0.0001	0.0001	0.0001	0.0001	0.0003	0.0003	0.0003	0.0003
	(0.66)	(0.81)	(0.77)	(0.66)	(0.11)	(1.31)	(1.26)	(1.126)
Portfolio fixed effects	Yes	Yes	Yes	Yes	Yes	Yes	Yes	Yes
Time fixed effects	Yes	Yes	Yes	Yes	Yes	Yes	Yes	Yes
Observations	123.291	123.291	123.291	123.291	123.291	123.291	123.291	123.291
Adjusted R²	0.3935	0.3934	0.3935	0.3935	0.4213	0.4212	0.4212	0.4213

注：***、**和*分别代表显著性水平为1％、5％和10％。括号内为基于个体和时间双重聚类调整后标准误计算的 *t* 统计值。所有解释变量均滞后一期。

6.4　社交是否会影响机构投资者选股偏好的检验（假设 9）

6.4.1　数据来源及核心变量定义

接下来,本节将构建本章实证分析中用到的变量,并给出相应的描述性统计。本章所用数据包括我国所有普通股票型基金和偏股混合型的开放式基金,并剔除了指数型基金。参照过往文献,本章剔除所有基金上市初期一年内的数据。所有数据均来自国泰安(CSMAR)数据库,共包括 1111 只基金,样本长度为 2005 年至 2021 年。

接下来,我们对本节实证分析中所需的变量进行定义。

1. 持仓特征

本节对基金持仓股票的特征进行定义。由于我国基金季报中只汇报基金的前十大重仓股,而缺乏十大重仓股之外的持仓数据。因此,本章基于基金每一个季度的前十大重仓股来定义基金的持仓特征。

本章采用每只股票于当月的三个最高单日收益率的平均值($MAX(3)$)作为持仓股票的第一个特征。由此,本书定义 $Holding\ MAX(3)_{i,t}$ 为基金 i 于季度 t 末前十大重仓股的 $MAX(3)$ 的加权平均值,权重为每只股票的持仓比例。

本章采用其构建的彩票指数($LTRY$)作为第二个持仓特征,该彩票指数的计算方法如下。在每个月底,本书将所有中国股票市场的上市公司按每股股价(PRC)进行降序排列并分成 50 个组,并对每个组进行排名:股价最高的组为 1,最低的组为 50。接下来,本书将所有股票分别按特质波动率($IVOL$)和特质偏度($ISKEW$)进行升序排列并分别分成 50 个组。其中,特质波动率和特质偏度分别为每只股票于一个月内的日度收益率对三因子回归所得残差的标准差和偏度。最后,将每只股票对应的三个组的排名相加即为该股票于该月的彩票指数。由此,本书定义 $Holding\ LTRY_{i,t}$ 为基金 i 于季度 t 的前十大重仓股的 $LTRY$ 的加权平均值,权重为每只股票的持仓比例。

2.校友网络

参照过往文献，本书通过基金经理间的校友关系来识别其潜在的社交信息传递行为。本节首先定义 $Alumni_{i,t}$ 为是否存在基金经理校友的虚拟变量，当基金 i 的基金经理于季度 t 存在至少一个校友同为基金经理时则取值为 1，否则为 0。

其次，鉴于投资者在交易时会更依赖于来自社交网络中联系更为紧密的朋友发出的信息。基于此，本书进一步定义以下两个虚拟变量以通过距离关系区分校友间的亲疏程度。第一，本书定义 $Alumni\ City_{i,t}$ 为同城校友虚拟变量，当基金 i 的基金经理于季度 t 至少有一个校友同为基金经理且在同一城市工作时取 1，否则为 0。第二，本书定义 $Alumni\ District_{i,t}$ 为同区校友虚拟变量，当基金 i 的基金经理于季度 t 至少有一个校友同为基金经理且在同一行政区工作时取 1，否则为 0。

随后，参照过往文献，本节基于校友关系定义基金校友网络度中心性（Degree centrality）指标作为基金经理校友关系网络的广度指标。我们先定义基金校友网络的邻接矩阵 A，其元素 a_{ijt} 为：

$$a_{ijt} = \begin{cases} 1 & \text{若基金 } i \text{ 与 } j \text{ 于季度 } t \text{ 的基金经理是校友，} \\ 0 & \text{基金 } i \text{ 与 } j \text{ 于季度 } t \text{ 的基金经理不是校友。} \end{cases} \tag{6.4.1}$$

基于此，本节定义该校友网络的度中心性为：

$$Degree_{it} = \frac{1}{n-1} \sum_{j=1}^{n} a_{ijt} \tag{6.4.2}$$

其中，该度中心性指标的定义仅限于基金经理拥有校友网络的情况下，即 $Alumni_{i,t} = 1$ 时。

随后，本节同样基于同城校友关系和同区校友关系，定义相应的临界矩阵 A^{city} 和 $A^{district}$，其元素 a_{ijt}^{city} 和 $a_{ijt}^{district}$ 分别反映基金 i 与 j 于季度 t 的基金经理是否为同城或同区的校友。对应地，$Degree\ City_{it}$ 和 $Degree\ District_{it}$ 分别为基金经理同城校友网络和同区校友网络的度中心性。

3.控制变量

除上述关键变量，对于基金 i 于季度 t（或季度 t 末），本书还定义以下变量作为基金（经理）特征的控制变量，包括：季度收益率（$Return_{i,t}$）、季度波动率（$Volatility_{i,t}$）、资金流（$Flow_{i,t}$）、同风格基金资金流（$Style\ Flow_{i,t}$）、基金规模（$Size_{i,t}$）、基金公司总规模（$Family\ Size_{i,t}$）、基金费率（$Fee_{i,t}$）、基金成立年限（$Age_{i,t}$）和基金经理性别（$Gender_{i,t}$）。

表 6-9 给出了本章关键变量的描述性统计数据。我们发现有 51% 的基金经理有校友任职于其他基金，且分别有 41% 和 28% 的基金经理在其工作的城市或行政区有校友同行。

表 6-9 描述性统计

	样本数	平均值	标准差	Q1	中位数	Q3
Holding MAX(3)	26,267	4.4104	1.5243	3.2984	4.1121	5.2659
Holding LTRY	26,267	61.4841	11.3818	53.8763	61.5723	69.1157
Alumni	26,267	0.5079	0.4999	0.0000	1.0000	1.0000
Alumni City	26,267	0.4145	0.4926	0.0000	0.0000	1.0000
Alumni District	26,267	0.2834	0.4506	0.0000	0.0000	1.0000
Degree	13,341	0.0944	0.0715	0.0240	0.0886	0.1532
Degree City	10,888	0.0570	0.0462	0.0169	0.0443	0.0872
Degree District	7,443	0.0388	0.0353	0.0110	0.0263	0.0602
Return	26,267	0.0470	0.1398	−0.0417	0.0294	0.1238
Volatility	26,267	1.4253	0.6458	1.0109	1.3141	1.6648
Flow	26,267	0.9818	57.2200	−0.1070	−0.0374	0.0032
Style Flow	26,267	0.8403	4.9457	−0.0290	0.0164	0.1184
Size	26,267	20.4325	1.7414	19.3010	20.7007	21.6898
Family Size	26,267	25.3594	1.5444	24.3959	25.4140	26.5374
Fee	26,267	7.4407	0.7204	6.8916	7.5197	8.0333
Age	26,267	1.5610	8.7206	1.5000	1.5000	1.5000
Gender	26,267	0.1735	0.3787	0.0000	0.0000	0.0000

表 6-10 给出了所有变量的 Pearson 相关系数矩阵。从相关系数上可以看出，除两个持仓特征之间和三个校友虚拟变量之间的相关系数较高外，其他变量间的相关系数并不高，这可以避免本章后续回归分析时出现多重共线性的问题。同时，我们可以注意到基金费率（*Fee*）变量与其他变量的相关系数均接近 0，这是我国基金的管理费率极少变动所导致。

表 6-10　相关系数矩阵

	Holding MAX(3)	Holding LTRY	Alumni	Alumni City	Alumni District	Degree	Degree City	Degree District	Return	Volatility	Flow	Style Flow	Size	Family Size	Fee	Age	Gender
Holding MAX(3)	1.00																
Holding LTRY	0.25	1.00															
Alumni	−0.01	−0.01	1.00														
Alumni City	−0.01	−0.02	0.83	1.00													
Alumni District	−0.01	0.00	0.62	0.75	1.00												
Degree	0.00	−0.02	—	0.28	0.30	1.00											
Degree City	0.00	0.03	—	—	0.38	0.67	1.00										
Degree District	−0.05	−0.07	—	—	—	0.51	0.68	1.00									
Return	0.29	0.02	−0.02	−0.02	−0.01	0.02	0.04	0.02	1.00								
Volatility	0.62	−0.02	−0.02	−0.01	0.01	0.02	0.01	−0.03	−0.16	1.00							
Flow	0.00	−0.01	0.01	0.01	0.01	0.00	0.00	0.01		−0.01	1.00						
Style Flow	0.03	−0.02	−0.01	−0.01	−0.01	0.00	0.00	−0.01	0.12	−0.01	0.11	1.00					
Size	0.01	−0.07	0.00	0.02	−0.02	−0.01	−0.04	0.02	−0.01	0.02	−0.03	−0.06	1.00				
Family Size	−0.04	−0.03	−0.17	−0.09	−0.10	0.12	−0.03	−0.06	0.08	−0.04	0.00	0.07	0.09	1.00			
Fee	0.00	0.01	−0.01	−0.01	−0.01	0.04	−0.02	0.02	0.00	0.00	0.00	0.00	0.00	0.00	1.00		
Age	−0.02	0.00	−0.02	0.00	−0.01	0.05	0.06	0.04	−0.01	−0.05	0.00	0.02	0.18	0.14	−0.01	1.00	
Gender	−0.04	−0.03	0.03	0.02	−0.01	−0.01	−0.04	0.00	0.01	−0.06	0.01	0.01	−0.06	0.02	0.00	0.03	1.00

6.4.2　实证结果及分析

为探究基金经理是否拥有校友网络会如何影响其持仓的彩票特征，本节采用以下公式将基金持仓的彩票特征对基金经理校友虚拟变量进行回归：

$$Lottery_{i,t} = Alumni\ Dummy_{i,t-1} + Controls_{i,t-1} + \gamma_i + \mu_t +_{i,t} \tag{6.4.3}$$

其中，$Lottery$ 代表 $Holding\ LTRY$ 或 $Holding\ MAX(3)$，$Alumni\ Dummy$ 代表 $Alumni$、$Alumni\ City$ 或 $Alumni\ District$，$Controls$ 代表除主要自变量以外的其他所有控制变量。本章采用固定效应模型进行估计，所有解释变量滞后一期，标准误在基金层面聚类。

表 6-11 校友网络存在与否对基金经理彩票型持仓的影响

	Holding MAX(3)						Holding LTRY					
	(1)	(2)	(3)	(4)	(5)	(6)	(7)	(8)	(9)	(10)	(11)	(12)
Alumni	−0.0282	−0.0205					−0.4170	−0.3731				
	(−1.06)	(−0.84)					(−1.37)	(−1.26)				
Alumni City			−0.0409	−0.0385					−0.4682	−0.4529		
			(−1.49)	(−1.54)					(−1.59)	(−1.59)		
Alumni District					−0.0585**	0.0548**					−0.5718*	−0.5608*
					(−2.23)	(−2.30)					(−1.91)	(−1.94)
Return		0.1581		0.1576		0.1551		−2.2992**		−2.2987**		−2.3231**
		(1.56)		(1.56)		(1.53)		(−2.44)		(−2.44)		(−2.47)
Volatility		0.5480***		0.5481***		0.5481***		2.7115***		2.7150***		2.7157***
		(10.67)		(10.67)		(10.67)		(7.37)		(7.37)		(7.38)
Flow		−0.00002		−0.00002		−0.00002		−0.0001		−0.0001		−0.0001
		(−0.51)		(−0.47)		(−0.47)		(−0.24)		(−0.20)		(−0.20)
Style Flow		0.0004		0.0003		0.0003		0.0187*		0.0186*		0.0186*
		(0.31)		(0.29)		(0.29)		(1.70)		(1.69)		(1.69)
Size		−0.0325***		−0.0326***		−0.0322***		−0.0732		−0.0751		−0.0712
		(−3.01)		(−3.02)		(−2.99)		(−0.60)		(−0.62)		(−0.58)
Family Size		−0.0381*		−0.0383*		−0.0383*		−0.5020**		−0.5043**		−0.5046**
		(−1.94)		(−1.96)		(−1.96)		(−2.34)		(−2.35)		(−2.35)
Fee		−0.0008***		−0.0008***		−0.0008***		0.0012**		0.0012**		0.0012**
		(−15.95)		(−15.98)		(−15.96)		(2.46)		(2.46)		(2.49)
Age		−0.0450		−0.0458		−0.0453		−0.0792		−0.0831		−0.0760**
		(−1.21)		(−1.24)		(−1.22)		(−0.18)		(−0.19)		(−0.17)
Gender		0.0082		0.0075		0.0064		−0.1080		−0.1175		−0.1282
		(0.27)		(0.24)		(0.21)		(−0.30)		(−0.32)		(−0.35)
Fund fixed effects	Yes	Yes	Yes	Yes	Yes	Yes	Yes	Yes	Yes	Yes	Yes	Yes
Time fixed effects	Yes	Yes	Yes	Yes	Yes	Yes	Yes	Yes	Yes	Yes	Yes	Yes
Observations	25,158	25,129	25,158	25,129	25,158	25,129	25,158	25,129	25,158	25,129	25,158	25,129
Adjusted R^2	0.7250	0.7336	0.7250	0.7336	0.7251	0.7337	0.4632	0.4669	0.4633	0.4669	0.4633	0.4670

注:***、**和*分别代表显著性水平为 1%、5%和 10%。括号内为基于基金层面聚类调整后标准误计算的 t 统计值。所有解释变量均滞后一期。

表 6-11 给出了式(6.4.3)的固定效应回归估计结果。其中,前六列给出了以 Holding MAX(3)作为被解释变量的结果。从列(1)至列(4)的结果来看,虚拟变量 Alumni 和 Alumni City 的系数均为负,但在统计意义上均不显

著。相较之下,在列(5)和(6)中,*Alumni District* 的系数分别为 -0.0585 和 -0.0548,且在 5% 的显著性下显著(t 值分别为 -2.23 和 -2.30)。在经济意义上,当回归中加入控制变量后,若基金经理有校友任职于同区的其他基金时,基金经理持仓的 *Holding MAX*(3)平均会下降其标准差的 3.60%。这一结果表明,相比于远距离的校友,工作地点距离更近的校友间更可能影响彼此投资决策。同时,同区校友虚拟变量为负表明对于能力较强的机构投资者而言,社交信息传递会减少机构投资者对于未来预期收益率较低的极端高收益率股票的持有。

表 6-11 的列(7)至(12)给出了以 *Holding LTRY* 作为被解释变量的结果。与前六列中 *Holding MAX*(3)的结果类似,在(7)至(10)列中,虚拟变量 *Alumni* 和 *Alumni City* 的系数均为负,但在统计意义上均不显著。而在(11)和(12)列中。*Alumni District* 的系数分别为 -0.5718 和 -0.5608,且在 10% 的显著性水平上显著(t 值分别为 -1.91 和 -1.94)。在经济意义上,当回归中加入控制变量后,若基金经理有校友任职于同区的其他基金时,基金经理持仓的 *Holding LTRY* 平均会下降其标准差的 4.93%。因此,列(7)至(12)的结果同样表明,工作地点距离更近的校友对基金经理的影响更大,且社交信息传递会降低基金经理对彩票型股票的持有。

表 6-12 的结果表明了同区校友网络的存在会对基金经理的投资行为产生影响。接下来,本节进一步研究同区校友网络的广度如何进一步影响基金经理的投资行为。具体地,我们采用以下公式将基金持仓的彩票特征对基金的网络度中心性指标进行回归:

$$Lotter\ y_{i,t} = Degree\ Districi\ t_{i,t-1} + Control\ s_{i,t-1} + \gamma_i + \mu_t + \in_{i,t} \quad (6.4.4)$$

我们采用固定效应模型对式(6.4.4)进行估计,标准误在基金层面聚类。由于 *Degree District* 的定义仅限于存在同区校友网络的基金(即 *Alumni District*=1),上述回归所包含的基金也仅限于这一子样本内。

表 6-12 给出了式(6.4.4)的估计结果。列(1)和(2)汇报了以 *Holding MAX*(3)为被解释变量的回归结果。在列(1)中,*Degree District* 的系数为负,且在 5% 的显著水平上显著(t 值为 -2.17)。在列(2)中,当加入控制变量后,*Degree District* 的系数依旧显著为负,系数值为 -1.5186(t 值为 -2.51)。从经济意义上看,当 *Degree District* 增加一个标准差时,基金经理持仓的 *Holding MAX*(3)平均下降其标准差的 3.00%。这一结果表明,在拥有同区校友网络的基金经理中,当其同区校友网络广度更广时,其对极端高收益率

的股票持仓会减少。

表 6-12 校友网络广度对基金经理彩票型持仓的影响

	Holding MAX(3)		Holding LTRY	
	(1)	(2)	(3)	(4)
Degree District	−1.3155**	−1.5186**	−24.7619***	−26.5108***
	(−2.17)	(−2.51)	(−2.99)	(−3.19)
Return		0.0565		−0.8506
		(0.30)		(−0.47)
Volatility		0.5124***		3.2822***
		(6.73)		(5.08)
Flow		−0.0002***		−0.0020
		(−5.42)		(−1.32)
Style Flow		0.0014		0.0264
		(0.62)		(1.17)
Size		−0.0012		0.1723
		(−0.07)		(0.95)
Family Size		−0.0670		−0.9574**
		(−1.64)		(−2.07)
Fee		−0.3067		−17.4937***
		(−0.82)		(−2.98)
Age		−0.1058		−0.8877
		(−1.34)		(−0.97)
Gender		−0.0551		0.1557
		(−0.99)		(0.19)
Fund fixed effects	Yes	Yes	Yes	Yes
Time fixed effects	Yes	Yes	Yes	Yes
Observations	7,139	7,133	7,139	7,133
Adjusted R^2	0.7253	0.7316	0.4649	0.4725

注:***、**和*分别代表显著性水平为 1%、5%和 10%。括号内为基于基金层面聚类调整后标准误计算的 t 统计值。所有解释变量均滞后一期。

表 6-12 的列(3)和(4)汇报了以 Holding LTRY 为被解释变量的回归结果,与列(1)和(2)的结果类似,两列中 Degree District 的系数分别为 −24.7619和−26.5108(t 值分别为 −2.99 和 −3.19),均在 1%的显著水平上显著。经济意义上,在加入控制变量后,Degree District 每增加一个标准

差,基金经理持仓的 *Holding LTRY* 平均下降其标准差的 6.99%。

综上,表 6-12 中结果表明,拥有更广的校友网络的基金经理会减少对于彩票型股票的持有。过往研究表明,校友是基金经理的重要社交资源和信息获取来源。因此,本书采用的校友网络虚拟变量和度中心性指标可以在一定程度上反映基金经理间的社交信息传递的强度,从而表明社交信息传递可以降低彩票型股票对专业水平较高的基金经理的吸引力。

第三部分
社交对投资结果的影响

基于"自我强化传递偏差"理论的分析,本书认为社交在塑造投资结果方面扮演着至关重要的角色,并将对其进行一定程度的衍生。

首先,通过社交是否普遍获得高收益这一问题备受关注。人们往往通过社交网络、交流和共享信息来获取投资建议和意见,以期获得高收益。然而,社交因素对投资结果的影响并非始终如此。虽然社交网络提供了丰富的信息来源,但投资者是否能够凭借社交关系获得高收益仍存在争议。有些投资者可能因社交圈子中的热门股票或热门行业而盲目跟风,最终导致投资损失。最终导致的收益率分布究竟如何,也是本章需要探讨的重点问题。

其次,"跟随交易"是社交因素对投资结果的另一个重要影响机制。投资者往往倾向于跟随他人的交易行为,特别是那些被认为有经验或成功的投资者。这种跟随行为可能导致投资者盲目追逐所谓的"投资明星",忽视了个人的风险承受能力和投资目标。此外,"跟随交易"是否真的能带来收益,需要对其总体结果进行验证。

第三,"群体智慧"对投资结果的影响也不容忽视。群体智慧指的是通过集体讨论和决策来达成更好的结果。在投资领域,群体智慧可能帮助投资者共同发现市场趋势和机会,减少个体的盲点和错误决策。然而,群体智慧也存在局限性,例如群体思维可能导致信息过滤和集体错误判断。"群体智慧"能否给社交网络中的投资者带来实质性的收益提升,需要对其进行验证。

最后,社交对机构投资者的影响相比个人也应有显著不同。机构投资者的投资决策往往更加复杂和理性,但社交因素仍然可能在以下方面对他们的收益率产生影响：

（1）信息获取和共享。尽管机构投资者拥有更多专业的研究资源和信息渠道，但他们仍然会通过社交网络、行业会议等渠道获取和分享信息。在这个过程中，他们可能会受到其他投资者或同行的影响，从而影响他们的投资决策。

（2）社交圈和专业关系。机构投资者通常会建立自己的社交圈和专业关系网络，通过与同行、行业专家和分析师交流来获取信息和意见。这些社交关系可能会影响他们的投资决策。

有鉴于此，机构投资者的收益率最终会如何变化，也是本章需要讨论的重要问题。

本章将分四章从以上角度对一系列研究问题进行阐述分析。

第7章
社交网络中的个人投资者能普遍获得高收益吗

7.1 研究假说

结合第 2 章的理论分析结果,由于持有高收益率偏度资产的投资者,能够以一定概率获得超高收益率,依据发送者函数的定义,获得的高收益率增加了其对社交网络中其他投资者对自身策略进行传播的概率;再依据发送者函数的定义,超高收益率会导致其策略能够被更多投资者所接受,故而高收益率偏度的策略会在社交交易平台中流行。Barberis 和 Huang(2008)通过理论研究发现,高收益率偏度的资产由于其被高估,会导致其未来存在超额负收益率,即其收益率低于市场收益率。Oehler、Horn 和 Wendt(2016);Dorfleitner、Fischer 和 Lung 等(2018)也通过社交交易平台的数据证明了该观点的存在。本书由此提出第 10 个研究假设:

假设 10:社交交易网络中的大部分投资者收益率无法超越市场。

信号发送者作为类策略的最早建立者,其作为高收益率偏度资产的领先持有者,已经在极低概率情况下取得了极高收益率,但由于"自我强化偏差"的存在,导致其持有时间变长,导致其暴露在负收益率的时间变长,从而收益率下降;另一方面,信号接收者由于处于高收益率偏度资产的跟随持有状态,相比信号发送者其获得超高收益率的概率较低,只会因为跟随交易而遭受更大的损失。综上所述,在社交交易平台中充斥高收益率偏度策略时,无论作为信息发送者或是信息接收者,其收益率都会出现不同程度的下降。由此引出本书第 11 个研究假设:

—119—

假设 **11**:社交行为使得大部分投资者收益率下降。

7.2 数据来源及核心变量定义

1.数据来源

本部分研究数据与"风险厌恶"相关章节的数据处理及来源一致,详见本书 5.2 节。另一部分数据源自国泰安数据库。

2.核心变量定义

(1)收益率与超额收益率的度量

本章以三种方式对收益率进行度量。首先,本章计算普通的投资者日度收益率 $return_{it}$ 作为其他衍生收益率度量的基础,普通收益率计算方法如下:

$$R_{it} = \left(\frac{value_{i,t}}{value_{i,t-1}} - 1 \right) \times 100\% \qquad (7.2.1)$$

等式(7.2.1)中的 R_{it} 为投资者 i 在 t 时刻的日收益率,$value_{it}$ 为投资者 i 在 t 时刻资产净值,$value_{i,t-1}$ 为投资者 i 在 $t-1$ 时刻的资产净值。

接着,本章将会根据三因子、四因子、五因子以及六因子模型对投资者进行投资者行为前后的超额收益率进行计算:

$$R_{it} - r_f = alpha + \sum_{k=1}^{n} beta_k * factor_k + \sigma \qquad (7.2.2)$$

等式(7.2.2)中 $alpha$ 为所需要进行回归计算的超额收益率,$return_{it}$ 为第 i 个投资者在 t 时期(日度)的收益率,r_f 为无风险收益率,$factor_k$ 为因子模型中的第 k 个因子,$beta_k$ 为第 k 个因子的回归系数,σ 为残差项。在分别计算投资行为前后的超额收益率后,将对这两个 $alpha$ 进行比较。

最后,考虑到日度收益率的噪音及偏差问题,以及投资者开启和关闭其投资组合在时间上的不确定性。文章将用 30 日、60 日和 90 日的滚动累积超额收益率(以日为单位进行滚动)对投资者的超额收益率 CAR_{it} 进行度量:

$$R_{ijt} = \alpha_{ij} + \beta_{1,ij}mkt - rf_{jt} + \beta_{2,ij}smb_{jt} + \beta_{3,ij}hml_{jt} + \sigma_{ijt} \qquad (7.2.3)$$

$$AR_{ijt} = R_{ijt} - \bar{\alpha}_{ijt} - \bar{\beta}_{1,ijt}mkt - rf_{jt} - \bar{\beta}_{2,ijt}smb_{jt} - \bar{\beta}_{3,ijt}hml_{jt} \qquad (7.2.4)$$

$$CAR_{ij} = \sum_{t=1}^{n} AR_{ijt} \qquad (7.2.5)$$

关于该超额收益率的计算分为三个步骤,首先通过等式(7.2.3),将每 30 天、

60 天和 90 天的收益率分别对市场收益率进行滚动回归,得到每个滚动区间截距项和市场收益率的回归系数,其中 R_{ij} 为投资者 i 在第 j 个区间 t 时刻的收益率,α_{ij} 为截距项,$mkt-rf_{jt}$ 为市场风险因子,smb_{jt} 为市值风险因子,hml_{jt} 为账面市值比因子,$\beta_{1,ij}$、$\beta_{2,ij}$ 和 $\beta_{3,ij}$ 分别为三个因子的系数,σ_{ijt} 为残差项;接下来通过等式(7.2.4),将回归出的截距项和系数代入,计算出滚动区间中每一天的超额收益率,其中 $\overline{\alpha}_{ij}$ 和 $\overline{\beta}_{k,ijt}$ 为 α_{ij} 和 β_{ij} 在期间内的估计值,AR_{ijt} 为第 i 个投资者在第 j 个区间内 t 时刻的超额收益率;最后利用等式(7.2.5),将每个滚动区间内每一天的超额收益率进行加总,即可得到每个滚动区间的超额收益率,CAR_{ij} 即为投资者 i 在其第 j 个区间的累积超额收益率。

(2)风险的度量

鉴于理论中所涉及的风险的变化及风险与收益率之间的关系,根据理论中对收益率和风险关系的研究模型,进一步分析理论中所牵涉的投资者异质性风险与收益率的负相关关系问题,对投资者 30 日、60 日和 90 日超额收益率的异质性风险进行度量,也在此基础上对风险进行区间化:

$$R_{ijt}=\alpha_{ij}+\beta_{1,ij}mkt-rf_{jt}+\beta_{2,ij}smb_{jt}+\beta_{3,ij}hml_{jt}+\sigma_{ijt} \tag{7.2.6}$$

$$\overline{\sigma}_{ijt}=R_{ijt}-\overline{\alpha}_{ijt}-\overline{\beta}_{1,ijt}mkt-rf_{jt}-\overline{\beta}_{2,ijt}smb_{jt}-\overline{\beta}_{3,ijt}hml_{jt} \tag{7.2.7}$$

$$ivol_{ij}=\sqrt{\frac{\sum_{t=1}^{n}\left(\overline{\sigma}_{ijt}-\frac{1}{n}\sum_{t=1}^{n}\overline{\sigma}_{ijt}\right)^2}{n-1}\times\sqrt{n}} \tag{7.2.8}$$

所谓异质性风险,即为资产本身所特有,无法被市场所揭示的那一部分风险。对异质性风险的计算分为三步,首先通过等式(7.2.6),将每 30 天、60 天和 90 天的收益率分别对三因子进行滚动回归,得到每个滚动区间截距项和市场收益率的回归系数,其中 R_{ijt} 为投资者 i 第 j 个区间 t 时刻的收益率,α_{ij} 为截距项,$mkt-rf_{jt}$ 为市场风险因子,smb_{jt} 为市值风险因子,hml_{jt} 为账面市值比因子,$\beta_{1,ij}$、$\beta_{2,ij}$ 和 $\beta_{3,ij}$ 分别为三个因子的系数,σ_{ijt} 为残差项;再者,将统计回归出的系数代入等式(7.2.7)中,对每个滚动区间内每一天的残差项进行计算,其中 $\overline{\sigma}_{ijt}$ 为投资者 i 在第 j 个区间的 t 时刻的残差值,$\overline{\alpha}_{ijt}$ 为截距项的回归值,$\overline{\beta}_{1,ij}$、$\overline{\beta}_{2,ij}$ 和 $\overline{\beta}_{3,ij}$ 分别为三个因子的回归系数;最后,利用等式(7.2.8)对投资者在每个区间的残差值的标准差进行计算,其中 $ivol_{ij}$ 为投资者 i 在第 j 个区间的异质性风险,n 为这一区间的时长,即 30 日、60 日或 90 日。

(3)其他控制变量

为了对投资者以及市场因素进行控制,本章还设置了其他控制变量。首先为了控制投资者在平台中的经验所带来的影响,每天计算投资者在平台的存续时间,定义为 *active day*;再者为了控制市场的带来的影响,加入 Carhart (1997)提出的动量因子进行控制,变量定义为 *Momentum*;接着为了控制投资者一些个人投资和社交行为带来的影响,用三个变量进行了控制,即投资者当日的评论数量 *cmt-num*、投资者当日持有的股票数量 *stock-num* 和投资者当日的交易数量 *trd-num*。此外,考虑到过去的行为对投资者的影响,已经某些投资和社交行为频率较低的特点,本章还分别将这三个变量进行了变形,分别计算了过去 30 天内的总评论数 *cmt-num-30day*、过去 30 天日平均持有的股票数量 *stock-num-30day* 以及过去 30 天的总交易数量 *trd-num-30day*。

结合上述对变量的定义,表 7-1 展示了各个变量的定义及计算方法。此外,本章使用的数据全部来源于中国最大的社交交易平台——雪球网。关于数据来源和信息的基本介绍可参考 5.2 节中具体内容。本章使用的数据全部为雪球的实盘交易数据。关于社交行为的度量依然采用 5.2 节中提出的样本分组比较和三个社交行为变量的方式。样本的划分与选择同样与 5.2 节中一致。

表 7-1　变量定义一览表

变量名	变量含义
R	投资者的日度收益率
CAR-30*day*	投资者 30 日内的滚动累积超额收益率
CAR-60*day*	投资者 60 日内的滚动累积超额收益率
CAR-90*day*	投资者 90 日内的滚动累积超额收益率
log(CAR-30*day*)	投资者 30 日内的对数滚动累积超额收益率
log(CAR-60*day*)	投资者 60 日内的对数滚动累积超额收益率
log(CAR-90*day*)	投资者 90 日内的对数滚动累积超额收益率
ivol-30day	投资者 30 日滚动超额收益率的异质性风险
ivol-60day	投资者 60 日滚动超额收益率的异质性风险
ivol-90day	投资者 90 日滚动超额收益率的异质性风险
livol-30day	投资者 30 日对数滚动超额收益率的异质性风险

续表

变量名	变量含义
livol-60day	投资者 60 日对数滚动超额收益率的异质性风险
livol-90day	投资者 90 日对数滚动超额收益率的异质性风险
alpha	因子模型中回归的截距项（超额收益率）
mkt-rf	市场风险因子
smb	市值风险因子
hml	账面市值比因子
umd	市场动量因子
rmw	盈利水平风险因子
activeday	投资者在平台的存续时间（日）
cmt-num	投资者当日的评论数量
stock-num	投资者当日持有的股票数量
trd-num	投资者当日的交易数量
cmt-num-30day	投资者过去 30 天内的总评论数
stock-num-30day	投资者过去 30 天日平均持有的股票数量
trd-num-30day	投资者过去 30 天的总交易数量

7.3　实证结果及分析（假设 10，假设 11）

7.3.1　社交中的投资者收益率是否超越市场的验证（假设 10）

首先建立以等式（7.2.2）建立多因子 OLS 回归模型，将三因子、四因子、五因子和六因子代入等式中进行回归，并以此总体计算投资者的超额收益率是否为正，即投资者收益率是否超越市场。表 7-2 为投资者日度收益率多因子模型回归结果。

通过观察表 7-2 的回归结果可以发现，大部分投资者超额收益率为负，即社交交易平台中大部分投资者的无法超越市场收益率。第 1 行为截距项 *alpha* 的回归结果，也即是与市场相比，投资者获得的超额收益率。第 2 行至第7行为其余6个因子对收益率的回归系数。列(1)为三因子模型回归结果，其余三个因子对其收益率都有显著影响，其中风险溢价 mkt-rf 影响为正，系数为 60.995，在 0.001 概率水平下显著；公司规模变量 smb 影响为负，在 0.001概率水平下显著；账面市值比因子 hml，对收益率的影响为正，并在 0.001概率水平下显著。在去除了三因子的影响之后，其超额收益率 $alpha$ 显著为负，$alpha$ 的回归系数为 -0.01，在 0.001 的概率水平下通过了检验，即相比于市场收益少了 0.01%。列(2)为四因子模型回归结果，发现市场动量因子 umd 对其也有显著影响，且在去除了市场动量的基础上，投资者整体的超额收益率依然显著为负。列(3)加入了盈利水平风险 rmw 和投资水平风险 cma 之后，发现其对收益率存在影响，但此时投资者超额收益率依然显著为负。列(4)将所有因子加入回归方程中，依然得到了超额收益率显著为负的结果表 7-2 总体上证明了研究假设 10 存在的合理性。

表 7-2　日度收益率多因子模型回归结果

	(1)	(2)	(3)	(4)
$alpha$	-0.010***	-0.010***	-0.013***	-0.013***
	(0.001)	(0.001)	(0.001)	(0.001)
mkt-rf	60.995***	60.826***	61.238***	60.990***
	(0.067)	(0.067)	(0.071)	(0.072)
smb	-3.766***	2.299***	7.079***	9.098***
	(0.108)	(0.183)	(0.214)	(0.232)
hml	1.655***	0.180	8.161***	7.493***
	(0.114)	(0.119)	(0.169)	(0.171)
umd		5.349***		3.058***
		(0.130)		(0.137)
rmw			5.863***	4.533***
			(0.183)	(0.192)
cma			-12.346***	-12.153***
			(0.171)	(0.171)
R^2	0.180	0.180	0.181	0.181
$Observations$	4100059	4100059	4100059	4100059

*** $p<0.001$; ** $p<0.01$; * $p<0.05$; · $p<0.1$

为了防止收益率分布存在偏度的情况,本书通过等式(7.2.2)的模型建立分位数回归,以此进一步检验投资者收益率是否超越大盘。本书选择从 0.1 至 0.9 的 9 个分位点进行多因子回归。表 7-3 呈现了六因子分位数回归的结果。列(1)至列(9)分别表示从 0.1 分位数至 0.9 分位数的六因子回归的结果。列(5)中 0.5 分位数的回归结果 -0.027,在 0.001 的置信水平下显著可以发现,整个平台的 0.5 分位数回归结果与均值回归类似。高于 0.5 分位数的收益率比市场收益率更高,其中在顶端 0.9 分位数的 $alpha$ 系数为 1.18,相比于市场收益率多出了 1.1%;相对而言,不高于 0.5 分位数的收益率比市场收益则要小,其中底端的 0.1 分位数的 $alpha$ 系数为 -1.208,在 0.001 的概率下通过显著性检验,表明比市场收益少 1.2%。从 0.1 分位数到 0.9 分位数,超额收益率 $alpha$ 逐渐升高,且在 0.6 分位数开始为正。可以进一步说明大部分投资者无法超越大盘,进一步证明了研究假设 10 的合理性。

表 7-3　日度收益率六因子分位数回归结果

	(1)	(2)	(3)	(4)	(5)	(6)	(7)	(8)	(9)
$alpha$	-1.208***	-0.646***	-0.365***	-0.163***	-0.027***	-0.100***	0.287***	0.577***	1.181***
	(0.001)	(0.001)	(0.001)	(0.000)	(0.000)	(0.000)	(0.000)	(0.001)	(0.001)
$mkt-rf$	80.050***	64.972***	49.862***	37.134***	27.834***	28.954***	36.984***	45.580***	49.956***
	(0.130)	(0.082)	(0.061)	(0.061)	(0.024)	(0.035)	(0.058)	(0.055)	(0.150)
smb	33.680***	24.682***	12.506***	7.394***	3.801***	-7.218***	-7.077***	-8.198***	-3.649***
	(0.407)	(0.149)	(0.156)	(0.099)	(0.075)	(0.121)	(0.097)	(0.236)	(0.504)
hml	13.659***	11.651***	6.410***	6.144***	3.395***	4.271***	2.911***	2.881***	7.580***
	(2.268)	(0.109)	(0.083)	(0.021)	(0.049)	(0.091)	(0.105)	(0.115)	(0.359)
umd	7.843***	0.685***	1.613***	0.184***	0.380***	-1.389***	-1.372***	2.072***	10.647***
	(0.263)	(0.118)	(0.104)	(0.050)	(0.057)	(0.076)	(0.070)	(0.112)	(0.294)
rmw	3.925***	9.347***	5.994***	5.274***	3.768***	1.480***	2.945***	3.162***	-1.841***
	(0.294)	(0.134)	(0.109)	(0.081)	(0.050)	(0.092)	(0.078)	(0.177)	(0.391)
cma	-9.833***	-10.362***	-5.969***	-7.082***	5.632***	-5.603***	-6.848***	-13.322***	-25.229***
	(0.286)	(0.125)	(0.102)	(0.047)	(0.050)	(0.089)	(0.087)	(0.103)	(0.333)
$Observations$	4100059	4100059	4100059	4100059	4100059	4100059	4100059	4100059	4100059
分位点	0.1	0.2	0.3	0.4	0.5	0.6	0.7	0.8	0.9

*** $p<0.001$; ** $p<0.01$; * $p<0.05$; · $p<0.1$

　　通过上述均值回归和分位数回归结果,可以发现大部分投资者的超额收益率显著为负,即说明在整个样本期中,社交交易平台的大部分投资者的投资策略无法超越市场收益。平台在时间维度的超额收益率分布如何,是否大部分交易日中的多数投资者都无法超越市场收益,整个交易窗口期收益在人群中的分布如何,需要进一步进行验证。首先,在时间维度上看待投资者实现超额收益率的频率。为防止极端收益率对指标的影响,计算平台中每日超额收益率(收益率与沪深 300 收益率之差)的中位数,而后查看该指标的分布。图7-1 为时间维度的超额收益率分布图。图中 Y 轴为平台每日投资者超额收益率的中位数的占比,X 轴为超额收益率的值。从图中可以得知曲线中零点左侧的面积大于曲线零点右侧的面积,表明在大多数交易日中平台中大部分投资者的收益率无法超越市场收益率;另一方面,中位数收益率的众数为一个小于 0 的值,也就表明获得最普遍收益率的那部分投资者的收益率低于市场收益率。综上所述,该结果可以证明研究假设 10 在时间维度上的合理性。

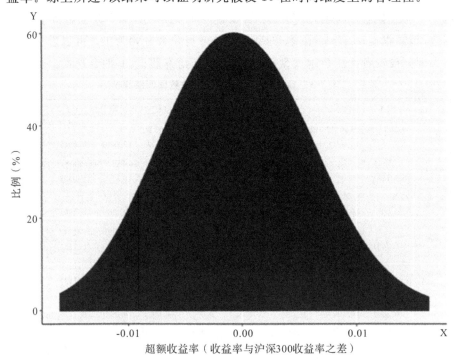

图 7-1　超额收益率分布(时间维度)

在个体维度上,通过分别计算每个投资者从建立投资到最后投资关闭的时间里的超额收益率 $alpha$,查看个体维度中投资者超额收益率的分布。图7-2为个体维度的超额收益率分布图。图中 Y 轴表示某一个 $alpha$ 值投资者占比,X 轴表示超额收益率 $alpha$ 的值。从图中可以得知,曲线中零点左边的面积要大于零点右边的面积,也就表明 $alpha$ 大于零的投资者的数量要小

于 $alpha$ 小于零的投资者数量,也即是超过市场收益率的投资者要少于低于市场收益率的投资者;同时,可以发现 $alpha$ 的众数存在于小于零的位置,也即是获得最普遍超额收益率的那一部分投资者是获得的是低于市场的收益率;最后从极端值的角度看,分布于最底端收益率的投资者,也即是获得 -0.5% 至 -1% 超额收益率的投资者,相比于最上层超额收益率为 0.5% 至 1% 的投资者要更多。说明获得极端低收益比获得极端高收益的投资者要更多,证明了研究假设 10 在个体维度上的合理性。

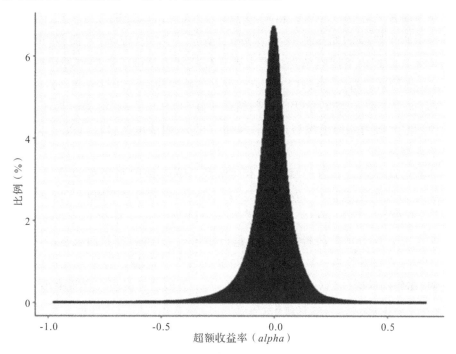

图 7-2　超额收益率分布(个体维度)

通过上述研究可以发现,社交交易平台中大部分投资者的投资者收益率无法超过市场收益率。从时间维度看,大部分投资者在大多数时候无法通过雪球赚到钱,从个体维度来看,仅有少部分投资者能够在交易平台赚到超额收益。通过上述的研究可以有力证明研究假设 10 的合理性。

7.3.2　社交中投资者收益率的变化的验证(假设 11)

利用 5.2 节中对社交行为的度量方法,首先通过将 $full\text{-}sample$ 划为分

pre-follow、*post-follow* 和 *two-stage* 三个阶段对社交行为进行度量，*pre-follow* 代表投资者第一次开始关注其他投资者之前的阶段，*post-follow* 代表投资者开始关注其他投资者之后的阶段，其中每个投资者 *pre-follow* 和 *post-follow* 两个阶段的时间长度相同，具体可以参考图 5-1；然后，通过建立三个社交变量对社交行为进行度量，分别是学习强度（*learning-intensity*）、学习质量（*learning-quality*）和受关注度（*public-scrutinization*），具体变量的介绍和度量可参考 5.2 节。

下面首先对 *pre-follow* 阶段和 *post-follow* 阶段分别进行多因子回归，并得出两个阶段的超额收益率 *alpha*。表 7-4 为 *pre-follow* 阶段和 *post-follow* 阶段的因子回归结果。表中第一行得到的是因子回归后超额收益率 *alpha* 的结果。列（1）至列（4）为 *pre-follow* 阶段的因子回归结果，列（5）至列（8）为 *post-follow* 阶段的因子回归结果。其中列（1）和列（5）为三因子模型，列（2）和列（6）为四因子模型，列（3）和列（7）为五因子模型，列（4）和列（8）为六因子模型。

通过观察同一个因子模型的不同阶段 *alpha* 回归系数可以发现，*post-follow* 阶段相比于 *pre-follow* 阶段 *alpha* 的回归系数显著减小。以列（1）和列（4）为例，列（1）中 *alpha* 回归系数为 0.013，在 0.001 的置信水平下显著，表明在 *pre-follow* 阶段投资者有超越市场 0.013% 的日度超额收益率，列（5）中 *alpha* 回归系数为 0.005，但无法在置信水平下显著。通过对比可以充分表明，在相同的因子回归模型下，*post-follow* 阶段的日度超额收益率小于 *pre-follow* 阶段的日度超额收益率；与此同时，观察相同阶段不同因子模型的回归系数，可获得相同结果。列（1）至列（4）可以发现 *pre-follow* 阶段的超额收益率 *alpha* 皆为正，在四个因子模型的回归下也都在 0.001 的置信水平下显著。反观列（5）至列（8），其超额收益率 *alpha* 仅在四因子模型（列（6））中显著为正，其余超额收益率均不显著。由此可以得出，经过社交之后，投资者的超额收益率显著低于其进行社交之前的大小。

为使回归结果更具稳健性，剔除时间效应与个体效应，避免组间效应遗漏，本章将利用 *two-stage* 样本，加入 *post-follow* 这一虚拟变量（关于 *two-stage* 样本和 *post-follow* 变量的建立具体可参考 5.2 节），对收益率 R_{it} 的固定效应回归模型：

$$R_{it} = \alpha_k + a_j + \beta_1 \, post\text{-}follow_{it} + \beta_N controls_N \qquad (7.3.1)$$

表 7-4　因子回归结果——*pre-follow* 阶段与 *post-follow* 阶段的对比

	pre-follow (1)	pre-follow (2)	pre follow (3)	pre-follow (4)	post-follow (5)	post-follow (6)	post-follow (7)	post-follow (8)
alpha	0.013***	0.013***	0.010***	0.011***	0.005	0.008**	0.001	0.004
	(0.003)	(0.003)	(0.003)	(0.003)	(0.003)	(0.003)	(0.003)	(0.003)
mkt-rf	68.625***	68.317***	68.346***	67.665***	74.214***	73.311***	74.539***	73.146***
	(0.397)	(0.398)	(0.435)	(0.438)	(0.392)	(0.395)	(0.428)	(0.438)
smb	−4.341***	−1.109	−1.443	−0.726	−5.075***	6.654***	4.340***	9.836***
	(0.687)	(0.727)	(1.058)	(1.059)	(0.574)	(0.844)	(1.021)	(1.083)
hml	−8.284***	−8.813***	−3.998***	−4.411***	−5.574***	−9.507***	1.290	−2.245*
	(0.637)	(0.637)	(0.941)	(0.941)	(0.624)	(0.657)	(0.898)	(0.927)
umd		7.204***		7.050***		11.690***		9.934***
		(0.533)		(0.548)		(0.617)		(0.656)
rmw			0.986	−1.723			5.772***	1.511
			(0.989)	(1.011)			(0.936)	(0.977)
cma			−7.325***	−6.951***			−11.501***	−10.293***
			(1.069)	(1.069)			(0.883)	(0.886)
R^2	0.178	0.179	0.178	0.179	0.182	0.184	0.184	0.185
Observations	177347	177347	177347	177347	186960	186960	186960	186960

*** $p<0.001$；** $p<0.01$；* $p<0.05$；· $p<0.1$

等式(7.3.1)中 R_{it} 投资者 i 在 t 时刻的日收益率；α_k 为个体固定效应,代表不同的投资者存在不同的截距项；a_j 为时间的固定效应,代表不同的季度存在不同的截距项；*post-follow*$_i$ 为 1 代表投资者 i 在 t 时刻已经进行了社交,反之为 0,则证明还没有进行社交；$controls_N$ 为控制变量。

表 7-5 为等式(7.3.1)的固定效应回归结果。列(1)至列(6)都对个体效应和时间效应进行了控制,*Trader FE* 在列中如果显示为"Yes",则表明对回归模型的个体固定效应进行了控制；同理,*Quarter FE* 在列中如果显示为"Yes",则表明对回归模型的季度的时间固定效应进行了控制。鉴于收益率存在的一定的序列自相关性,在列(1)中首先加入收益率的一期滞后项 R_{t-1} 对本期收益率进行回归,其回归系数为 0.024,过去的收益率对本期收益率有着一定的正向效应,在控制了收益率的序列相关性后,列(1)中 *post-follow* 的回归系数为 −0.044,且在 0.001 的概率水平下显著。表示如果投资者进行了社交后,

表 7-5　*Two-stage* 样本下收益率变化的回归结果

	(1)	(2)	(3)	(4)	(5)	(6)
post-follow	-0.044^{***}	-0.041^{***}	-0.031^{***}	-0.047^{***}	-0.051^{***}	-0.037^{***}
	(0.007)	(0.007)	(0.007)	(0.007)	(0.009)	(0.009)
R_{t-1}	0.024^{***}	0.025^{***}	0.024^{***}	0.023^{***}	0.029^{***}	0.028^{***}
	(0.002)	(0.002)	(0.002)	(0.002)	(0.002)	(0.002)
umd		-11.896^{***}				-13.939^{***}
		(0.323)				(0.343)
Activeday			-0.004^{***}			-0.003^{***}
			(0.001)			(0.001)
Cmt-num				0.072^{***}		0.093^{***}
				(0.002)		(0.003)
Trd-num				-0.023^{***}		-0.024^{***}
				(0.002)		(0.002)
Stock-num				-0.001		0.002
				(0.001)		(0.002)
Cmt-num-30*day*					-0.000	-0.003^{***}
					(0.000)	(0.000)
Trd-num-30*day*					-0.001^{***}	-0.001^{***}
					(0.000)	(0.000)
Stock-num-30*day*					0.002	0.001
					(0.002)	(0.003)
TraderFE	Yes	Yes	Yes	Yes	Yes	Yes
Quarter FE	Yes	Yes	Yes	Yes	Yes	Yes
Observations	361365	361365	361365	361365	290419	290419
R^2	0.015	0.018	0.015	0.018	0.015	0.025

*** $p<0.001$; ** $p<0.01$; * $p<0.05$; $^{\cdot}$ $p<0.1$

每日收益率减小 0.04%,其减小的趋势依然显著。为控制市场环境带来的影响,列(2)中加入了日度的动量因子 *umd*,对市场趋势进行了控制。虽然 *post-follow* 的回归系数从 -0.044 变化为 -0.041,但其显著性不变,进一步证明了进行了社交之后的收益率显著减小。列(3)至列(6)加入了控制投资组合存

续时间 $activeday$、投资者当日（30 天内）评论总数 $cmt\text{-}num$（$cmt\text{-}num\text{-}30day$）、投资者当日（30 天内）交易次数 $trd\text{-}num$（$trd\text{-}num\text{-}30day$）和投资者当日持有股票数（30 天平均持有股票数）$stock\text{-}num$（$stock\text{-}num\text{-}30day$）等控制投资者自身特点的变量，发现社交对收益率的影响依然显著为负，充分证明了研究假设 11 的合理性。

为进一步使结果更加稳健，减少社交行为受人为划分的影响，将第 5 章中建立的三个社交变量学习强度（$learning\text{-}intensity$）、学习质量（$learning\text{-}quality$）和受关注度（$public\text{-}scrutinization$）替代等式（7.3.1）中的 $post\text{-}follow$：

$$R_{it} = \alpha_k + a_j + \beta_1 Learning\text{-}intensity_{it} + \beta_2 Learning\text{-}quality_{it}$$
$$+ \beta_3 Public\text{-}scrutinization_{it} + \beta_N controls_N \qquad (7.3.2)$$

回归结果呈现在表 7-6 中。列（1）为学习强度（$learning\text{-}intensity$）对收益率的回归结果，回归系数为 -0.035，在 0.001 的置信水平下显著。表明学习强度如果上升一个单位，即投资者的关注数上升 1%，则日收益率下降 0.035%。列（2）为学习质量（$learning\text{-}quality$）对收益率的回归结果，回归系数为 -0.103，在 0.001 的置信水平下显著。表明学习质量如果上升一个单位，即投资者关注的平均中心度上升 1%，则收益率下降 -0.103。列（1）和列（2）同时表明投资者作为信息接收者的角色越强，其收益率越低。列（3）为受关注度（$public\text{-}scrutinization$）对收益率的回归结果，回归系数为 -0.015，在 0.001 的置信水平下显著。表明受关注度上升一个单位，即投资者粉丝数每上升 1%，则日收益率下降 0.015%。列（3）同时表明投资者作为信息发送者的角色越强，其收益率越低。列（4）至列（6）将三个社交变量同时加入回归方程中，并参照表 5-5 加了各类投资者个人特征的控制变量之后，三个社交变量回归系数依然显著为负。综上所述，通过引入社交变量进行回归，进一步证明了研究假设 11 的合理性。

为防止日度收益率数据存在噪音偏大的可能，也考虑到投资者对其投资开启关闭时间的不确定性。本书运用等式（7.2.3）至等式（7.2.5）对滚动累积超额收益率的计算方法，计算 30 日、60 日和 90 日的滚动累积收益率，即为 $CAR\text{-}30day$、$CAR\text{-}60day$ 和 $CAR\text{-}90day$（具体参见章节 7.2）。与此同时，由于收益率的计算区间的变化，则需要对三个社交变量进行改进，分别以 30 日、60 日和 90 日内三个社交变量的滚动平均值进行计算，等式（7.3.2）至（7.3.5）为三个社交变量改进后的计算公式，关于三个社交变量的原始计算可具体参考章节 5.2：

表 7-6 收益率对社交变量的回归结果

	(1)	(2)	(3)	(4)	(5)	(6)
learning-intensity	−0.035***			−0.032***	−0.022***	−0.025***
	(0.002)			(0.002)	(0.002)	(0.003)
learning-quality		−0.103***		−0.062***	−0.091***	−0.089***
		(0.016)		(0.017)	(0.017)	(0.019)
public-scrutinization			−0.015***	−0.013***	−0.012***	−0.008***
			(0.002)	(0.002)	(0.002)	(0.002)
R_{t-1}					0.609***	1.033***
					(0.070)	(0.073)
umd					−12.852***	−13.613***
					(0.114)	(0.117)
activeday					−0.009***	−0.010***
					(0.000)	(0.000)
cmt-num					0.054***	0.073***
					(0.001)	(0.001)
trd-num					−0.021***	−0.019***
					(0.001)	(0.001)
stock-num					−0.001*	0.004**
					(0.001)	(0.001)
cmt-num-30day						−0.002***
						(0.000)
trd-num-30day						−0.000***
						(0.000)
stock-num-30day						−0.005***
						(0.001)
TraderFE	Yes	Yes	Yes	Yes	Yes	Yes
Quarter FE	Yes	Yes	Yes	Yes	Yes	Yes
Observations	2022200	2022200	2022200	2022200	2015841	1844159
R^2	0.010	0.010	0.010	0.010	0.018	0.020

*** $p < 0.001$；** $p < 0.01$；* $p < 0.05$；· $p < 0.1$

$$LI\text{-}nday_{it} = \frac{1}{n}\sum_{t-n}^{t} learning\text{-}intensity_{it}(n = 30,60,90) \tag{7.3.3}$$

$$LQ\text{-}nday_{it} = \frac{1}{n}\sum_{t-n}^{t} learning\text{-}quality_{it}(n = 30,60,90) \tag{7.3.4}$$

$$PS\text{-}nday_{it} = \frac{1}{n}\sum_{t-n}^{t} public\text{-}scrutinization_{it}(n = 30,60,90) \tag{7.3.5}$$

分别将上述六个变量进行对应并分别代入等式(7.3.6)、等式(7.3.7)以及等式(7.3.8)中进行回归:

$$\begin{aligned} CAR\text{-}30day_{it} = &\alpha_k + a_j + \beta_1 LI\text{-}30day_{it} + \beta_2 LQ\text{-}30day \\ &+ \beta_3 PS\text{-}30day + \beta_N controls_N \end{aligned} \tag{7.3.6}$$

$$\begin{aligned} CAR\text{-}60day_{it} = &\alpha_k + a_j + \beta_1 LI\text{-}60day_{it} + \beta_2 LQ\text{-}60day \\ &+ \beta_3 PS\text{-}60day + \beta_N controls_N \end{aligned} \tag{7.3.7}$$

$$\begin{aligned} CAR\text{-}90day_{it} = &\alpha_k + a_j + \beta_1 LI\text{-}90day_{it} + \beta_2 LQ\text{-}90day \\ &+ \beta_3 PS\text{-}90day + \beta_N controls_N \end{aligned} \tag{7.3.8}$$

表 7-7 为等式(7.3.6)、(7.3.7)及(7.3.8)的固定效应回归结果。列(1)与列(2)为等式(7.3.6)的回归结果,通过观察列(1)中投资者三大社交变量的回归系数,可以发现三大社交变量对 30 天内累积超额收益率的回归系数显著为负,以 $LI\text{-}30day$ 为例,其回归系数为 -0.117,表明投资者过去 30 天关注的他投资者数量上升 1%,其 30 天之内的累积超额收益率下降 0.117%;在列(2)中加入过去 30 天的累积超额收益率一期滞后项 $CAR\text{-}30day_{t-1}$,发现其与当期超额收益率有着显著正相关,证实了收益率存在一定的序列自相关性。与此同时,其余加入的控制变量也对超额收益率有着一定的影响,三大社交变量对超额收益率的影响虽有所下降,但依然显著为负。列(3)与列(4)为等式(7.3.7)的回归结果,将滚动超额收益率扩展到 60 天后,社交变量对超额收益率吧的影响依然显著为负。列(5)和列(6)作为等式(7.3.8)的回归结果,将滚动超额收益率扩展到 90 天,发现同样说明了投资者的累积超额收益率随着社交的推进而减小。本表的回归结果也充分证实了研究假设 11 的合理性。

　　鉴于收益率数据平稳性问题,及同时可能存在的异方差和共线性问题,进一步采用投资者对数收益率对累积滚动收益率进行计算。通过对等式(7.2.3)、(7.2.4)和(7.2.5)中的收益率 R 进行对数化处理,而后得出在 30 日、60 日和 90 日的滚动累积超额收益率,分别表示为 $\log(CAR\text{-}30day)$、$\log(CAR\text{-}60day)$ 和

表 7-7　滚动收益率对社交变量的回归结果

	CAR-30day		CAR-60day		CAR-90day	
	(6)	(1)	(2)	(3)	(4)	(5)
LI-30day	−0.117***	−0.010***				
	(0.009)	(0.002)				
LQ-30day	−0.218***	−0.045**				
	(0.061)	(0.015)				
PS-30day	−0.267***	−0.016***				
	(0.005)	(0.001)				
CAR-30day_{t-1}		0.968***				
		(0.000)				
LI-60day			−0.201***	−0.014***		
			(0.014)	(0.003)		
LQ-60day			−0.181	−0.038*		
			(0.096)	(0.018)		
PS-60day			−0.444***	−0.020***		
			(0.008)	(0.002)		
CAR-60day_{t-1}				0.982***		
				(0.000)		
LI-90day					−0.111***	−0.024***
					(0.019)	(0.003)
LQ-90day					−0.890***	−0.055*
					(0.128)	(0.021)
PS-90day					−0.587***	−0.028***
					(0.011)	(0.002)
CAR-90day_{t-1}						0.986***
						(0.000)
Activeday		0.009***		−0.000		0.010***
		(0.000)		(0.000)		(0.000)
Cmt-num-30day		−0.000***		0.000		0.000**
		(0.000)		(0.000)		(0.000)

| | CAR-30day | CAR-60day | | CAR-90day | | |
	(6)	(1)	(2)	(3)	(4)	(5)
$Trd\text{-}num\text{-}30day$		-0.001^{***}		-0.000^{*}		-0.000
		(0.000)		(0.000)		(0.000)
$Stock\text{-}num\text{-}30day$		-0.002^{***}		-0.003^{***}		-0.002^{**}
		(0.000)		(0.001)		(0.001)
$Trader FE$	Yes	Yes	Yes	Yes	Yes	Yes
$Quarter\ FE$	Yes	Yes	Yes	Yes	Yes	Yes
$Observations$	3244053	3233338	2922603	2911888	2601153	2590438
R^2	0.018	0.939	0.041	0.966	0.080	0.974

*** $p<0.001$；** $p<0.01$；* $p<0.05$；$^{\cdot}$ $p<0.1$

$\log(CAR\text{-}90day)$，再将这三个对数化的变量分别代入等式(7.3.6)、等式(7.3.7)和等式(7.3.8)中，得到如下回归方程。其中等式(7.3.9)至等式(7.3.11)中的社交变量，即为等式(7.3.3)至等式(7.3.5)对于 30 天至 90 天的社交变量的滚动平均值计算而来。

$$\log(CAR\text{-}30day)_{it}=\alpha_k+a_j+\beta_1 LI\text{-}30day_{it}+\beta_2 LQ\text{-}30day$$
$$+\beta_3 PS-30day+\beta_N controls_N \qquad (7.3.9)$$

$$\log(CAR\text{-}60day)_{it}=\alpha_k+a_j+\beta_1 LI-60day_{it}+\beta_2 LQ\text{-}60day$$
$$+\beta_3 PS\text{-}60day+\beta_N controls_N \qquad (7.3.10)$$

$$\log(CAR-90day)_{it}=\alpha_k+a_j+\beta_1 LI-90day_{it}+\beta_2 LQ-90day$$
$$+\beta_3 PS-90day+\beta_N controls_N \qquad (7.3.11)$$

表(7-8)为等式(7.3.9)、(7.3.10)和(7.3.11)的固定效应回归结果。列(1)和列(2)为等式(7.3.9)的回归结果。列(1)中的第 1 行至第 3 行为三大社交变量的回归结果，通过观察可以发现三大社交变量对对数收益率的回归系数皆显著为负，以 $LI\text{-}30day$ 为例，其回归系数为 -0.202，在 0.001 的置信水平下显著。表明投资者在过去 30 天内关注数上升 1%，30 天内的超额对数收益率下降 0.202%。同理可以发现 $LQ\text{-}30day$ 与 $PS\text{-}30day$ 的回归系数为 -0.355 和 -0.071，分别在 0.001 和 0.01 的置信水平下显著。列(2)中加入收益率的 1 期滞后项 $\log(CAR\text{-}30day)_{t-1}$ 后，发现收益率与 1 期滞后项的关系显著为正。其余代表个人投资者特征的评论数、持有股票数、交易笔数和存续期等变量,也对收益率有着一定程度的影响,发现存续期变量 *Activeday* 越高,投资者收益率越高。但经过控制的模型中,三大社交变量的回归系数依然显著为正。列(3)和列(4)将窗口期扩大至 60 日后,依然获得了相同的回归结果,同理,列(5)和列(6)在窗口期为 90 日的情况下,社交变量对收益率的影响依然显著为负。综上所述,通过对数收益率与社交变量的回归结果,发现社交减小了投资者收益率,证明了假设 11 存在的合理性。

表 7-8 对数滚动收益率对社会互动变量的回归结果

	log(CAR-30day)		log(CAR-60day)		log(CAR-90day)	
	(1)	(2)	(3)	(4)	(5)	(6)
LI-30day	-0.202^{***}	-0.014^{***}				
	(0.013)	(0.003)				
LQ-30day	-0.355^{***}	-0.071^{**}				
	(0.090)	(0.023)				
PS-30day	-0.412^{***}	-0.024^{***}				
	(0.008)	(0.002)				
log (CAR-30day)$_{t-1}$		0.968^{***}				
		(0.000)				
LI-60day			-0.379^{***}	-0.020^{***}		
			(0.020)	(0.004)		
LQ-60day			-0.368^{**}	-0.063^{*}		
			(0.142)	(0.027)		
PS-60day			-0.694^{***}	-0.031^{***}		
			(0.012)	(0.002)		
log (CAR-60day)$_{t-1}$				0.982^{***}		
				(0.000)		
LI-90day					-0.317^{***}	-0.037^{***}
					(0.027)	(0.005)
LQ-90day					-1.495^{***}	-0.102^{**}
					(0.190)	(0.032)
PS-90day					-0.930^{***}	-0.043^{***}
					(0.016)	(0.003)

续表

	log(CAR-30day)		log(CAR-60day)		log(CAR-90day)	
	(1)	(2)	(3)	(4)	(5)	(6)
log$(CAR\text{-}90day)_{t-1}$						0.986***
						(0.000)
Activeday		0.013***		−0.001		0.015***
		(0.000)		(0.000)		(0.000)
Cmt-num-30day		−0.000***		0.000		0.000**
		(0.000)		(0.000)		(0.000)
Trd-num-30day		−0.002***		−0.000**		−0.000
		(0.000)		(0.000)		(0.000)
Stock-num-30day		−0.003***		−0.004***		−0.002**
		(0.001)		(0.001)		(0.001)
Trader FE	Yes	Yes	Yes	Yes	Yes	Yes
Quarter FE	Yes	Yes	Yes	Yes	Yes	Yes
Observations	2244900	2237270	2016000	2008370	1787100	1779470
R^2	0.024	0.938	0.046	0.966	0.086	0.974

*** $p<0.001$; ** $p<0.01$; * $p<0.05$; · $p<0.1$

第8章
社交网络中的"跟随交易"能否提升个人投资者收益

8.1 研究假说

社交学习究竟是提高了投资收益还是降低了投资收益？这是本章将要回答的核心问题。

Han、Hirshleifer 和 Walden(2018)指出,虚拟社区中的投资者会由于社交学习以及"自我强化偏差"的存在而越来越容易采用高风险的主动交易策略,由此导致组合收益的降低。该理论强调了人际沟通时心理偏差对于投资绩效的影响。整个机制如下:在社区中,高风险的主动交易者会有更大的概率获得短期的异常高收益(虽然在长期中可能遭受损失),由于"自我强化偏差"的存在,这些投资者会把这些高收益归因为自己投资的能力,因此他们会有十分强大的动力将自己的投资成果向其他人"发送";而对于风险厌恶的被动投资者而言,他们获得高收益的概率就要小得多,因而有更少的机会向周围人谈论自己的投资。另一方面,该理论又假定投资者被"说服"(也即放弃自己的投资风格,转而采用对话发起人的投资风格)的概率和信号发送者的收益率正相关。因此,主动投资者具有比被动投资者更强的"说服能力",久而久之,主动交易策略就在整个社区中取得了主导地位。

主动交易策略所带来的过度交易会对投资收益产生不利影响。过去几十年来,许多文献已经说明个人投资者偏好于风险资产与主动交易策略,并且他

本章部分内容已于 2019 年发表在 Finance Research Letters 第 1 期。

们的收益普遍低于被动交易策略(例如买入并持有指数组合)。这一现象也被称为"主动交易谜团"(the active trading puzzle)。Barber 和 Odean(2008)接着指出,过度交易是中小投资者的收益比及机构投资者差的主要原因之一。相关研究还有 Barber 和 Odean(2000),Barber、Lee 和 Liu 等(2009),以及 Carhart(1997)。由此,本章提出假设 12:

假设 12:由社交引致的"跟随交易"行为无法提高投资者收益。

假设 12 讨论的是对投资者群体的"整体收益"影响,然而,由于投资者之间存在高度异质性,虽然整体上社交学习对于投资者收益的影响是负的,但是也不排除可能对于部分投资者,社交学习对于收益是有帮助的。Ozsoylev、Walden 和 Yavuz 等(2013)认为,投资者存在网络位置的异质性——有的投资者位于网络中心,有的投资者位于网络边缘,因而它们具有不同的信息优势,这一信息上的差异会导致社交学习对于其收益率产生不同的影响。因此,本书提出假设 13:

假设 13:社交对于收益的影响存在异质性。

8.2　数据来源及核心变量定义

8.2.1　数据来源

本章数据来自中国最大的社交投资网络之一的"雪球网"(xueqiu.com)。雪球网的用户一共可以分为两类,一类被称为"信号发送者"(signal provider),一类被称为"信号接收者"(signal follower)。信号发送者在雪球网上创建虚拟的"雪球组合",并像基金一样进行调仓。雪球网会在每天对全网的雪球组合进行排名,排名最高的会被展示在主页。本章实证所使用的主要数据为雪球实盘。至于"信号接收者",首先他们可以"关注"某个信号发送者建立的雪球组合。一旦关注,那么信号发送者对于雪球组合的任何调仓都会推送给信号接收者,这也是"信号接收者"名称的由来。

本章实证的数据包括了 161972 个信号发送者,9595 个信号跟随者。下表统计了这些信号发送者与信号接收者的收益。收益计算方法为从建立组合到样本截止期(2017 年 9 月)的总收益,该收益直接由雪球网给出。在后面的实证检验(详见 8.3 节)中,我们会使用投资者的每笔交易手动计算"已实现收益率",并以此作为更科学的衡量方式。

表 8-1　信号投资者与信号跟随者收益统计

用户类型	N	最小值	25%分位数	均值	中位数	75%分位数	最大值	标准差
信号发送者	161,972	−62.1	−23.2	2.4	−0.5	22.1	127.1	35.1
信号接收者	9,505	−62.2	−12.6	5.6	1.8	19.9	126.7	30.6

从表 8-1 可以发现,信号跟随者的收益平均而言要比信号发送者高,前者的平均收益为 5.6%,收益中位数为 1.8%;而后者的平均收益为 2.4%,收益中位数为 −0.5%。可能的原因是信号发送者所维护的"雪球组合"是虚拟盘,哪怕遭受重大亏损,对于现实也没有任何影响;而信号接收者则是用"真金白银",自然会更加谨慎地对待。另一个值得注意的地方是,不论是信号发送者还是信号接收者,他们收益的均值都大于收益的中位数,这说明存在小部分获得高收益的人,而大多数人的收益则并不尽如人意。

表 8-2 中给出了信号发送者与信号接收者交易频率的描述性统计。交易频率的计算方法为平均每周的交易次数。除了均值以外,可以发现信号发送者的交易频率都大于信号接收者,其中最高达到了每周 91 次。

表 8-2　信号发送者与信号接收者的交易频率统计

用户类型	最小值	25%分位数	均值	中位数	75%分位数	最大值
信号发送者	0	0.3	2.3	0.7	1.5	91
信号接收者	0	0.4	1.2	0.8	1.7	8

为了检验社交学习对于投资收益的影响是否受到不同市场条件的影响,我们同样将样本期分为熊市与牛市。具体方法同 4.2 节的叙述。

8.2.2　社交学习的度量

同第 4 章一致,本章从"学习强度"以及"学习质量"两个维度来刻画社交学习。其中,"学习强度"被定义成输出度 out_degree 的对数(当输出度为 0 时加 1,以保证对数的底大于零),用来衡量一个人所关注的用户数,输出度越大,说明该用户越是积极地向他人学习。其次,"学习质量"被定义为投资者临近节点的中心性(centrality)的平均值。中心性在很多文献中被用来刻画某个节点在网络中的重要性,如果一个人越是向"重要"的节点学习,我们就认为他的学习质量越好。中心性具有非常多的计算方法,本章使用 PageRank 算法。

out_degree 与 $\overline{centrality}^{nbr}$ 在刻画投资者的学习行为时各有侧重。out_degree 着眼于投资者的局部网络,而 $\overline{centrality}^{nbr}$ 则可以刻画投资者在"整个"网络中的位置。一个具有非常高 $\overline{centrality}^{nbr}$ 的得分的投资者不一定关注很多人或者被很多人关注。

8.2.3　投资收益的度量

我们借鉴 Barber、Lee 和 Liu 等(2009),以及 Ozsoylev、Walden 和 Yavuz 等(2013)的方法来衡量交易收益。具体而言,对于投资者 i 在时间 t 作出的每笔交易 z,该笔交易的收益定义如下:

$$r_{i,z} = direction \times \frac{P^{t+\Delta T} - P^t}{P^t} \tag{8.2.1}$$

其中,$P^{t+\Delta T}$ 是在时间间隔 ΔT 之后的该股票的收盘价①,P^t 是在时刻 t 交易完成时的成交价格。所有的价格都经过了股票拆分或者分红调整。$direction$ 是用来表示交易的方向的虚拟变量,如果是买入交易为 1,如果是卖出交易则为 -1。为了估计每笔交易的收益,我们将 ΔT 设为 30 天,这也是 Barber、Lee 和 Liu 等(2009)以及 Ozsoylev、Walden 和 Yavuz 等(2013)所采用的设定。我们同时尝试了不同的 ΔT 值(10 天至 90 天),发现结果基本保持不变。以上这种收益率被称为"已实现收益率"。我们接着把投资者 i 在整个样本期中的每笔交易的收益按照成交金额进行加权,得到其整个样本期的平均收益:

$$r_i = \frac{\sum_z r_{i,z} \times V_{i,z}}{\sum_z V_{i,z}} \tag{8.2.2}$$

其中,$V_{i,z}$ 投资者 i 每笔交易的成交金额。为了能够进一步消除市场的影响,我们还计算经过市场调整后的收益。对于投资者 i 的交易 z,其经过市场调整后的收益为:

$$r_{i,z}^{adj} = direction \times \frac{P^{t+\Delta T} \dfrac{P_M^t}{P_M^{t+\Delta T}} - P^t}{P^t} \tag{8.2.3}$$

---

① 如果市场在那一天不开盘,那么我们就选择最近一个交易日的收盘价格。

其按照成交金额加权的,经过市场调整后的样本期平均收益为:

$$r_i^{adj} = \frac{\sum_z r_{i,z}^{adj} \times V_{i,z}}{\sum_z V_{i,z}}$$

(8.2.4)

为了消除极端值的影响,我们剔除了收益率最高的上下 2% 的样本。表 8-3 展示了已实现收益率(公式 8.2.2)和经过市场调整后的已实现收益率(公式8.2.3)。平均而言,投资者在样本期间的损失为 0.8%,其中最好的投资者在牛市期间取得了 47% 的收益,最差的投资者在熊市期间遭受了 47% 的损失。

表 8-3　已实现收益率

变量	均值			最小值			最大值		
	全	牛	熊	全	牛	熊	全	牛	熊
已实现收益率	−0.8	5.6	−8.6	−40.9	−16.3	−47.0	41.4	47.0	27.2
调整后的已实现收益率	−0.9	1.1	−3.1	−26.3	−15.9	−31.4	30.9	34.2	26.2

8.3　实证结果及分析(假设 12,假设 13)

8.3.1　对社交引致的"跟随交易"提高投资收益的验证(假设 12)

为了回答"社交学习是否提高了投资收益",最直观的方法就是把投资者的交易区分为"学习到的"以及"独立做出的"两类,然后比较两类交易的收益是否有显著不同。遵循这一思路,我们根据交易是否发生在信号之前或之后把所有的买入交易分成三大类。图 8-1 展示了具体的分类方法。假设在时间 T＝0,某信号接收者接收到买入股票 A 的信号。如果他在接收到该信号之前就购买了股票 A,我们就把这笔交易称为"领先交易"(leading trade);否则,我们就称之为"落后交易"(lagging trade)。我们认为,落后交易更有可能是出于对信号的跟随,而领先交易则更可能是投资者自己判断的结果。接着,我们把领先交易和落后交易细分为"2～4 周领先交易""0～2 周领先交易""0～2周落后交易"以及"2～4 周落后交易"。我们试验了不同的窗口期,发现最终的结论保持不变。对于所有不处于[−4 周,4 周]区间的交易,我们把他们归到"其他"(others)类。由于"其他"交易在执行的时候没有信号的出现,因此可以作为比较收益的基准。

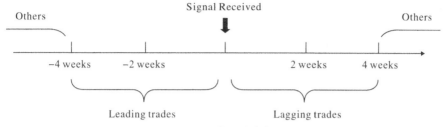

图 8-1 将交易分类

接着,我们计算每笔交易在执行后 0～90 天的"买入并持有"收益,图 8-2 给出了结果。在图 8-2 中,虚线表示"其他"交易,用作比较的基准,实线则代表了不同窗口的"领先"或者"落后"交易。左侧的图给出了这些交易的日平均收益,右侧的图则依据左侧的日收益计算了这些交易 0～90 天的累计收益(在第 0 天,净值为 1)。

以上这种按照接收到信号的时间进行分类的方法非常直观。由于落后交易更有可能来自对信号的模仿,而领先交易更有可能来自投资者自身的判断,如果假设 1 成立,那么我们会观察到落后交易的收益低于领先交易。

由于信号发送者可能会在短时间内发送多个信号(高频交易),为了过滤噪音,我们设置了阈值来过滤出"重要"的信号。本章主要使用的阈值是 25%,也即只有信号发送者对某只股票的调仓幅度大于整个组合价值的 25% 时,我们才认为这是一个有效的信号。本章尝试了 0%～50% 之间的多种阈值,发现基本结果保持不变。

考察图 8-2 和表 8-4,我们发现交易的收益同其是否发生在信号之前还是之后有关:总体而言,领先交易比落后交易的收益要高。在图 8-2 中,领先交易的前 25 天(分表(a))或 35 天(分表(b))的累计收益都是要高于比较基准的,而落后交易的累计收益从一开始就要低于比较基准(分表(c)和分表(d))。

此外,我们还发现交易的"领先时间"越多,其表现越好。领先 2～4 周的买入交易(分表 a),平均而言在交易完成之后的 15 天中标的股票都保持正的收益率,而领先 0～2 周的买入交易(分表 b),标的股票平均而言只维持了三天的正收益。至于落后交易,则从交易完成的第一天开始就是负收益(分表 c 和分表 d)。

表 8-4 用数字支持了以上结论。考察每笔交易完成后的 30 天持有收益,"领先 2～4 周""领先 0～2 周""落后 0～2 周""落后 2～4 周"四个类别分别为 −1.1%,−3.9%,−4.9% 和 −5.8%。

综上,图8-2和表8-4支持了假设1,也即跟随"信号提供者"的信号并不能提高收益,甚至可能表现还不如自己独立作出判断。

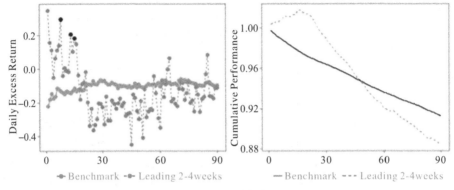

(a)2～4周领先

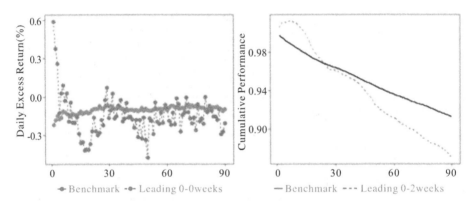

(b)0～2周领先

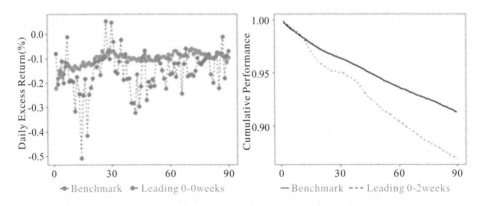

(c)0～2周落后

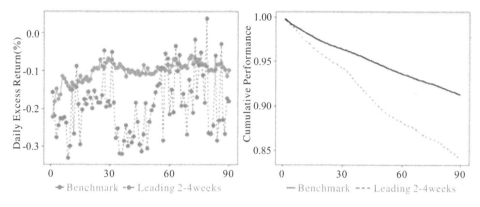

(d)2～4 周落后

图 8-2　不同类别交易的收益

表 8-4　不同类别交易的收益比较

交易类别		N	平均日超额收益率(%)	30 天累计收益(%)	60 天累计收益(%)	90 天累计收益(%)
领先或落后交易	2～4 周领先	2815	−0.14	−1.1	−7.9	−3.9
	0～2 周领先	2919	−0.13	−3.9	−8.8	−11.5
	0～2 周落后	3881	−0.15	−4.9	−9.6	−12.9
	2～4 周落后	3019	−0.16	−5.8	−11.8	−13.0
其他(基准)		180180	−0.09	−3.6	−6.4	−8.7

8.3.2　社交对收益影响的异质性的验证(假设 13)

8.3.1 节通过将交易分类为"基于学习的"和"基于独立判断的",说明了模仿策略总体上并不能提高投资者的收益,其表现甚至还要劣于投资者自己做出的决策。然而,以上结论只是对投资者总体做出的,考虑到投资者具有高度的异质性,也许对于某些特定的投资者,社交学习对其收益反而有帮助。本节使用回归的方式,将社交学习抽象为"学习强度"以及"学习质量"两个角度,定量分析这一可能。

我们的主要方法借鉴 Ozsoylev、Walden 和 Yavuz 等(2013),但是在其基础上作出了改进。具体而言,我们增加了反映社交学习的变量 *out_degree*(反映学习强度)、$\overline{centrality}^{nbr}$(反映学习质量)以及 *eHRS*(反映风险偏好)。三者

对投资收益的影响使用下列方程刻画:

$$Return_i = \alpha + \beta_1 \overline{Centrality}_i^{nbr} + \beta_2 Outdegree_i + \beta_3 eHRS_i + \gamma X_i \qquad (8.3.1)$$

其中,X_i是个体控制变量,包括自选股个数、发帖数、交易频率、交易幅度、投资者存续期等。表8-5和表8-6分别给出了用已实现收益率以及调整后的已实现收益率得到的结果。

$\overline{centrality}^{nbr}$的系数($\beta_1$)以及$out\_degree$的系数($\beta_2$)说明了社交学习对于投资收益的影响是正是负。在表8-5和表8-6中,单变量回归(模型1和模型2)中$\overline{centrality}^{nbr}$的系数以及$out\_degree$的系数都在1%的水平上显著为正,表明社交学习对于投资收益具有正向的影响。这一结果和Ozsoylev、Walden和Yavuz等(2013)一致,其机制可以解释为:更大的学习强度与更佳的学习质量使得投资者可以处在网络更加"中心"的位置,具有更大的信息优势,从而获得更高的收益。

表8-5　社交学习与已实现收益

	全样本			牛市			熊市		
	(1)	(2)	(3)	(4)	(5)	(6)	(7)	(8)	(9)
$\overline{Centrality}^{nbr}$	0.0121***		0.0045***	−0.0049***		−0.0025***	0.0188***		0.0106***
	(0.0002)		(0.0002)	(0.0002)		(0.0002)	(0.0003)		(0.0003)
$Out\,degree$		1.1063***	−0.2548***		−0.9187***	−0.0578***		2.4066***	0.4018***
		(0.0288)	(0.0351)		(0.0261)	(0.0334)		(0.0369)	(0.0466)
$eHRS$			−0.8685***			3.0715***			−4.6177***
			(0.1219)			(0.1299)			(0.1653)
交易频率			−0.6603***			−3.3726***			5.7350***
			(0.1172)			(0.1110)			(0.1280)
交易幅度			0.1323***			−1.9191***			2.4086***
			(0.1144)			(0.1122)			(0.1589)
自选股个数			0.0693***			−0.2051***			−0.1811***
			(0.0343)			(0.0325)			(0.0480)
发帖数			−0.3643***			−0.2300***			−0.7468***
			(0.0219)			(0.0207)			(0.0298)
投资者存续期			0.0694***			−0.0275***			−0.0318***
			(0.0004)			(0.0005)			(0.0006)
Adj. R^2	0.0103	0.0050	0.117	0.0026	0.0060	0.0353	0.0247	0.0258	0.0982

注:***、**、* 分别表示1%、5%以及10%的显著性水平,括号中的为标准差。

表 8-6　社交学习与调整后的已实现收益

	全样本				牛市			熊市	
	(1)	(2)	(3)	(4)	(5)	(6)	(7)	(8)	(9)
$\overline{Centrality}^{nbr}$	0.0034***		0.0015***	−0.0034***		−0.0018***	0.0073***		0.0045***
	(0.0001)		(0.0001)	(0.0002)		(0.0002)	(0.0002)		(0.0002)
Out degree		0.3077***	−0.0173***		−0.4277***	−0.0039***		0.8938***	0.3092***
		(0.0189)	(0.0242)		(0.0196)	(0.0251)		(0.0267)	(0.0345)
eHRS			−1.2374***			3.0780***			−5.4818***
			(0.0841)			(0.0975)			(0.1223)
交易频率			−0.5800***			−0.1249***			2.3164***
			(0.0809)			(0.0834)			(0.0947)
交易幅度			−0.0032***			−0.3242***			0.3424***
			(0.0789)			(0.0843)			(0.1176)
自选股个数			0.0677***			−0.1286***			−0.2821***
			(0.0238)			(0.0244)			(0.0355)
发帖数			−0.0356***			0.0366***			0.3233***
			(0.0151)			(0.0155)			(0.0221)
投资者存续期			0.0149***			−0.0242***			0.0076***
			(0.0003)			(0.0004)			(0.0004)
Adj. R^2	0.0018	0.0009	0.0143	0.0022	0.0023	0.0315	0.0072	0.0070	0.0351

注：***、**、* 分别表示 1%、5% 以及 10% 的显著性水平,括号中的为标准差。

　　然而,在表 8-5 和表 8-6 的多元回归中(模型 3),反映社交学习的两个变量展现出了对于投资收益相反的影响。一方面,$\overline{centrality}^{nbr}$ 的系数继续保持正;另一方面,out_degree 的系数变为了负数。Ozsoylev、Walden 和 Yavuz 等(2013)对此的解释是:就决定投资收益而言,投资者的中心性($centrality$)比度($degree$)更加重要,因为中心性考虑了投资者在整个网络中的位置,而度只是一个局部的衡量方式。换句话而言,对投资者来说,他"向谁学习"比"他向多少人学习"更加重要。

　　在表 8-5 和表 8-6 的模型 4 至模型 9 中,我们同样将样本期划分成了牛市和熊市。值得注意的是,在熊市时,表示学习质量的 $\overline{centrality}^{nbr}$ 和表示学习强度的 out_degree 都取到了预期的正系数,但是在牛市的时候,这两个主要的解释变量的符号发生了反转。对此,我们注意到在牛市的时候,雪球社区的讨论(以发帖数衡量)要远远大于熊市,因此一个可能的解释是:在牛市期间,由于投资者暴露在大量信息之下,他们更难从中筛选出有价值的信息,这导致在牛市的时候他们越是学习,越有可能接受错误的信息,从而对其投资收益产生不利影响。

对社交学习在牛市以及熊市呈现相反的作用的事实,我们也可以从投资者的异质性角度进行解释。Kaustia 和 Knüpfer(2012)指出,投资者更愿意谈论对自己有利的结果,因此在牛市的时候,投资者之间的交流可能会更加集中在自己获利的经验上,于是,更多的新投资者进入这个市场。这些新投资者缺乏投资经验,一旦遭到损失,例如牛市转变为熊市,他们可能很快退出交易。图 8-2 说明了这种情况:在牛市期间,我们可以观察到日度新建雪球组合数随着指数的上升一路增加。然而统计显示对于所有在牛市有过交易的用户,只有 38%在熊市仍旧有交易。也就是说,接近 60%的雪球用户在熊市"退出"了。因此,筛选出那些在牛市以及熊市全都有过交易的用户,然后对这些用户单独进行"牛市期"的回归。也即,我们从样本中剔除只在牛市时有过交易的用户。相关结果呈现在表 8-7 中。

有趣的是,当从样本中剔除只在牛市进行过交易的投资者后,主要解释变量的系数变得和熊市期间一样为正了。特别的,对于调整后的已实现收益率(模型 4 至模型 6),$\overline{centrality}^{tbr}$ 以及 out_degree 的系数都在 1%的水平上显著。

以上 OLS 结果表明,社交学习对于投资者收益的影响并没有一个确定的方向,对于不同投资者或是不同时间段,社交学习的影响是变化的。这很可能是受到投资者异质性的影响。然而,OLS 回归不能很好地刻画投资者异质性的影响。所有的类 OLS 回归的本质是给定解释变量,求被解释变量的"条件均值",然而在很多时候,由于样本的异质性,"条件均值"并不能很好反映我们要研究的问题的全部。为此,我们进一步进入分位数回归来处理样本的异质性。

分位数回归最早由 Koenker 和 Bassett(1987)提出,并由 Koenker 和 Hallock(2001)拓展。分位数将类 OLS 回归的"条件均值"拓展到了"条件分位数"。使用分位数回归的好处是它能够更好地捕捉社交学习对于不同类型投资者所产生的非对称的影响。此外,分位数回归由于不需要对误差项作出任何假定,因此特别适合本书的研究。

表 8-7　社交学习与投资收益(子样本)

	经调整的已实现收益			已实现收益		
	(1)	(2)	(3)	(4)	(5)	(6)
$\overline{Centrality}^{nbr}$	0.0005		0.0003	0.0020***		0.0031***
	(0.0004)		(0.0004)	(0.0003)		(0.0003)
Out degree		0.1717***	0.0950*		0.5155***	0.2577***
		(0.0368)	(0.0487)		(0.0306)	(0.0404)
eHRS			−4.5621***			−2.2175***
			(0.2516)			(0.2084)
交易频率			−1.8594***			1.5346***
			(0.1133)			(0.0938)
交易幅度			−1.9586***			0.7633***
			(0.1880)			(0.1557)
自选股数			0.1807***			0.2528***
			(0.0469)			(0.0389)
发帖数			−0.1912***			0.4216***
			(0.0289)			(0.0240)
投资者存续期			0.0933***			−0.0791***
			(0.0040)			(0.0033)
$Adj.R^2$	0.0004	0.0006	0.0342	0.0011	0.0075	0.0428

注:***,**,*分别表示 1%,5%以及 10%的显著性水平,括号中的为标准差。

表 8-8 至表 8-13 给出了分位数回归的结果,表的列标题"0.1"、"0.2"分别代表 0.1 分位数与 0.2 分位数。分位数回归的解释如下,以表 8-8 为例,考察第一列(0.1 分位数),该列说明对于收益处于 0.1 分位数的投资者(这是收益比较差的一部分投资者)而言,学习质量 $\overline{centrality}^{nbr}$ 的系数为 8.9221,且在 1% 的水平上显著为正,说明此时社交学习对于投资收益具有促进作用;再考察最右边一列,该列说明对于收益处于 0.9 分位数的投资者(这是收益比较好的一部分投资者)而言,学习质量 $\overline{centrality}^{nbr}$ 的系数为 −5.1492,且在 1% 的水平上显著,这说明此时社交学习对于收益具有负向的影响。

表 8-8　分位数回归(全样本,采用已实现收益率)

	0.1	0.2	0.3	0.4	0.5	0.6	0.7	0.8	0.9
$Centrality^{nbr}$	8.9221***	8.4818***	7.3098***	5.2082***	3.3026***	1.5537***	-0.2984***	-2.2047***	-5.1492***
	(0.3386)	(0.2707)	(0.1763)	(0.1253)	(0.1083)	(0.1264)	(0.1547)	(0.2474)	(0.3961)
$Out\ degree$	-0.0234	-0.0844**	-0.1399***	-0.1604***	-0.1675***	-0.1936***	-0.2088***	-0.2968***	-0.5552***
	(0.0476)	(0.0349)	(0.0276)	(0.0197)	(0.0203)	(0.0201)	(0.0257)	(0.0350)	(0.0633)
$eHRS$	-5.8245***	-4.9157***	-3.2658***	-2.0727***	-1.1560***	-0.4275***	0.5124***	1.8679***	5.3724***
	(0.2044)	(0.1878)	(0.1550)	(0.1209)	(0.1045)	(0.1020)	(0.1187)	(0.1795)	(0.3164)
交易频率	2.8755***	2.5002***	1.7576***	0.6803***	-0.4306***	-1.8589***	-3.6643***	-5.4119***	-6.3154***
	(0.0687)	(0.0409)	(0.0367)	(0.0334)	(0.0351)	(0.0341)	(0.0507)	(0.0545)	(0.2032)
交易幅度	-0.4823***	0.7928***	1.1250***	0.6196***	-0.0107	-0.8421***	-1.7833***	-2.4977***	-1.0025***
	(0.1833)	(0.1445)	(0.0988)	(0.0251)	(0.0245)	(0.0648)	(0.0873)	(0.1337)	(0.2610)
自选股数	0.2914***	0.3331***	0.3124***	0.2293***	0.1436***	0.0607***	-0.0256	-0.0608*	-0.1779***
	(0.0463)	(0.0336)	(0.0259)	(0.0177)	(0.0196)	(0.0203)	(0.0239)	(0.0362)	(0.0629)
发帖数	0.4122***	0.1639***	0.0405***	-0.0718***	-0.1888***	-0.3462***	-0.6102***	-1.0281***	-1.5722***
	(0.0288)	(0.0202)	(0.0159)	(0.0099)	(0.0128)	(0.0128)	(0.0154)	(0.0224)	(0.0395)
投资者存续期	0.1084***	0.0827***	0.0614***	0.0462***	0.0367***	0.0327***	0.0315***	0.0315***	0.0280***
	(0.0006)	(0.0005)	(0.0004)	(0.0003)	(0.0003)	(0.0002)	(0.0003)	(0.0004)	(0.0007)

注:***、**、*分别表示1%、5%以及10%的显著性水平,括号中的为标准差。

表 8-9　分位数回归(牛市,采用已实现收益率)

	0.1	0.2	0.3	0.4	0.5	0.6	0.7	0.8	0.9
$Centrality^{nbr}$	1.9569***	0.7935***	-0.3285***	-1.2133***	-2.0297***	-3.6252***	-4.9923***	-6.3256***	-7.6060***
	(0.2740)	(0.1379)	(0.1170)	(0.1234)	(0.1217)	(0.1553)	(0.2207)	(0.3200)	(0.4982)
$Out\ degree$	-0.02648***	-0.0690***	-0.0205	-0.0145	-0.0057	0.0008	-0.0167	0.0072	-0.0462
	(0.0410)	(0.0246)	(0.0189)	(0.0189)	(0.0198)	(0.0253)	(0.0327)	(0.0460)	(0.0699)
$eHRS$	-1.9274***	-0.4366***	0.0397	0.6112***	1.1938***	2.0864***	3.1541***	4.8155***	8.3162***
	(0.2141)	(0.1295)	(0.0936)	(0.0989)	(0.1162)	(0.1421)	(0.1814)	(0.2391)	(0.3846)
交易频率	2.0090***	1.1414***	0.1847***	-0.7225***	-2.0949***	-3.4453***	-4.4785***	-5.1509***	-5.3571***
	(0.0263)	(0.0390)	(0.0300)	(0.0503)	(0.0495)	(0.0520)	(0.0549)	(0.0999)	(0.1553)
交易幅度	-1.7800***	-1.4388***	-1.6487***	-2.1969***	-2.9455	-3.4686***	-3.6002***	-3.2151***	-0.8382***
	(0.1650)	(0.0924)	(0.0569)	(0.0505)	(0.0591)	(0.0879)	(0.1325)	(0.1840)	(0.3009)
自选股数	0.2028***	0.1046***	0.0253	-0.0371**	-0.0733***	-0.1235***	-0.1709***	-0.2728***	-0.3925***
	(0.0412)	(0.0240)	(0.0183)	(0.0184)	(0.0212)	(0.0250)	(0.0323)	(0.0454)	(0.0694)
发帖数	0.4560***	0.2433***	0.1162***	0.0254***	-0.0710***	-0.1888***	-0.3123***	-0.4563***	-0.6574***
	(0.0252)	(0.0149)	(0.0113)	(0.0113)	(0.0100)	(0.0148)	(0.0197)	(0.0280)	(0.0428)
投资者存续期	0.0117***	-0.0032***	-0.0106***	-0.0169***	-0.0241***	-0.0332***	-0.0457***	-0.0633***	-0.0846***
	(0.0007)	(0.0004)	(0.0003)	(0.0003)	(0.0004)	(0.0004)	(0.0006)	(0.0007)	(0.0011)

注:***、**、*分别表示1%、5%以及10%的显著性水平,括号中的为标准差。

表 8-10　分位数回归(熊市,采用已实现收益率)

	0.1	0.2	0.3	0.4	0.5	0.6	0.7	0.8	0.9
$Centrality^{nbr}$	15.8482***	16.1061***	16.3117***	14.3710***	11.1901***	8.1442***	5.8326***	4.1582***	2.9619***
	(0.7858)	(0.5291)	(0.3931)	(0.2092)	(0.2167)	(0.1312)	(0.1433)	(0.1999)	(0.3816)
Out degree	1.0256	0.8022**	0.6852***	0.5582***	0.3801***	0.2736***	0.1913***	0.1652***	0.2322***
	(0.1170)	(0.0766)	(0.0581)	(0.0437)	(0.0340)	(0.0297)	(0.0224)	(0.0331)	(0.0543)
eHRS	-8.7648***	-8.1243***	-7.1096***	-5.6786***	-4.3988***	-3.3058***	-2.2812***	-1.2989***	0.1703
	(0.4130)	(0.3103)	(0.2625)	(0.2240)	(0.1896)	(0.1542)	(0.1337)	(0.1426)	(0.2473)
交易频率	9.3678***	8.5010***	7.4399***	6.3867***	4.9871***	3.1155***	0.9798***	-0.6401***	-2.1320***
	(0.3396)	(0.0555)	(0.0726)	(0.0449)	(0.0425)	(0.0759)	(0.0537)	(0.0457)	(0.0668)
交易幅度	0.1017	3.7129***	4.4427***	4.5973***	3.9726	3.0769***	1.6986***	0.3553***	-1.0619***
	(0.4874)	(0.3159)	(0.2238)	(0.1602)	(0.1032)	(0.0852)	(0.0476)	(0.0618)	(0.1255)
自选股数	-0.7846***	-0.4117***	-0.0615	0.0318	0.0662*	0.0683**	-0.0030	-0.0944*	-0.2654***
	(0.1197)	(0.0794)	(0.0589)	(0.0431)	(0.0340)	(0.0297)	(0.0256)	(0.0348)	(0.0565)
发帖数	1.7723***	1.2799***	0.9646***	0.7349***	0.5637***	0.4031***	0.2938***	0.1671***	-0.0901***
	(0.0759)	(0.0495)	(0.0369)	(0.0267)	(0.0210)	(0.0179)	(0.0160)	(0.0216)	(0.0346)
投资者存续期	0.0364***	0.0477***	0.0435***	0.0365***	0.0298***	0.0245***	0.0208***	0.0184***	0.0176***
	(0.0014)	(0.0009)	(0.0007)	(0.0005)	(0.0004)	(0.0003)	(0.0003)	(0.0004)	(0.0006)

注:***、**、*分别表示 1%、5%以及 10%的显著性水平,括号中的为标准差。

表 8-11　分位数回归(全样本,采用经调整的已实现收益率)

	0.1	0.2	0.3	0.4	0.5	0.6	0.7	0.8	0.9
$Centrality^{nbr}$	6.5437***	4.5815***	3.3308***	2.1393***	1.1981***	0.2959***	-0.8297***	-2.3798***	-4.5911***
	(0.2497)	(0.1561)	(0.1040)	(0.0668)	(0.0372)	(0.0602)	(0.0939)	(0.1115)	(0.2199)
Out degree	0.1214***	0.0188	0.0180	0.0063	0.0016	-0.0059	-0.0108	-0.0329	-0.0268
	(0.0396)	(0.0246)	(0.0170)	(0.0137)	(0.0122)	(0.0124)	(0.0155)	(0.0204)	(0.0413)
eHRS	-7.4535***	-5.0114***	-3.3394***	-2.1414***	-1.2658***	-0.5858***	0.1989**	1.7755***	5.3206
	(0.1888)	(0.1346)	(0.1021)	(0.0793)	(0.0644)	(0.0672)	(0.0811)	(0.1252)	(0.2200)
交易频率	3.5367***	3.3562***	2.6947***	1.7153***	0.5341***	-0.2422***	-1.2267***	-2.2996***	-2.2959***
	(0.1345)	(0.0278)	(0.0223)	(0.0254)	(0.0205)	(0.0221)	(0.0342)	(0.0222)	(0.0443)
交易幅度	-2.2817	-0.6730***	0.1668**	0.3682***	0.2302**	-0.0282	-0.2971***	-0.2644***	1.4840***
	(0.1614)	(0.1089)	(0.0728)	(0.0533)	(0.0424)	(0.0381)	(0.0554)	(0.0906)	(0.1896)
自选股数	0.2116***	0.1713***	0.1289***	0.0655***	0.0154	-0.0540**	-0.1141***	-0.2008***	-0.4072***
	(0.0390)	(0.0234)	(0.0168)	(0.114)	(0.0116)	(0.0120)	(0.0155)	(0.0195)	(0.0408)
发帖数	0.4879***	0.3432***	0.2252***	0.1380***	0.0652***	-0.0199***	-0.1381***	-0.3207***	-0.6346***
	(0.0245)	(0.0142)	(0.0103)	(0.0078)	(0.0072)	(0.0071)	(0.0095)	(0.0118)	(0.0249)
投资者存续期	0.0386***	0.0264***	0.0178***	0.0117***	0.0072***	0.0040***	0.0008***	-0.0041***	-0.0146***
	(0.0005)	(0.0003)	(0.0002)	(0.0002)	(0.0002)	(0.0002)	(0.0002)	(0.0003)	(0.0005)

注:***、**、*分别表示 1%、5%以及 10%的显著性水平,括号中的为标准差。

表 8-12   分位数回归(牛市,采用经调整的已实现收益率)

	0.1	0.2	0.3	0.4	0.5	0.6	0.7	0.8	0.9
$\overline{\overline{Centrality^{nbr}}}$	1.6597***	0.9442***	3.3390***	-0.4525***	-1.0560***	-1.6689***	-2.5799***	-3.9437***	-5.6273***
	(0.2242)	(0.1483)	(0.1145)	(0.0943)	(0.1019)	(0.1014)	(0.1228)	(0.1343)	(0.2996)
Out degree	-0.0520	-0.0728***	-0.0560***	-0.0464***	-0.0416***	-0.0158	0.0170	0.0254	0.0600
	(0.0364)	(0.0230)	(0.0173)	(0.0151)	(0.0142)	(0.0155)	(0.0170)	(0.0273)	(0.0443)
eHRS	-3.9308***	-1.2379***	0.0272	0.7921***	1.4662***	2.3578***	3.6784**	5.8265***	10.4282
	(0.1923)	(0.1260)	(0.0946)	(0.0791)	(0.0764)	(0.0974)	(0.01223)	(0.1716)	(0.3073)
交易频率	2.8222***	2.5213***	1.8396***	1.0082***	0.1878***	-0.3376***	-1.0844***	-1.7638***	-2.2400***
	(0.1105)	(0.0257)	(0.0338)	(0.0325)	(0.0175)	(0.0324)	(0.0231)	(0.0152)	(0.1173)
交易幅度	-3.1977	-1.4884***	-0.6147*	-0.3614*	-0.4657***	-0.5469***	-0.5716*	-0.1605***	1.7995***
	(0.1504)	(0.0998)	(0.0752)	(0.0599)	(0.0549)	(0.0588)	(0.0787)	(0.1206)	(0.2282)
自选股数	0.2005***	0.1453***	0.0730***	0.0222	-0.0153	-0.0706**	-0.1306***	-0.2315***	-0.4056***
	(0.0359)	(0.0229)	(0.0173)	(0.0145)	(0.0132)	(0.0145)	(0.0174)	(0.0254)	(0.0426)
发帖数	0.4816***	0.3623***	0.2388***	0.1621***	0.0947***	0.0337***	-0.0452***	-0.1388***	-0.2905***
	(0.0225)	(0.0142)	(0.0105)	(0.0091)	(0.0085)	(0.0091)	(0.0109)	(0.0156)	(0.0264)
投资者存续期	-0.0012**	-0.0029***	-0.0050***	-0.0078***	-0.0110***	-0.0165***	-0.0244***	-0.0363***	-0.0582***
	(0.0005)	(0.0004)	(0.0003)	(0.0002)	(0.0002)	(0.0003)	(0.0003)	(0.0005)	(0.0008)

注: *** 、** 、* 分别表示1%、5%以及10%的显著性水平,括号中的为标准差。

表 8-13   分位数回归(熊市,采用经调整的已实现收益率)

	0.1	0.2	0.3	0.4	0.5	0.6	0.7	0.8	0.9
$\overline{Centrality^{nbr}}$	10.3970**	8.8606**	7.5553**	5.6653**	4.2713**	2.9466**	1.8935**	0.7969**	-1.4555**
	(0.4734)	(0.3327)	(0.2231)	(0.1553)	(0.1108)	(0.1313)	(0.1550)	(0.1926)	(0.3512)
Out degree	0.7818**	0.5461**	0.4307**	0.3471**	0.2627**	0.2263**	0.1974**	0.2049**	0.2090**
	(0.0758)	(0.0471)	(0.0374)	(0.0278)	(0.0211)	(0.0206)	(0.0234)	(0.0307)	(0.0564)
eHRS	-9.3819**	-8.3733**	-7.3404**	-6.1211**	-5.0430**	-4.0366**	-3.3274**	-3.0021**	-2.1650**
	(0.2889)	(0.2228)	(0.1701)	(0.1417)	(0.1149)	(0.1039)	(0.1032)	(0.1354)	(0.2565)
交易频率	5.3019**	4.7434**	3.9044**	2.8472**	1.5835**	0.3690**	-0.5032**	-1.5818**	-2.5402**
	(0.1705)	(0.0527)	(0.0395)	(0.0479)	(0.0293)	(0.0325)	(0.0289)	(0.0336)	(0.0221)
交易幅度	-2.1033**	0.4154**	1.4438**	1.7008**	1.3733**	0.8055**	0.2404**	-0.1622	0.1691
	(0.2831)	(0.2075)	(0.1479)	(0.1064)	(0.0704)	(0.0385)	(0.0783)	(0.1188)	(0.2230)
自选股数	-0.4157**	-0.2318**	-0.1704**	-0.1264**	-0.0924**	-0.1387**	-0.2089**	-0.3319**	-0.4786**
	(0.0784)	(0.0502)	(0.0383)	(0.0283)	(0.0214)	(0.0213)	(0.0237)	(0.0326)	(0.0585)
发帖数	1.0751**	0.7658**	0.5202**	0.3627**	0.2357**	0.1369**	0.0544**	-0.0720**	-0.3398**
	(0.0489)	(0.0306)	(0.0231)	(0.0171)	(0.0130)	(0.0127)	(0.0148)	(0.0194)	(0.0358)
投资者存续期	0.0160**	0.0145**	0.0113**	0.0087**	0.0071**	0.0060**	0.0053**	0.0046**	0.0011*
	(0.0009)	(0.0006)	(0.0004)	(0.0003)	(0.0002)	(0.0002)	(0.0003)	(0.0004)	(0.0006)

注: ***, **, * 分别表示1%,5%以及10%的显著性水平,括号中的为标准差。

由于分位数回归的结果非常多,我们使用图的方式(图 8-3 和图 8-4)给出一个更加直观的呈现。图中的实线表示分位数回归在不同收益分位数上的结果,阴影表示每个分位数回归的 95% 置信区间,而虚线表示同样的方程使用 OLS 回归得到的结果。根据 Koenker 和 Hallock(2001),如果阴影表示的置信区间比较窄且分位数回归较大程度上偏离 OLS 回归的水平线,则说明此时分位数回归能够更好捕捉样本的特征,此时应该采用分位数回归。

　　我们可以发现,在分位数回归中,$\overline{centrality}^{nbr}$ 对于左侧的分位数(收益比较差的那类投资者)来说显著为正,而对右侧的分位数(收益较好的那类投资者)显著为负。这说明收益表现较差的那类投资者从社交学习中获利更多。特别的,这一特征在熊市的时候更为显著,因为此时系数的绝对值更大。此外,代表学习强度的 out_degree 的系数除了在牛市期间,其分布特征类似于 $\overline{centrality}^{nbr}$——对于收益较好的投资者,其影响为负,对于收益较差的投资者,其影响为正。

　　一个可能的解释是,网络中表现差的投资者通常是那些缺乏经验的个人投资者,同机构投资者或者有经验的个人投资者,他们一般在私人信息的搜集上处于劣势(Barber, Lee & Liu et al. , 2009)。因此,社交学习成为了他们搜集信息的一个非常重要的方式,故 $\overline{centrality}^{nbr}$ 以及 out_degree 的系数对他们而言为正。相反,对于那些已经非常具有经验的成功投资者而言,他们的已经不再需要从社交网络上进行学习了(因为网络上大部分人的投资收益都很差),因此这两个解释变量的系数变负。

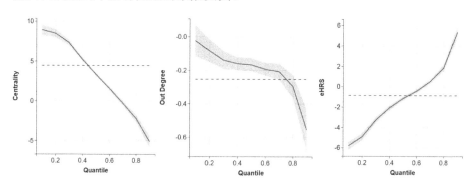

(a)已实现收益率(全样本)

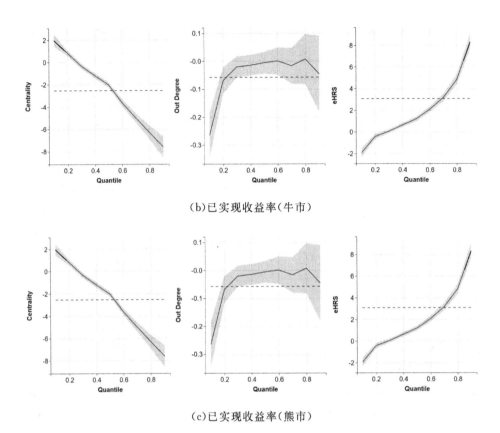

（b）已实现收益率（牛市）

（c）已实现收益率（熊市）

图 8-3　分位数回归（采用已实现收益率）

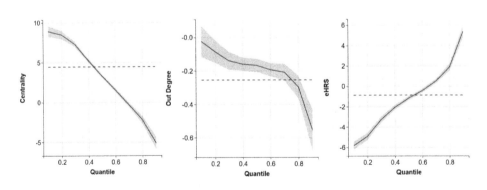

（a）已实现收益率（全样本）

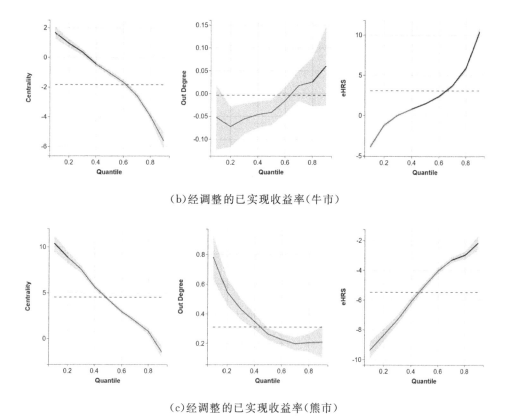

（b）经调整的已实现收益率（牛市）

（c）经调整的已实现收益率（熊市）

图 8-4 分位数回归（采用经调整的已实现收益率）

　　另外一个值得注意的地方是，我们发现代表投资风险的变量，$eHRS$，在牛市的时候对全部收益分位数上的投资者几乎都为正，说明增加风险反而有利于提高投资收益。此外，我们还注意到 $eHRS$ 对于不同收益的投资者也有着截然不同的影响。具体而言，$eHRS$ 的系数随着收益分位数的增加从负值单调增加到正值。这表明"风险越大，收益越大"只对有经验的投资者才使用，对于没有经验的投资者而言，盲目购买风险较大的股票不会对他们的收益起到任何帮助。可能的原因是，收益较高的投资者拥有其他投资者没有的私人信息，因而他们知道买哪些波动率较高的股票可以盈利。

　　综上，表 8-8 至表 8-13 揭示了社交学习对于投资收益影响的复杂性：社交学习的影响并不是单调递增或者单调递减的，对有经验的成功投资者（他们有较大的可能拥有私人信息）而言，向他人学习对提高收益帮助不大；而对缺乏经验、收益表现不佳的投资者来说，社交学习则对他们的投资收益具有积极影响。此外，表8-8至表8-13的结果还说明只有对于有经验的投资者，增加高风险股票的比重是有意义的。以上结果支持了假设 13，进一步丰富了8.3.1中的结论。

第9章
个人投资者能否借助社交网络中的"群体智慧"提高收益率

9.1 研究假说

根据社交网络中投资者的行为特点,构建潜在的盈利投资组合。Golub和Jackson(2010)通过建立模型进行研究发现,社交网络中的"群体智慧"如果需要产生作用,网络中不应存在所谓的具有绝对影响力的节点,或者随着网络的不断发展,曾经具有绝对影响力的节点对网络的影响不复存在。通过借鉴这一观点,对该社交交易网络进行分析可以发现,依据发送者函数,在社交网络中流行的高风险高收益率偏度策略,无法一直维持在高收益率状况下。再根据转化函数的性质,当投资者都无法维持高收益率时,其策略对其他投资者的可信度也无法维持,由此可以推断无法存在能够对网络产生绝对影响力的投资者,表明"群体智慧"在该类社交交易网络中是有效的,可以通过"群体智慧"进行资产配置并获得高于市场的超额收益率。与此同时,Davis-Stober、Budescu和Dana等(2014)认为将群体中的观点进行线性累积的结果,相比于在群体中随机进行挑选的观点要更接近目标值,在此基础上的"群体智慧"的利用需要经历三个阶段。据此,本章提出第14个研究假设:

假设14:依据"群体智慧"产生效用的三个阶段,通过社交交易网络构建投资组合可以超越市场收益率。

接下来,本章将对收益最高的投资组合,背后的资产特征进行分析。依托社交交易平台构建投资组合,能够实现超额正收益率的前提在于,成功识别尽可能多的,购买高收益率偏度的资产而获得超高收益率的标的投资者。另一方面,在标的投资者筛选和组合构建之间存在一定的时间差,被筛选出的标的投资者的收益率能在短时间内具有一定的维持能力,即其购买的资产存在短期的动量效应。因此,所构建的投资策略方能超越市场,获得超额正收益率。此外,这类标的投资者由于购买了高收益率偏度的资产,且已经获得了高额收益率,根据 Barberis 和 Huang(2008)对资产偏度预测未来收益率的研究,在未来该类资产的收益率将会下降,超额收益率将逐渐转为负。因此。本章提出第 15 个研究假设:

假设 15:策略中标的投资者高收益率不可持续,且其收益率来源于资产的动量效应。

9.2　数据来源及核心变量定义

1. 数据来源

本部分研究数据与"风险厌恶"相关章节的数据处理及来源一致,详见 5.2。另一部分数据源自国泰安数据库。

2. 核心变量定义

(1)交易成本的计算

在构建投资组合时,需要对一定时期内的投资者实盘组合进行筛选,在这种情况下每一期被选入的投资者的实盘组合会存在差异。每一期选入和剔除的投资者同时,势必会有交易成本的存在。由于雪球实盘组合净值中已经考虑了组合本身进行股票调仓的成本,本章只需考虑对组合进行调仓时的交易成本。本书借鉴(Dorfleitner et al. , 2018)在社交平台资产选择中提出的交易成本计算方法,在每一个资产评估节点加入交易成本,计算方法如下:

$$C_t = 0.0025(1+R_{pf,t})EV_{rel,t} \tag{9.2.1}$$

等式(9.2.1)为交易成本的计算公式,其中 C_t 为 t 时期的交易成本, $R_{pf,t}$ 为组合从 $t-1$ 至 t 时期的收益率, $EV_{rel,t}$ 为资产更换量,其计算公式如下:

$$EV_{rel} = \frac{1}{n(1+R_{pf})}\Big[\sum_{i=m+1}^{n} |R_i - R_{pf}| + \sum_{i=1}^{m}(2+R_i+R_{pf})\Big]$$

$$\tag{9.2.2}$$

等式(9.2.2)为 $EV_{rel,t}$ 的计算公式,其中 m 代表本期相对于上期需要更换的组合数量, n 代表本期相对于上期保留的组合数量, R_i 代表组合中第 i 个投资者的收益率,其中$R_{pf} = \sum_{i=1}^{n} R_i$。

（2）策略组合评价指标的计算

在比较各投资组合的特点时,本章将对各投资组合的累积收益率、年化收益率、最大回撤率、波动率以及夏普比率进行计算。其中累积收益率为从建立第一天起一直到组合结束的收益率,反映的是组合在构建期内的整体收益率表现:

$$累积收益率 = \left(\frac{value_t}{value_0} - 1\right) \times 100\% \tag{9.2.3}$$

等式(9.2.3)为累积收益率的计算公式,$value_t$为组合最后一日的净值,$value_0$为组合建立起第一天的净值;年化收益率为累积收益率除以投资天数乘以365 天,可以反映持有时间长度不同的策略,换算成相同持有时间,可进行比较的收益率:

$$年化收益率 = \frac{累积收益率}{N} \times 365 \tag{9.2.4}$$

等式(9.2.4)为年化收益率的计算公式,其中 N 为组合的投资天数;最大回撤率为某一段时间内组合从最高点开始回落到最低点的幅度,可以反映策略买入后可能面临的最大的亏损,即是可能面临的最糟糕状况:

$$最大回撤率 = \max\left\{\frac{D_j}{D_i} - 1\right\} i, j \in (1, t), j > i \tag{9.2.5}$$

等式(9.2.5)为最大回撤率的计算公式,D_i与D_j皆为投资期间某一天投资组合的净值,且第 j 天在第 i 天之后;波动率为交易期间日度收益率的年化标准差:

$$波动率 = \sqrt{\frac{\sum_{t=1}^{n} daily.return_t - \overline{daily.return}}{n-1}} \times \sqrt{365} \tag{9.2.6}$$

等式(9.2.6)为组合波动率的计算公式,n 为交易天数,$daily.return_t$ 为投资组合在第 t 天的投资收益率,$daily.return_i$ 为交易天数内投资组合日平均收益率;夏普比率的含义为投资组合每增加一单位风险,投资组合带来超额报酬的数量:

$$夏普比率 = \frac{年化收益率 - R_f}{波动率} \tag{9.2.7}$$

等式(9.2.7)为夏普比率的计算公式,R_f 为市场无风险收益率。

（3）动量的计算

在进行投资者分析时,需要对投资者持有的股票进行分析,此时会对其动量进行分析。动量代表着股票在一段时间内的上涨或下跌趋势会进一步延续。有鉴于此，本章采用动量指标的计算方法，窗口期设定为 60 日：

$$Momentum = \frac{Closed.\ price_t}{Closed.\ price_{t-60}} - 1 \qquad (9.2.8)$$

等式(9.2.8)为动量指标的计算公式，$Closed.\ price_t$ 为第 t 日股票的收盘价格。

（4）其他变量

此外，本章将运用第 7 章对投资者日度收益率的计算公式，对日度收益率进行计算；在进行股票特征分析时，将会加入控制变量对股票的特征进行控制，其中选择了股票在当日的市盈率 PE（股票价格/每股收益）、市净率 PB（股票价格/每股净资产）和市销率 PS（股票价格/每股销售额），且进一步考虑股票一段时间以来的表现，对上述三个指标在最近 60 日内的平均值进行计算，并用 $PE\text{-}60day$、$PB\text{-}60day$ 和 $PS\text{-}60day$ 分别表示。现将描述性表格陈列如下：

表 9-1　变量定义一览表

变量名	变量含义
$alpha$	超额收益率（因子回归模型中的截距项）
$mkt\text{-}rf$	市场风险因子
smb	市值风险因子
hml	账面市值比风险
umd	市场动量因子
rmw	盈利水平风险因子
cma	投资水平风险因子
$Momentum$	股票最近 60 日的动量
$Activeday$	投资者在平台的存续时间（日）
$Cmt\text{-}num$	投资者在当天的评论数
$Stock\text{-}num$	投资者在当天持有股票数
$Trd\text{-}num$	投资者当天的交易笔数
$Cmt\text{-}num\text{-}30day$	投资者过去 30 天内的总评论数
$Stock\text{-}num\text{-}30day$	投资者过去 30 天日平均持有的股票数量
$Trd\text{-}num\text{-}30day$	投资者过去 30 天的总交易数量

变量名	变量含义
PE	股票当天的市盈率
PS	股票当天的市销率
PB	股票当天的市净率
$PE\text{-}60day$	股票最近 60 天的平均市盈率
$PS\text{-}60day$	股票最近 60 天的平均市销率
$PB\text{-}60day$	股票最近 60 天的平均市净率

9.3　实证结果及分析(假设 14,假设 15)

9.3.1　社交中"群体智慧"效应的检验(假设 14)

根据第三章中社交行为与资产配置的理论框架,本章将构建四个投资组合,其中一个利用前面章节得出的结论进行构建,另外三个通过(Dorfleitner et al.，2018)给出的投资组合通用方法进行构建,最后综合四个投资组合进行对比分析得出结果。在构建投资策略以前,应对一些构建假设和评价标准进行说明。

首先,对投资组合构成的最小单位进行定义。由于构建的标的来源于投资者实盘组合,每个投资者只能构建一个实盘组合,因此每一个实盘组合便可代表一个投资者。针对这一特点,本章将投资组合的最小构成单位称之为:标的投资者,即通过已经完成构建的投资组合的投资者进行投资组合的再构建,后文中将沿用这一表述。

其次,对投资组合构建设定标准和合理性假设。其一,设定策略的调仓周期。根据(Dorfleitner et al.，2018)的研究以及基金行业的一般标准,将策略的调仓周期设定为一个月,且每个调仓节点为每月最后一个交易日的收盘点(15 时整)。此外,为了使得调仓能够顺利进行,假设每一次的调仓中,市场中对每一只股票而言都有充足的买方和卖方,能够对每个调出的标的投资者的股票能够顺利清仓,且对每个调入的标的投资者的股票能够顺利入仓,对标的投资者之间重复的股票不予考虑。并区分考虑交易成本和不考虑交易成本两种情况,交易成本的计算详情可参考章节9.2。其二,设定每个策略中标的投资者的数量。为了尽可能利用平台中标的投资者的策略,且更大程度防范系统性风险,每个策略都以自身的选择标准,在每个调仓节点选出50个标的投资者,并以等比例进行购买。

最后,设定投资组合的评价标准。其一,验证组合是否能战胜市场获得超额收益率,本章利用投资组合中标的投资者每日净值,计算投资组合每日净值,并在此基础上计算投资组合的日度收益率,并对每个组合进行日度三因子、四因子、五因子和六因子模型的回归,并比较超额收益率的大小:

$$R_{it} - r_f = alpha + \sum_{k=1}^{n} bet\,a_k \times facto\,r_k + \sigma_i \qquad (9.3.1)$$

上述等式(9.3.1)为因子回归模型,其中R_{it}为投资组合i在t时刻的收益率,r_f为无风险收益率,$alpha$为日度超额收益率,$\sum_{k=1}^{n} bet\,a_k \times facto\,r_k$为各类因子及其系数,$\sigma_i$为残差项。其二,为了更直观地了解构建的组合是否能超越市场,并观察其变动趋势,本章将计算组合在构建期内的每日净值,与相同时期的沪深300指数的净值进行对比,并画出对比图。其三,由于组合的构建类似市场中基金的构建,则利用基金评价的指标对四个策略进行评价,并对四个策略进行对比,指标包括累积收益率、年化收益率、最大回撤率、波动率和夏普比率。其中累积收益率反映的是组合在构建期内的整体收益率表现;年化收益率可以持有时间不同的策略的总收益率,统一换算成年度后可能带来的收益率,更便于进行比较;最大回撤率可以反映策略买入后可能面临的最大的亏损,即可能面临的最糟糕状况;波动率反映的是策略的整体风险;夏普比例反映的是策略每增加一单位风险,可能带来的超额收益。指标的具体计算方法参见章节9.2。

1. Naive 策略

首先,依据 Doering、Neumann 和 Paul(2015)的研究成果,其认为最常用的组合构建方法为 Naive 策略,其构建的方法为,在每个月月初,计算就组合建立以来收益率最高的那些组合,并对其进行挑选。其构建的内在思想认为:某一个市场中收益率最高的那些投资者,能够利用其优秀的投资能力进行投资决策,并将这一能力保持下去。依据这一构建思想,本书利用这一原理进行组合的构建,在每个月月初提取出自那些自组合建立以来收益率最高的50个组合,并分为考虑交易成本和不考虑交易成本的情况,分别对两个组合进行分析。

表 9-2 为 Naive 策略的因子回归结果。第一行的回归系数为日度超额收益率 $alpha$。通过观察第一行回归系数可以发现，Naive 策略的日度超额收益率，显著为正。列(1)至列(4)为不考虑交易成本的策略收益率的因子回归，列(5)至列(8)则考虑了交易成本。相比于不考虑交易成本的策略，考虑交易成本的策略则超额收益率略小。以列(1)与列(5)为例，列(1)在三因子模型下的 $alpha$ 系数为 0.0007，通过了 0.001 概率水平下的显著性检验，列(5)在三因子模型下的 $alpha$ 系数为 0.0006，也通过了 0.001 概率水平下的显著性检验，相比于列(1)中的超额收益率减少了 0.0001。整体的超额收益率也在四类因子回归模型下显著。整体的拟合度 R^2 的值都在 8.0 以上，可以发现该测率与市场的趋势的契合度很高，说明该策略收益率的实现，主要归因于市场的走势。

表 9-2　Naive 策略的因子回归结果

	不考虑交易成本				考虑交易成本			
	(1)	(2)	(3)	(4)	(5)	(6)	(7)	(8)
$alpha$	0.0007***	0.0007***	0.0006***	0.0006***	0.0006***	0.0006***	0.0005**	0.0005***
	(0.0002)	(0.0002)	(0.0002)	(0.0002)	(0.0002)	(0.0002)	(0.0002)	(0.0002)
$mkt-rf$	0.8613***	0.8464***	0.8878***	0.8605***	0.8596***	0.8446***	0.8871***	0.8598***
	(0.0197)	(0.0181)	(0.0199)	(0.0190)	(0.0196)	(0.0180)	(0.0197)	(0.0188)
smb	−0.2793***	0.0120	0.0638	0.1860***	−0.2791***	0.0134	0.0704	0.1925***
	(0.0326)	(0.0423)	(0.0565)	(0.0553)	(0.0324)	(0.0419)	(0.0559)	(0.0546)
hml	0.0439	−0.0143	0.1210**	0.0874*	0.0443	−0.0141	0.1188**	0.0852*
	(0.0332)	(0.0310)	(0.0462)	(0.0436)	(0.0330)	(0.0307)	(0.0457)	(0.0431)
umd		0.2850***		0.2391***		0.2862***		0.2390***
		(0.0293)		(0.0299)		(0.0290)		(0.0295)
rmw			0.2686***	0.1507***			0.2758***	0.1579**
			(0.0493)	(0.0486)			(0.0488)	(0.0481)
cma			−0.2070***	−0.1938***			−0.2051***	−0.1919***
			(0.0476)	(0.0448)			(0.0471)	(0.0443)
R^2	0.8010	0.8337	0.8250	0.8456	0.8027	0.8358	0.8274	0.8480
$Observations$	488	488	488	488	488	488	488	488

***$p<0.001$；**$p<0.01$；*$p<0.05$；·$p<0.1$

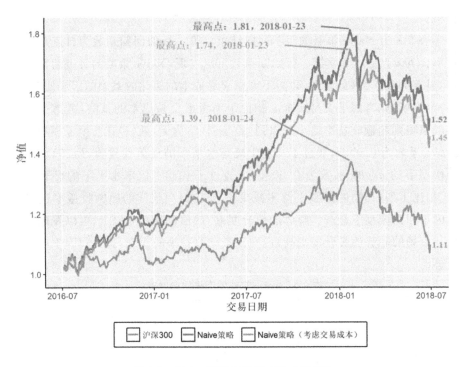

图 9-1　Naive 策略与沪深 300 走势对比

　　图 9-1 为 Naive 策略与沪深 300 策略在 2016 年 7 月至 2018 年 7 月的走势对比图。其中深黑色实线为沪深 300 在这一期间净值的走势,浅灰色实线为(不)考虑交易成本的 Naive 策略净值走势图。相比于沪深 300 曲线,Naive 策略的走势线显著更高,并随着时间的推移与沪深 300 曲线的差距在增大,表明 Naive 策略收益率明显高于市场;通过观察两者的波动,可以发现,Naive 策略与沪深 300 曲线的波动基本一致。以考虑交易成本的 Naive 策略为例,在 2018 年 1 月 23 日达到净值最高点 1.74,与此同时,沪深 300 的净值也在 2018 年 1 月 24 日达到最高点 1.39,可以表明该策略反映的波动即是市场波动;此外,考虑交易成本的 Naive 策略相比于沪深 300 指数,在窗口期最后的时间节点,有着 30%[(1.15−1.11)÷1.11×100%]的净值差额比例;通过对比考虑和不考虑交易成本策略曲线走势图可以发现,浅灰色实线低于红色实线,考虑了交易成本的策略相比于不考虑交易成本的策略净值走势线更低。与此同时,在时间窗口的最后时刻,两者之间的差为 0.07(1.52−1.45),表明调仓交易成本总共消耗了 7%的净值。

2. Sharpe-Ratio 策略

Sharpe-Ratio 策略也作为常用的组合构建策略,广泛应用于实际场景中。根据夏普比例的定义,其衡量的是每多增加一单位的风险,增加超额收益率的程度。其构建的内在思想认为,通过收益和风险的综合考虑,能够找到平衡风险波动与收益率两者关系的投资者组合。相比于 Naive 策略最大的区别在于,在考虑了收益率的同时也对风险进行考虑。结合这样的思想,本章通过滚动计算每三个月的夏普比率,在每个月的月初选择夏普比率最高的 50 个投资组合,也分为考虑交易成本和不考虑交易成本的情况。

表 9-3　**Sharpe-Ratio 策略的因子回归结果**

	不考虑交易成本				考虑交易成本			
	(1)	(2)	(3)	(4)	(5)	(6)	(7)	(8)
$alpha$	0.0006**	0.0006**	0.0005**	0.0005**	0.0004*	0.0004*	0.0004*	0.0004*
	(0.0002)	(0.0002)	(0.0002)	(0.0002)	(0.0002)	(0.0002)	(0.0002)	(0.0002)
$mkt-rf$	0.7324***	0.7207***	0.7492***	0.7292***	0.7265***	0.7151***	0.7431***	0.7239***
	(0.0207)	(0.0200)	(0.0216)	(0.0214)	(0.0209)	(0.0202)	(0.0218)	(0.0217)
smb	−0.3157***	−0.0812	−0.0947	0.0110	−0.3156***	−0.0867·	−0.0925	0.0078
	(0.0330)	(0.0495)	(0.0610)	(0.0632)	(0.0334)	(0.0502)	(0.0617)	(0.0641)
hml	0.0753*	0.0097	0.1335**	0.0824·	0.0716*	0.0066	0.1330**	0.0826
	(0.0343)	(0.0346)	(0.0498)	(0.0496)	(0.0347)	(0.0352)	(0.0503)	(0.0504)
umd		0.2194***		0.1841***		0.2146***		0.1772***
		(0.0355)		(0.0375)		(0.0362)		(0.0383)
rmw			0.1678**	0.0844			0.1680**	0.0871
			(0.0534)	(0.0547)			(0.0539)	(0.0555)
cma			−0.1439**	−0.1233*			−0.1484**	−0.1277*
			(0.0502)	(0.0491)			(0.0507)	(0.0498)
R^2	0.7418	0.7625	0.7555	0.7683	0.7352	0.7550	0.7494	0.7612
$Observations$	442	442	442	442	441	441	441	441

***$p<0.001$; **$p<0.01$; *$p<0.05$; ·$p<0.1$

表 9-3 为 Sharpe-Ratio 策略的日度收益率因子回归结果。相比于 Naive 策略的超额收益率 $alpha$,Sharp-Ratio 策略的 $alpha$ 系数要略小一些(回归系数为 0.0005 或 0.0006,并在 0.01 的置信水平下显著),其原因在于利用夏普比例进行资产筛选,不仅考虑收益率,更考虑组合的风险状况。列(5)至列(8)中考虑交易成本的策略的 $alpha$ 回归系数,略小于列(1)至列(4)中不考虑

交易成本策略的收益率,表明在整个策略持有阶段,标的投资者有一定程度的更换。整体的因子拟合度 R^2 也达到了 0.7 以上,同市场的走势较为接近,也表明其收益率的实现,主要依靠市场走势。

图 9-2　Sharpe-Ratio 策略与沪深 300 走势对比

　　图 9-2 为 Sharpe-Ratio 策略与沪深 300 策略在 2016 年 9 月至 2018 年 7 月的走势对比图。由于考察了投资组合每三个月的夏普比例,故而在交易时间上相比于 Naive 策略短三个月。其中深黑色实线为沪深 300 在这一期间净值的走势,浅灰色实线为(不)考虑交易成本的 Sharpe-Ratio 策略净值走势图。通过对比观察 Sharpe-Ratio 策略与沪深 300 走势曲线可以发现,与 Naive 策略类似,随着时间的推移二者之间的净值差距在增大,Sharpe-Ratio 策略的走势优于市场指数的走势;对比二者净值曲线的波动,也可以发现与 Naive 策略相似的结果,Sharpe-Ratio 策略与市场波动趋势一致。以考虑交易成本的 Sharpe-Ratio 策略为例,其净值最高点 1.52 出现在 2018 年 1 月 26 日,相比于沪深 300 出现净值最高点 1.32 的日期 2018 年 1 月 24 日,只相差两个交易日。净值最终值为 1.30,相比于市场指数有 22%[(1.30−1.06)÷1.06×

100%]的净值差额比例;通过对比考虑和不考虑交易成本的 Sharpe-Ratio 策略的曲线可以发现,考虑交易成本的曲线低于不考虑交易成本的曲线,两者之间有着 9%的净值差额[(1.39-1.30)×100%],略大于 Naive 策略,表明在持有期标的投资者的更换相较于 Naive 策略更为频繁。

3. 收益率滚动排行策略

接下来,考虑到 Naive 策略可能存在一定的局限性,本章将考虑收益率滚动排行策略。Naive 策略成功的前提在于标的投资者,投资能力能够保持出色,收益率能够具有较高的稳定性,其出色的历史收益能一直延续。是否具有其他更为出色的投资者,能够超越那些收益率出色投资者,可以运用短期收益率排行进行进一步检验。短期收益率排行策略的构建思想在于,为了避免投资者收益率可能出现的非持续性,利用其短时间内可能存在的收益率优势进行策略构建。收益率滚动排行策略在每个月月底,对这个月所有的组合的月收益率进行计算,并选取收益率最高的 50 个组合进行构建,也分为考虑交易成本和不考虑交易成本的情况。

表 9-4　收益率滚动排行策略的因子回归结果

	不考虑交易成本				考虑交易成本			
	(1)	(2)	(3)	(4)	(5)	(6)	(7)	(8)
$alpha$	0.0010**	0.0010**	0.0009**	0.0010**	0.0007*	0.0007*	0.0007*	0.0008*
	(0.0003)	(0.0003)	(0.0003)	(0.0003)	(0.0003)	(0.0003)	(0.0003)	(0.0003)
$mkt\text{-}rf$	0.9641***	0.9473***	0.9483***	0.9062***	0.9584***	0.9420***	0.9426***	0.9016***
	(0.0352)	(0.0341)	(0.0377)	(0.0368)	(0.0349)	(0.0339)	(0.0374)	(0.0366)
smb	−0.0959·	0.2399**	−0.1232	0.0676	−0.0972·	0.2301**	−0.1204	0.0651
	(0.0581)	(0.0795)	(0.1069)	(0.1068)	(0.0576)	(0.0790)	(0.1060)	(0.1061)
hml	−0.0965	−0.1627**	0.0044	−0.0471	−0.1027·	−0.1672**	0.0019	−0.0481
	(0.0594)	(0.0584)	(0.0873)	(0.0843)	(0.0589)	(0.0580)	(0.0866)	(0.0837)
umd		0.3284***		0.3730***		0.3201***		0.3627***
		(0.0551)		(0.0579)		(0.0547)		(0.0575)
rmw			−0.0776	−0.2617**			−0.0758	−0.2549**
			(0.0932)	(0.0939)			(0.0924)	(0.0933)
cma			−0.1362	−0.1156			−0.1426	−0.1227
			(0.0902)	(0.0867)			(0.0895)	(0.0862)
R^2	0.6369	0.6618	0.6388	0.6675	0.6382	0.6621	0.6402	0.6677
Observations	487	487	487	487	487	487	487	487

***$p<0.001$; **$p<0.01$; *$p<0.05$; ·$p<0.1$

表 9-4 为收益率滚动排行策略的因子回归结果。通过表 9-4 与表 9-2 中对应列号的对比可以发现，无论是否考虑交易成本，收益率滚动排行策略的 *alpha* 相比于 Naive 策略的 *alpha* 稍高，列（1）至列（4）中不考虑交易成本策略中的 *alpha* 回归系数为 0.001，列（5）至列（8）中考虑交易成本的策略中的 *alpha* 回归系数为 0.0007。由此可以说明，在窗口期内收益率滚动排行策略可能带来比 Naive 策略更高的超额收益率。在因子拟合度方面，R^2 在 0.6 以上，虽然依然较高，但相比于前两个策略，市场解释其超额收益率来源的力度进一步减弱。拟合度方面，R^2 在 0.6 以上，虽然依然较高，但相比于前两个策略，市场解释其超额收益率来源的力度进一步减弱。

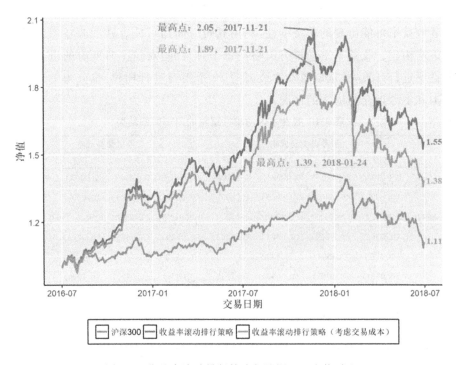

图 9-3　收益率滚动排行策略与沪深 300 走势对比

    图 9-3 为收益率滚动排行策略沪深 300 策略在 2016 年 7 月至 2018 年 7 月的走势对比图。其中深黑色实线为沪深 300 在这一期间净值的走势，浅灰色实线为（不）考虑交易成本的收益率滚动排行策略净值走势图。通过对比收益率滚动排行策略和沪深 300 的净值走势图，可以发现，随着持有时间的推移，该策略的净值曲线始终处于沪深 300 净值曲线的上方，能够获得超越市场

的收益率。该策略的基本走势与市场走势也基本一致,以考虑交易成本的该策略为例,尽管出现最高净值 1.89 的日期为 2017 年 11 月 21 日,与市场出现最高净值 1.39 的日期 2018 年 1 月 24 日相差 2 个月左右,但该策略在 2018 年 1 月 24 日也存在一个相似的极大值点。净值的最终值为 1.38,相比于市场指数的最终净值 1.11,有着 24%[(1.38−1.11)÷1.11×100%]的净值差额比例。另一方面,该策略的波动率相比于市场波动率要更大,在 2018 年 1 月 24 日之后净值的下降幅度比沪深 300 的下降幅度更大。通过对比考虑交易成本和不考虑交易成本该策略的净值曲线可以发现,该策略不考虑交易成本的净值终值 1.55 与 Naive 策略不考虑交易成本的净值终值 1.52 有着 3%[(1.55−1.52)×100%],但考虑交易成本的净值终值 1.38 与 Naive 策略考虑交易成本的净值终值 1.45,有着 7%[(1.45−1.38)×100%]的净值差距,表明相比于 Naive 策略其对于标的投资者的更换更为频繁。

4. 风险—收益率策略

通过第五章和第六章的研究,发现随着社交平台整体风险的上升,投资者的收益率呈两极化分布,一部分投资者拥有更高的盈利,另一部分投资者却遭受更大的损失。如何挑选出那些收益高的投资者,成为这一策略的关键。通过 Theodossiou 和 Savva(2016)构建的风险与收益率关系的分位数回归模型,提供了筛选这部分投资者的方法。由于前一期的超额收益率波动率会影响下一期的超额收益率,那么在前一期用超额收益率计算方法,对前一期所有组合的超额收益率波动率进行计算,而后由高到低进行排序,而后再对这些组合利用累积超额收益率进行排序,最后可以挑选出这一部分因为风险提升导致收益率提升的投资者。

表 9-5 为风险-收益率策略的因子回归结果。通过观察第一行 $alpha$ 的回归系数可以发现,该策略的超额收益率显著大于前三种投资策略。以各策略因子回归表的列(5)中,$alpha$ 回归系数为例,Naive 策略的回归系数为 0.0006,Sharpe Ratio 策略的回归系数为 0.0004,收益率滚动排行策略的回归系数为 0.0007,风险-收益率策略的回归系数为 0.0019。在拟合度方面,R^2 下降到了 0.5 左右,进一步找到了更多无关市场趋势的因素。

表 9-5　风险—收益率策略的因子回归结果

	不考虑交易成本				考虑交易成本			
	(1)	(2)	(3)	(4)	(5)	(6)	(7)	(8)
alpha	0.0021***	0.0021***	0.0022***	0.0022***	0.0019***	0.0019***	0.0019***	0.0020***
	(0.0006)	(0.0006)	(0.0006)	(0.0006)	(0.0006)	(0.0006)	(0.0006)	(0.0006)
mkt-rf	1.0412***	1.0310***	0.9933***	0.9604***	1.0330***	1.0232***	0.9853***	0.9535***
	(0.0631)	(0.0631)	(0.0675)	(0.0681)	(0.0632)	(0.0633)	(0.0677)	(0.0683)
smb	0.9020***	1.1047***	0.5926**	0.7423***	0.9038***	1.0994***	0.6019**	0.7468***
	(0.1041)	(0.1471)	(0.1913)	(0.1978)	(0.1044)	(0.1476)	(0.1918)	(0.1984)
hml	−0.0979	−0.1381	0.0225	−0.0182	−0.1022	−0.1410	0.0230	−0.0164
	(0.1064)	(0.1081)	(0.1564)	(0.1561)	(0.1067)	(0.1084)	(0.1568)	(0.1566)
umd		0.1982˙		0.2924**		0.1913˙		0.2829**
		(0.1020)		(0.1072)		(0.1023)		(0.1075)
rmw			−0.3417*	−0.4857**			−0.3374*	−0.4768**
			(0.1668)	(0.1739)			(0.1673)	(0.1745)
cma			−0.0831	−0.0669			−0.0921	−0.0764
			(0.1615)	(0.1605)			(0.1619)	(0.1611)
R^2	0.5229	0.5266	0.5270	0.5342	0.5194	0.5229	0.5235	0.5303
Observations	486	486	486	486	486	486	486	486

***$p<0.001$；**$p<0.01$；*$p<0.05$；•$^p<0.1$

图 9-4 为风险—收益率策略与沪深 300 在 2016 年 7 月至 2018 年 7 月的走势的对比图。其中深色实线为沪深 300 在这一期间净值的走势,浅色实线为(不)考虑交易成本的风险—收益率策略净值走势图。通过风险收益率策略与沪深 300 指数的净值走势对比可以发现,风险—收益率策略走势相比于沪深 300 指数波动更为剧烈,且其走势与市场相比差异较大,跳跃式上升的态势更为显著。以考虑交易成本的风险—收益率策略净值曲线为例,其出现最高净值点 1.98 的时间点为 2018 年 5 月 28 日,相比于沪深 300 指数最高净值点 1.39 出现的时间点 2018 年 1 月 24 日相差 124 天,整体的走势与市场指数迥异。策略净值的最终值为 1.69,相比于市场指数的净值最终值,有着 52%［(1.69−1.11)÷1.11×100%］的净值比例差额;通过考虑交易成本和不考虑交易成本的风险—收益率策略净值曲线的对比可以发现,两者之间的净值差额为 20%［(1.89−1.69)×100%］,在所有 4 个策略中其交易成本所损失的净值最大,证明该策略对标的投资者的更换的频率较为频繁。

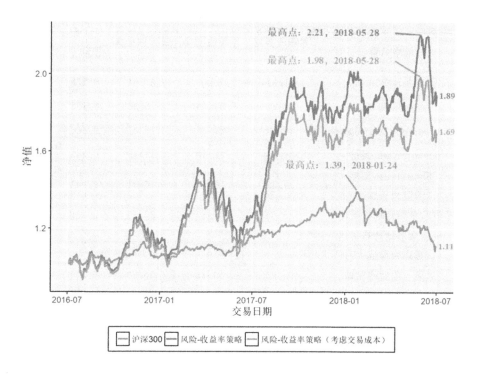

图 9-4　风险-收益率策略与沪深 300 走势对比

5. 策略综合比较

为梳理各策略的特点,凸显各策略之间优劣势,并进一步对策略进行深入分析,根据 9.2 节中等式(9.2.3)等式(9.2.7)中,对四个策略以及沪深 300 指数的五个指标分别进行了计算,并将结果展示于表 9-6 中。

表 9-6 展示了四个投资策略与沪深 300 指数累积收益率、年化收益率、最大回撤率、波动率以及夏普比率五个指标。

第一,观察各策略的累积收益率,累积收益率表现的是在持有时间所获得的全部收益率,可以发现相比于其他三个投资策略,风险—收益率策略在累积收益率的表现更为出色。以考虑交易成本的各策略为例,考虑交易成本的风险—收益率策略累积收益率为 67.55%,相比于收益率滚动排行策略的 39.28%,Naive 策略的 43.63% 和 Sharpe-Ratio 策略的 29.83%,其收益率表现更为出色。四大策略在总体上都能超过市场指数。

表9-6　策略指标综合对比

策略名称	累积收益率(%)	年化收益率(%)	最大回撤率(%)	波动率	夏普比率
沪深300	11.31	5.67	22.01	0.158	0.137
Naive策略	48.78	24.56	18.36	0.165	1.275
Naive策略(考虑交易成本)	43.63	21.97	18.61	0.164	1.124
Sharp-Ratio策略	38.81	21.40	14.88	0.145	1.232
Sharp-Ratio策略(考虑交易成本)	29.83	16.44	16.41	0.144	0.894
收益率滚动排行策略	55.64	27.89	25.79	0.218	1.117
收益率滚动排行策略(考虑交易成本)	39.28	19.70	28.23	0.217	0.746
风险—收益率策略	85.93	43.26	26.20	0.341	1.165
风险—收益率策略(考虑交易成本)	67.55	34.01	27.16	0.341	0.894

第二,分析各策略的年化收益率。考虑到策略都持有时间长度的不同,需要将策略的累积收益率进行标准区间化,才能将持有时间长度不同的收益率进行比较。将各策略累积收益率进行年化后,不考虑交易成本的风险—收益率策略的年化收益率达到43.26%,其考虑交易成本的年化收益率为34.01%都处于四个策略的首位;Naive策略的21.97%居于第二,尽管收益率滚动排行策略在不考虑交易成本的情况下有着27.89%的年化收益率,但考虑交易成本的该策略却降为19.70%,表明相较于Naive策略其标的投资者的替换率较高;Sharpe-Ratio策略的16.44%居于末位。与累积收益率相似的是,所有策略的年化收益率都超过了市场指数。

第三,分析各策略在最大回撤率方面的表现。最大回撤率表现的是买入策略后,可能出现的最糟糕情况,也即是投资者可能出现的最大亏损。观察四大策略与沪深300指数在最大回撤率的对比,通过观察可以发现,一方面,Naive策略与Sharpe-Ratio策略在考虑交易成本情况下的最大回撤率分别为18.61%和16.41%,皆低于沪深300指数的22.01%,表明其可能产生的最大亏损小于市场带来的最大亏损;另一方面,收益率滚动排行策略和风险—收益率策略虽然能够获得更高的年化收益率,但潜在的最大亏损却能够达到28.23%和27.16%,远高于市场指数的22.01%。由此也可以证明,高收益可能带来的高风险问题。

第四,分析各策略在波动率方面的表现。波动率反映的是策略在整个持有期的整体风险表现。通过四大策略与沪深 300 指数的对比可以发现,Sharpe-Ratio 策略的波动率为 0.144,显著小于沪深 300 指数的 0.158,其余策略的波动率皆大于市场指数,风险最大的策略为风险-收益率策略,其波动率达到 0.341,为沪深 300 指数的 2 倍左右。通过对波动率的分析可以进一步表明,高收益将会带来的高风险。

第五,分析各策略的夏普比率。夏普比率反映的是策略每增加一单位风险,所带来的超额报酬率的数量,一般认为夏普比率超过 1 都具有比较高的投资价值。通过综合对比可以发现,四大策略的夏普比率都高于市场指数,且市场指数的夏普比率只有 0.137。其余四大策略在不考虑交易成本的情况下,夏普比率皆在 1 以上,Naive 策略的夏普比率值最高为 1.275,Sharp-Ratio 策略为 1.232,风险-收益率策略为 1.165,收益率滚动排行策略为 1.117 排名最末。在考虑交易成本之后,只有 Naive 策略的夏普比率在 1 以上,其余策略皆为 1 以下,表明 Naive 策略在风险与收益率平衡方面,相较于其余三类策略较为出色。

综上所述,通过对不同策略的超额收益率,净值走势和各类指标的综合对比,可以发现构建的四个投资策略无论在超额收益率 $alpha$、净值的整体走势以及净值的最终值、累积收益率和年化收益率和夏普比率方面,都能在一定程度上战胜市场指数。表明通过利用社交交易平台中的标的投资者进行投资能够获得超越市场的收益率,在社交网络中利用群体智慧进行投资具有显著的效果,充分证实了研究假设 14 存在的合理性。

9.3.2　对标的投资者收益来源的检验(假设 15)

通过 9.3.1 节对假设 14 的验证研究发现,利用各种资产组合排序方法,对投资者收益率进行排行能够获得有效超额收益,且一定程度上单位风险承受的收益率也较高。获得超额收益率的这些资产背后有着怎样的特点,本节将进行更为深入的研究。

首先,对高收益投资者其收益率的延续性进行研究。依据本书的理论分析,在社交交易平台中会有少部分投资者购买高收益率偏度的股票,并获得了偶然出现的极端收益。有鉴于此,前半部分投资策略的构建依据,即是将短期具有超高收益率的投资者进行筛选,但这类资产由于被高估,会在未来造成收益率下降,从而选出的标的投资者的高收益率无法长期保持,故而在未来其收益率也会产生一定程度的下降;此外通过前文中对策略考虑交易成本的净值曲线与不考虑交易成本的净值曲线的对比,发现随着持有时间进行,这两条曲线之间的缺口呈增大趋势,表明标的投资者随着策略的持有期的增大更换的数量逐渐增大。从另一个层面也反映了,策略中所选择的标的投资者的高收益率具有不可持续性。另一方面,第 4 章中关于收益率和风险关系的分位数回归结果表明,收益率和风险的关系随着时间的推移而逐渐趋于收敛。鉴于上述研究对标的投资者收益率可持续性的猜想,首先对标的投资者收益率下降进行检验。

为了对上述问题进行研究,本章考虑将四大策略中每个月选出的标的投资者,与选中前一个月和选中后一个月进行对比。对于标的投资者的筛选有着两个不同的时期,在某一个交易的月份的结尾,筛选出标的投资者,而后在下一个月利用这些标的投资者进行组合构建。首先对标的投资者被筛选出的月份标记为 0,在被利用进行组合构建的月份标记为 1,在退出组合的那个月份标记为 2,变量定义为 $window_{it}$。为了将该虚拟变量进行更为详细的解释,将利用示意图进行解读。如图 9-5 所示,该图为某一组合 $window_{it}$ 进行取值的示意图,例如某一个组合在 2017 年 2 月被选中,在 2017 年 3 月被用于进行策略构建,在 2017 年 4 月退出了某策略,则 $window_{it}$ 在 2017 年 2 月的取值为 0,在 2017 年 3 月取值为 1,在 2017 年 4 月取值为 2。

图 9-5　$window$ 变量取值标准示意图

而后将所有策略中这三部分样本都具有的标的投资者进行选择,依照以下固定效益模型进行回归:

$$ex\text{-}ret\text{-}monthly_{it} = \alpha_i + \alpha_t + \beta_1 window_{it} + \beta_N controls_N + \in_{it} \tag{9.3.1}$$

$$ex\text{-}ret\text{-}daily_{it} = \alpha_i + \alpha_t + \beta_1 window_{it} + \beta_N controls_N + \in_{it} \tag{9.3.2}$$

等式(9.3.1)为投资者月度超额收益率延续性检验固定效应回归方程,其中 $ex\text{-}ret\text{-}monthly_{it}$ 为策略中每个标的投资者在当月的月度超额收益率,α_i 和

α_t 分别为个体与季度固定效应，$controls_N$ 为控制变量。另外，本节以日度数据对该结果进行稳健性检验，等式(9.3.2)为投资者日度超额收益率延续性检验固定效应回归方程，其中 $ex\text{-}ret\text{-}daily_{it}$ 为策略中每个标的投资者在当月每日的超额收益率。在两个回归方程中，如果 $window_{it}$ 的回归系数为正，则表明标的投资者的超额收益率具有一定的延续性，反之，如果回归系数为负，则表明其超额收益率不具有延续性。

表 9-7 标的投资者超额收益率持续性检验（月度数据）

	Naive 策略			Sharpe-Ratio 策略			收益率滚动排行策略			风险-收益率策略		
	(1)	(2)	(3)	(4)	(5)	(6)	(7)	(8)	(9)	(10)	(11)	(12)
Window=1	-0.2759***	-0.2763***	-0.2765***	-0.1284***	-0.1300***	-0.1298***	-0.3003***	-0.3023***	-0.3019***	-0.3631***	-0.3712***	-0.3722***
	(0.0114)	(0.0115)	(0.0116)	(0.0062)	(0.0063)	(0.0063)	(0.0056)	(0.0057)	(0.0057)	(0.0118)	(0.0117)	(0.0117)
Window=2	-0.2986***	-0.2993***	-0.2992***	-0.1433***	-0.1457***	-0.1450***	-0.3186***	-0.3232***	-0.3228***	-0.3654***	-0.3770***	-0.3780***
	(0.0110)	(0.0112)	(0.0113)	(0.0067)	(0.0069)	(0.0069)	(0.0061)	(0.0063)	(0.0063)	(0.0120)	(0.0120)	(0.0120)
Active day		0.0000	0.0000		0.0001	0.0001		0.0003**	0.0003**		0.0008***	0.0009***
		(0.0001)	(0.0001)		(0.0001)	(0.0001)		(0.0001)	(0.0001)		(0.0001)	(0.0001)
Cmt-num-30day			-0.0001			0.0004**			0.0001			0.0004
			(0.0002)			(0.0001)			(0.0002)			(0.0002)
Trd-num-30day			0.0003			-0.0001			-0.0009·			-0.0010·
			(0.0005)			(0.0004)			(0.0004)			(0.0006)
Stock-num-30day			-0.0006			-0.0024			-0.0007			-0.0067
			(0.0026)			(0.0019)			(0.0032)			(0.0045)
Trader FE	Yes	Yes	Yes	Yes	Yes	Yes	Yes	Yes	Yes	Yes	Yes	Yes
Quarter FE	Yes	Yes	Yes	Yes	Yes	Yes	Yes	Yes	Yes	Yes	Yes	Yes
Observations	1649	1649	1649	2347	2347	2347	3227	3227	3227	3123	3123	3123
R^2	0.6126	0.6127	0.6127	0.6385	0.6389	0.6410	0.7517	0.7528	0.7532	0.8278	0.8323	0.8331

*** $p<0.001$；** $p<0.01$；* $p<0.05$；· $p<0.1$

表 9-7 为四大策略中投资者超额收益率持续性的固定效应回归结果。每 3 列为一种策略的回归结果。其中第 1 行为 $Window=1$ 的回归系数，反映标的投资者的月度超额收益率从 $Window=0$ 到 $Window=1$ 的变化，第 2 行为 $Window=2$ 的回归系数，反映标的投资者的月度超额收益率从 $Window=1$ 到 $Window=2$ 的变化。如果通过观察所有 12 列中 $Window=1$ 和 $Window=2$ 回归系数可以发现，每一种策略选中的标的投资者，都存在超额收益率不可持续的问题。以 $Naive$ 策略为例，列(1)至列(3)为 $Naive$ 策略的回归结果，在

列(1)中 $Window=1$ 和 $Window=2$ 的回归系数分别为 -0.2759 和 -0.2986,都在 0.001 的置信水平下显著,表明大部分标的投资者在被筛选出之后,在被利用构建组合的那个月超额收益率已经发生了下滑,在退出策略的第一个月超额收益率进一步下滑;列(2)中加入了控制变量 $Activeday$,即投资者的存续期,回归结果依然显著;列(3)中加入了投资者过去 30 日内,持有的股票数量($Stock\text{-}num\text{-}30day$)、评论条数($Cmt\text{-}num\text{-}30day$)和交易数量($Trd\text{-}num\text{-}30day$)的控制变量,发现回归结果依然稳健。表明高收益投资者的收益率不具有延续性。

表 9-8　标的投资者超额收益率持续性检验(日度数据)

	Naive 策略			Sharpe-Ratio 策略			收益率滚动排行策略			风险-收益率策略		
	(1)	(2)	(3)	(4)	(5)	(6)	(7)	(8)	(9)	(10)	(11)	(12)
$Window=1$	-0.0025***	-0.0025***	-0.0025***	-0.0040***	-0.0039***	-0.0039***	-0.0127***	-0.0126***	-0.0126***	-0.0157***	-0.0157***	-0.0158***
	(0.0001)	(0.0001)	(0.0001)	(0.0001)	(0.0001)	(0.0001)	(0.0002)	(0.0002)	(0.0002)	(0.0005)	(0.0005)	(0.0005)
$Window=2$	-0.0025***	-0.0024***	-0.0024***	-0.0039***	-0.0037***	-0.0038***	-0.0134***	-0.0132***	-0.0133***	-0.0156***	-0.0157***	-0.0159***
	(0.0002)	(0.0002)	(0.0002)	(0.0001)	(0.0001)	(0.0001)	(0.0002)	(0.0002)	(0.0002)	(0.0005)	(0.0005)	(0.0005)
$Active\,day$		-0.0000***	-0.0000***		-0.0000***	-0.0000***		0.0000	0.0000		0.0000***	0.0000***
		(0.0000)	(0.0000)		(0.0000)	(0.0000)		(0.0000)	(0.0000)		(0.0000)	(0.0000)
$Cmt\text{-}num$		0.0012***			0.0007***			0.0015***			0.0011***	
		(0.0001)			(0.0000)			(0.0001)			(0.0001)	
$Trd\text{-}num$		0.0002*			0.0002*			0.0000			0.0005**	
		(0.0001)			(0.0001)			(0.0001)			(0.0002)	
$Stock\text{-}num$		-0.0002***			-0.0000			-0.0005***			-0.0008***	
		(0.0000)			(0.0000)			(0.0001)			(0.0001)	
$Cmt\text{-}num\text{-}30day$			-0.0000*			0.0000			-0.0000˙			-0.0000
			(0.0000)			(0.0000)			(0.0000)			(0.0000)
$Trd\text{-}num\text{-}30day$			-0.0000			-0.0000˙			-0.0000*			-0.0000
			(0.0000)			(0.0000)			(0.0000)			(0.0000)
$Stock\text{-}num\text{-}30day$			-0.0001*			-0.0000			0.0000			-0.0000
			(0.0000)			(0.0000)			(0.0000)			(0.0002)
$Trader\,FE$	Yes	Yes	Yes	Yes	Yes	Yes	Yes	Yes	Yes	Yes	Yes	Yes
$Quarter\,FE$	Yes	Yes	Yes	Yes	Yes	Yes	Yes	Yes	Yes	Yes	Yes	Yes
$Observations$	69666	69666	69666	63120	63120	63120	68206	68206	68206	65749	65749	65749
R^2	0.0385	0.0469	0.0395	0.0782	0.0833	0.0785	0.0985	0.1036	0.0986	0.1037	0.1070	0.1040

*** $p<0.001$; ** $p<0.01$; * $p<0.05$; ˙ $p<0.1$

为了增强该结果的稳健性,继续利用标的投资者日度数据进行回归检验。表 9-8 为等式(9.3.2)的回归结果。从整体回归结果来看,四大策略中标的投资者的超额收益率不可持续的结果依旧保持稳健。再以 Naive 策略为例,列

(1)为 Naive 策略日度超额收益率延续性回归结果，$Window=1$ 和 $Window$ $=2$ 回归系数分别为　0.0025 和 -0.0025，皆在 0.001 置信水平下显著；由于是日度数据，列（2）则在列（1）的基础上加入标的投资者的存续时间（$Activeday$），以及当日评论数（$Cmt\text{-}num$）、当日交易数（$Trd\text{-}num$），以及当日持有股票数（$Stock\text{-}num$）三个日度变量，作为控制变量进行回归，发现回归结果依然显著；与表 6-7 类似，列（3）则加入了投资者过去 30 日内，持有的股票数量（$Stock\text{-}num\text{-}30day$）、评论条数（$Cmt\text{-}num\text{-}30day$）和交易数量（$Trd\text{-}num\text{-}30day$）的控制变量，发现 $Window=1$ 和 $Window=2$ 回归系数依旧显著为负。其余策略中 $Window=1$ 和 $Window=2$ 回归系数也显著为负。通过日度数据对收益率延续性进行检验，得到了和月度数据相同的结果。进一步证明了高收益率投资者的收益率不具有延续性。

通过对标的投资者超额收益率延续性的研究可以发现，策略中投资者超额收益率不具有延续性。与此同时，投资者超额收益率的好坏来源于选股能力和择时能力的好坏。选股能力即是对个股的预测能力，识别并买入哪些价值被低估，与此同时卖出那些价值被高估的股票；择时能力则是对市场整体走势的预测能力，即估计正确的市场走势，在行情向好时，增加持仓，在行情变差时，减少持仓。超额收益率的非延续性是否来源于投资者在选股能力和择时能力某一方面的短板，本书将通过广泛运用于基金研究的 T-M 模型，对所创建的投资策略进行选股择时研究。T-M 模型最早由 Treynor 和 Mazuy(1966) 在单因素 Jensen 指数的基础上，通过对回归方程加入一个二次项 $(R_{mt}-R_{ft})^2$，从而将基金的超额收益分解为选股能力、市场超额收益和择时收益。其回归模型为：

$$R_{pt}-R_{ft}=\alpha+\beta_1(R_{mt}-R_{ft})+\beta_2(R_{mt}-R_{ft})^2+\in_{pt} \qquad (9.3.3)$$

其中 R_{pt} 表示基金在 t 时刻的收益率，R_{ft} 为在 t 时刻的无风险收益率，R_{mt} 为市场在 t 时刻的收益率，α 代表其择股能力，β_1 为基金的系统性风险系数，β_2 为基金的择时能力。如果 α 显著大于 0，则表明基金经理有着较强的择股能力，反之，如果 α 显著小于 0，则表明基金经理的择股能力偏弱；若 β_2 显著大于零，则代表基金策略有着较强的择时能力，能在市场收益走高时，获得更高的收益率，在市场收益走低时，其获得的亏损更小。反之，若 β_2 显著小于零，则表明基金经理在市场收益走高时，无法获得更高的收益率，在市场收益走低时的表现则更为糟糕。为了将其适应于本书的研究，R_{pt} 用策略的日度收益率计算，R_{ft} 用日度化的银行存款收益率计算，R_{mt} 用沪深 300 的日收益率计算。

表 9-9 为各策略 T-M 模型回归系数的结果。其中第 1 列为 α 的回归系数,即策略择股能力的体现,第 2 列为 β_1 的回归系数,即为策略的系统性风险系数,第 3 列为 β_2 的回归系数,即为策略择时能力的体现。通过观察第 1 列可以发现四大策略的 α 的回归系数,都在不同的置信水平下显著为正,证明所构建的策略都有着较强的选股能力;通过观察第 2 列可以发现,四大策略 β_1 的回归系数都显著为正,其超额收益率主要来源于市场系统性风险,与市场的走势具有极高的相似性,这在 9.3.1 节中对策略的走势研究中也已得到证实;反观 β_2 的回归系数,各策略的回归系数皆为负,表明各策略并不一定能在市场上升期超越市场,在市场下行期的亏损少于市场。综上所述,可以发现所构建的策略的超额收益率,主要依靠标的投资者承受市场风险和一定程度的择股能力获得,而其择时能力却存在拉低超额收益率的情况。表明高收益投资者具有一定的选股能力,但在择时能力方面有着一定程度的欠缺。

表 9-9 基于 T-M 模型的策略择股择时能力

策略名称	α	β_1	β_2	R^2
Naive 策略	0.0009***	0.9259***	−3.663**	0.814
Naive 策略(考虑交易成本)	0.0008***	0.9239***	−3.733**	0.816
Sharpe-Ratio 策略	0.0011***	0.7872***	−6.002***	0.824
Sharpe-Ratio 策略(考虑交易成本)	0.0009***	0.7815***	−6.043***	0.819
收益率滚动策略	0.0019**	0.9516***	−1.031***	0.549
收益率滚动策略(考虑交易成本)	0.0014***	0.9569***	−1.036***	0.548
风险—收益率策略	0.0015*	0.8724***	−3.991	0.17
风险—收益率策略(考虑交易成本)	0.0013*	0.8645***	−4.095	0.16

*** $p<0.001$; ** $p<0.01$; * $p<0.05$; ' $p<0.1$

从上文的研究可知,策略中的标的投资者依靠整体大盘走势和择股能力,使得其获得超额收益率,标的投资者的择时能力有所欠缺。与此同时,由于本书基于短期视角看待标的投资者的择股择时能力,上述研究还可表明,标的投资者在短期的择股能力远胜择时能力。为了进一步研究投资者在短期内的择股的特点,接下来将关注点转向标的投资者持有的股票。从前文中对策略构建研究中可以发现,标的投资者能够获得超额正收益率,且在短期内具有一定的持续性。投资者持有的股票能够在短期内盈利,说明被选中的股票在短期内存在一定的收益率延续性,存在一定的动量效应。有鉴于此,将从投资者的动量层面,对其持有的资产进行研究。周琳杰(2002)以及刘煜辉、贺菊煌和沈可挺(2003)研究指出,相比于国外股票,A 股市场的动量策略在 10 天至 4 周以内基本有效。这也与策略构建中每月对标的投资者进行重新筛选的频率较为一致。

检验被选中标的投资者持有期内的股票动量是否更高,主要分为两方面。首先,在个体维度持有期股票的动量在其被选中的时期是否显著高于同时期其他股票;另一方面,在时间维度检验持有期内的股票相比于非持有期动量也显著较高。为了实现个体维度和时间维度的对比,首先对样本进行筛选。标的投资者在所有策略中所处的时期分为标的期和非标的期,首先将每个策略标的投资者在标的期每日持有的股票进行提取,而后与同一时间段 A 股市场中其他股票的动量进行对比;与此同时,再将标的投资者持有的股票与该股票在非标的期的动量进行对比。

为了实现个体维度和时间维度的对比,首先对标的期将某一标的投资者在其被选入策略的当月中在每一日持有的股票进行标记,并设置为一个虚拟变量 $hold_{it}$,例如:投资者 A 在 2018 年 3 月被选中,其在 3 月 1 日至 15 日持有了 10 只股票,在 16 日至 31 日持有了 8 只股票,则前 10 只股票在 3 月 1 日至 15 日 $hold_{it}$ 标记为 1,其余剩余的时间点标记为 0,之后的 8 只股票进行同理标注。对虚拟变量进行定义后,根据 9.2 节中对动量的计算,将其对 $hold_{it}$ 进行回归:

$$Momentum_{it} = \alpha_i + \alpha_t + \beta_1 hold_{it} + \beta_N control\ s_N + \in_{it} \qquad (9.3.4)$$

等式(9.3.4)中 $Momentum_{it}$ 为标的投资者所持有股票在过去 60 日内的动量;α_i 和 α_t 分别为股票个体固定效应和季度时间固定效应;$hold_{it}$ 为标的投资者被选入策略时股票是否在该时间段被持有的虚拟变量;$controls_N$ 为控制变量。与此同时,该回归方程将对两个样本进行回归。其中一个样本将被标记的股票与其自身在最近 6 个月的记录进行合并,将该样本命名为 $over\_time$;另一方面将被标记时间内的股票与同一时期市场其他股票的样本进行合并,将该样本命名为 $over\_stock$。

表 9-10 为标的投资者股票动量在 $over\_time$ 样本中的回归结果。每三列为一类策略的回归结果。通过观察列(1)、列(3)、列(5)和列(7)回归结果可以发现,$hold$ 变量回归系数的符号显著为正,表明相比于没有标记的非标的期,标的投资者选择的股票在标的时期的动量显著更高,也就意味着在最近 6 个月内被标记的股票,在标记日期内动量最高。以列(1)为例,$hold$ 变量的回归系数为 3.498,在 0.001 概率水平下显著,表明 Naive 策略中持有股票,其标

的期的动量相较于非标的期多出 3.498。

表 9-10　标的投资者股票动量时间维度的比较

	Naive 策略			Sharpe-Ratio 策略			收益率滚动排行策略			风险—收益率策略		
	(1)	(2)	(3)	(4)	(5)	(6)	(7)	(8)	(9)	(10)	(11)	(12)
$hold$	3.5521***	-0.0207	0.0816***	4.8246***	0.0563**	0.0816***	4.9613***	0.1771***	0.2081***	7.5756***	0.1623***	0.1984***
	(0.1010)	(0.0232)	(0.0202)	(0.0969)	(0.0203)	(0.0202)	(0.1019)	(0.0209)	(0.0212)	(0.1242)	(0.0255)	(0.0255)
$Momentum_{t-1}$		0.9530***	0.9553***		0.9538***	0.9553***		0.9479***	0.9491***		0.9465***	0.9483***
		(0.0003)	(0.0003)		(0.0003)	(0.0003)		(0.0002)	(0.0002)		(0.0002)	(0.0002)
umd		-52.5282***	-55.1940***		-50.6106***	-55.1940***		-57.5516***	-62.2879***		-62.1038***	-66.5976***
		(0.6404)	(0.5949)		(0.6099)	(0.5949)		(0.5470)	(0.5329)		(0.5822)	(0.5683)
PE		0.0003***			0.0002***			0.0004***			0.0002***	
		(0.0000)			(0.0000)			(0.0000)			(0.0000)	
PB		0.0044***			0.0156***			-0.0019***			0.0091***	
		(0.0009)			(0.0017)			(0.0003)			(0.0012)	
PS		0.0030***			0.0028***			0.0048***			0.0057***	
		(0.0005)			(0.0005)			(0.0005)			(0.0005)	
$PE\text{-}60day$			-0.0000			-0.0000			0.0000			0.0001***
			(0.0000)			(0.0000)			(0.0000)			(0.0000)
$PE\text{-}60day$			-0.0069***			-0.0069***			-0.0011***			-0.0278***
			(0.0006)			(0.0006)			(0.0003)			(0.0011)
$PS\text{-}60day$			-0.0032***			-0.0032***			-0.0034***			-0.0022***
			(0.0004)			(0.0004)			(0.0004)			(0.0004)
$Stock\ FE$	Yes	Yes	Yes	Yes	Yes	Yes	Yes	Yes	Yes	Yes	Yes	Yes
$Quarter\ FE$	Yes	Yes	Yes	Yes	Yes	Yes	Yes	Yes	Yes	Yes	Yes	Yes

*** $p<0.001$；** $p<0.01$；* $p<0.05$；· $p<0.1$

　　为了进一步控制前一期的动量以及股票其他的因素带来的影响，列（2）、列（4）、列（6）和列（8），加入了滞后一期的日度动量 $Momentum_{t-1}$，该股票在当天的市盈率 PE、市净率 PB 和市销率 PS，并加入市场动量因子 umd。尽管 Naive 策略的股票样本在加入各类控制变量之后，发现其回归结果不显著，但其余三大策略依然保持显著；为了进一步控制股票自身的特征，列（3）、列（6）、列（9）和列（12）中计算了市盈率、市净率和市销率 60 日内的均值，代替每日的取值加入回归方程中，最终的回归结果仍然保持稳健。通过该表回归结果的分析可以发现，标的投资者持有的股票在时间层面具有更强的动量优势，同一只股票的标的期相比于非标的期具有更强的动量，即在时间维度标的期股票的动量更大。

表 9-11　标的投资者股票动量个体维度的比较

	Naive 策略			Sharpe-Ratio 策略			收益率滚动排行策略			风险-收益率策略		
	(1)	(2)	(3)	(4)	(5)	(6)	(7)	(8)	(9)	(10)	(11)	(12)
hold	2.9667***	0.0072	0.0342	4.3245***	0.1116***	0.1163***	5.7430***	0.2421***	0.2591***	7.3957***	0.1881***	0.1945***
	(0.1074)	(0.0224)	(0.0233)	(0.0943)	(0.0193)	(0.0193)	(0.0970)	(0.0198)	(0.0198)	(0.1122)	(0.0232)	(0.0230)
$Momentum_{t-1}$		0.9492***	0.9509***		0.9494***	0.9507***		0.9498***	0.9511***		0.9494***	0.9507***
		(0.0002)	(0.0002)		(0.0002)	(0.0002)		(0.0002)	(0.0002)		(0.0002)	(0.0002)
umd		−60.3380***	−62.7718***		−62.8764***	−63.0804***		−64.7858***	−64.9618***		−65.9929***	−66.1561***
		(0.3989)	(0.3870)		(0.3954)	(0.3882)		(0.4021)	(0.3947)		(0.4043)	(0.3968)
PE		0.0002***			0.0002***			0.0002***			0.0002***	
		(0.0000)			(0.0000)			(0.0000)			(0.0000)	
PB		−0.0014***			−0.0014***			−0.0015***			−0.0015***	
		(0.0003)			(0.0003)			(0.0003)			(0.0003)	
PS		0.0061***			0.0062***			0.0063***			0.0064***	
		(0.0004)			(0.0004)			(0.0004)			(0.0004)	
PE-60day			0.0000**			0.0000**			0.0000**			0.0000**
			(0.0000)			(0.0000)			(0.0000)			(0.0000)
PB-60day			−0.0021***			−0.0021***			−0.0021***			−0.0021***
			(0.0003)			(0.0003)			(0.0003)			(0.0003)
PS-60day			−0.0031***			−0.0031***			−0.0030***			−0.0031***
			(0.0003)			(0.0003)			(0.0003)			(0.0003)
Stock FE	Yes	Yes	Yes	Yes	Yes	Yes	Yes	Yes	Yes	Yes	Yes	Yes
Quarter FE	Yes	Yes	Yes	Yes	Yes	Yes	Yes	Yes	Yes	Yes	Yes	Yes

*** $p<0.001$；** $p<0.01$；* $p<0.05$；· $p<0.1$

　　表 9-11 为标的投资者股票动量在 $over\_stock$ 样本中的回归结果。与表 9-10类似,每三列为一类策略的回归结果。通过观察列(1)、列(3)、列(5)和列(7)回归结果可以发现 $hold$ 变量的回归系数显著大于零,表明标的投资者选择的股票在标的时期的动量,相比于同一时期其他股票的动量显著更高。以列(1)为例,$hold$ 变量回归系数为 3.552,在 0.001 的概率水平下显著,表明同一时期标的股票相比于市场其他股票动量平均高出 3.552;列(2)、列(4)、列(6)和列(8),加入了滞后一期的日度动量 $Momentum_{t-1}$,该股票在当天的市盈率 PE、市净率 PB 和市销率 PS,并加入市场动量因子 umd。在加入控制变量之后的回归结果也显著为正,表明回归结果具有稳健性;与表 9-10 类似,

为了进一步控制股票自身的特征,列(3)、列(6)、列(9)和列(12)中计算了市盈率 PE、市净率 PB 和市销率 PS,在 60 日内的滚动均值,代替上述三个指标每日的取值加入回归方程中,最终的回归结果仍然保持稳健。通过该表回归结果的分析可以发现,标的投资者持有的股票在个体层面具有较强的动量优势,在同一时期标的股票的动量,显著大于市场其他股票的动量,即标的期股票在个体维度具有动量优势。

综上所述,构建出的策略中,标的投资者的高收益率无法持续;在短期内标的投资者具有一定的择股能力,且其择股能力主要体现在对高动量股票的选择上:从时间维度看,其在被策略选中的时间段,成功选择了其股票动量效应的窗口期;从个体维度看,其选择的股票相比同一时期市场中其他股票的动量效应更高,结合这两个方面,总体上导致了整体策略的收益率高于市场收益率。动量效应的时效性也可作为其高收益率无法持续的原因之一。

第 10 章
社交是否影响机构投资者收益率

10.1 研究假说

本书第三章的模型同样指出,具有高波动和高偏度特征的 A 型资产会具有更高的市场需求,从而造成价格的高估以及预期收益率的下降。对此,过往的资产定价实证研究发现,彩票型股票通常具有较低的预期收益率(Bali, Cakici & Whitelaw,2011;Bali et al.,2021)。同时,Kumar(2009)的实证研究结构均表明,购买及持有彩票型股票均会对投资者的表现产生负面影响。与此同时,根据假设 9 的研究结果,基金经理可能通过其自身的校友网络获取信息,并根据其所获取到的信息进行投资决策,从而减少彩票型股票的持有,进而提升其投资表现。基于上述分析,针对我国的基金经理,本章提出第 16 个研究假设:

假设 16:基金经理工作区域周边的校友同行越多,则其投资收益率越高。

10.2 数据来源及核心变量构建

本章的数据来源和主要核心变量构建与 6.4 节一致。而在本节中,为衡量基金的业绩表现,对于基金 i 于季度 t,我们进一步定义了基金的 3 因子 $alpha$($FF3alpha$)、4 因子 $alpha$($Carhart4alpha$)和 5 因子 $alpha$($FF5alpha$)。

表 10-1 给出了样本中所有基金业绩表现的描述性统计。从样本均值和中位数来看,$FF3alpha$ 的平均值为 0.0101,中位数为 0.0097。

*Carhart*4*alpha* 与 *FF*5*alpha* 的平均值分别为 0.0132 和 0.0032,中位数分别
为 0.0123 和 0.0037。从标准差和其他分位数量来看,三类因子的波动性相
差不大,都在 0.8~0.9 之间;*Q*1 和 *Q*3 的分位数也相差不大,在 −0.04~
−0.03 与 0.04~0.05 之间,收益率分布差别不大。总体上可以看出,样本中
的基金整体上能够获得正向的超额收益,且收益总体较为稳定,整个收益率分
布也较为稳定。因此,本章所构建的因子具有一定的稳定性和可操作性。

表 10-1　描述性统计

	样本数	平均值	标准差	Q1	中位数	Q3
FF3alpha	26,267	0.0101	0.0888	−0.0363	0.0097	0.0564
Carhart4alpha	26,267	0.0132	0.0866	−0.0319	0.0123	0.0582
FF5alpha	26,267	0.0032	0.0912	−0.0424	0.0037	0.0495

10.3　社交对机构投资者收益率影响的检验(假设 16)

　　本节将探究基金的彩票型持仓及基金经理校友网络对基金投资表现的影
响。正如过往文献表明,彩票型股票具有较低的横截面预期收益率(Bali,
Cakici & Whitelaw, 2011; Kumar, 2009),因此,持有此类型股票同样可能会
降低基金的投资表现。此外,正如前文所述,基金经理的校友网络会影响其持
仓选择,如降低彩票型股票的持仓,从而对其投资表现造成间接的影响。

　　首先,我们先采用组合排序的方法,探究校友圈子的大小与基金经理投资
表现的关系。在第 6 章的结果中,我们发现,拥有同区校友网络且校友越多的
基金经理会倾向于减少持有具有彩票特征的股票,而此类股票通常具有更低
的超额收益率。因此,参照 Pelster 和 Breitmayer(2019),我们首先通过组合
排序的方式给出一些关于校友网络与基金投资表现的初步证据。具体的,我
们将拥有校友网络的基金经理,按其同区校友的数量(*Degree District*)按升
序分为 5 组,并统计了每个组的平均投资表现,并在表 10-2 中给出了相应的
结果。从表中的结果来看,校友网络越广的基金经理,其管理基金的投资表现
整体也会越好。*High-Low* 给出了 *Alumni District* 组和低 *Alumni District*
组的 *alpha* 差,3 因子、4 因子和 5 因子的 *alpha* 差分别达到了 2.01、1.62 和
2.03,括号内的 *t* 值分别 5.63、4.57 和 5.26,表明基金经理校友圈子的广度有

助于其改善自己的投资表现,初步证明了假设 16 存在的合理性。

表 10-2　按照校友网络分组

Alumni District	FF3 alpha	Carhart-4 alpha	FF5 alpha	N
1(Low)	0.08	0.54	−0.67	1635
2～3	0.63	1.09	−0.06	1755
4～6	0.52	0.98	−0.15	1448
7～12	0.86	0.98	0.08	1527
>2(High)	2.09	2.16	1.36	1496
High-Low	2.01	1.62	2.03	—
	(5.63)	(4.57)	(5.26)	—

在上述初步证据的基础上,我们进一步采用 Fama 和 MacBeth(1973)回归将基金的季度风险调整收益率[包括 Fama 和 French(1992)三因子、Carhart(1997)四因子和 Fama 和 French(2015)五因子 alpha]对滞后一期的彩票型持仓和校友网络变量进行回归,并将结果汇报在表 10-3 中。首先,从前两行的系数来看,基金持仓的彩票特征 HoldingMAX(3) 和 HoldingLTRY 的系数均为负,且至少在 5% 的显著水平上显著。经济意义上,若基金持仓的 HoldingMAX(3)(对应的,HoldingLTRY)指标每增加一单位标准差,则该基金下一季度的三因子、四因子和五因子 alpha 分别下降 1.35%、0.94% 和 1.46%(对应的,0.45%、0.45% 和 0.34%)。这一结果表明,持有彩票型股票会显著伤害基金的投资表现。

从表 10-3 中第三和第四行的系数可以看出,校友网络变量 Alumni District 和 Degree District 的回归系数均为正,表明拥有同区校友网络和同区校友网络广度更广的基金经理具有更好的投资表现。然而,相比于彩票特征变量,校友网络变量系数的显著性相对较低,其原因可能是校友网络仅能通过影响基金经理的持仓行为从而间接影响基金经理的投资表现。其中,仅列(4)和列(8)中的 Degree District 系数分别在 5% 和 10% 的显著水平上显著,而 Alumni District 的回归系数在 10% 的显著水平上均不显著。经济意义上,基金经理校友网络的 Degree District 每增加一单位标准差,则其基金下一季度的三因子、四因子和五因子 alpha 分别上升 2.84%、2.65% 和 2.23%。综合来看,尽管基金经理校友网络对基金表现的影响相对较弱,但校友网络对基金投资表现具有积极的影响,从而在一定程度上可以证明假设 16 的合理性。

表10-3 校友网络及彩票型持仓对基金投资表现的影响

	FF3 alpha				Carhart-4 alpha				FF3 alpha			
	(1)	(2)	(3)	(4)	(5)	(6)	(7)	(8)	(9)	(10)	(11)	(12)
Holding MAX(3)	-0.0089*** (-3.66)				-0.0062*** (-3.35)				-0.0096*** (-4.20)			
Holding LTRY		-0.0004*** (-2.93)				-0.0004*** (-4.13)				-0.0003* (-1.97)		
Alumni District			0.0007 (0.58)				0.0003 (0.29)				0.0009 (0.65)	
Degree District				0.0630** (1.96)				0.0589* (1.81)				0.0496 (1.52)
Return	0.1283*** (3.72)	0.1142*** (3.39)	0.0995*** (2.92)	0.1434*** (3.39)	0.1379*** (3.67)	0.1330*** (3.33)	0.1176*** (2.85)	0.1350*** (2.58)	0.0937** (2.36)	0.0803** (2.26)	0.0651* (1.78)	0.1090** (2.54)
Volatility	-0.0049 (-0.95)	-0.0113* (-2.00)	-0.0114* (-1.94)	-0.0158* (-2.09)	-0.0034 (-0.67)	-0.0068 (-1.38)	-0.0071 (-1.38)	-0.0086 (-1.15)	0.0001 (0.02)	-0.0072 (-0.87)	-0.0065 (-0.74)	-0.0154* (-1.47)
Flow	0.0042 (1.61)	0.0017 (0.81)	0.0029 (1.33)	0.0038 (0.70)	0.0025 (1.25)	0.0005 (0.22)	0.0008 (0.40)	0.0034 (0.81)	0.0058* (1.72)	0.0036 (1.54)	0.0047* (1.75)	0.0084 (1.57)
Style Flow	0.0037 (0.35)	-0.0001 (-0.00)	0.0013 (0.10)	0.0391 (1.40)	-0.0016 (-0.15)	-0.0045 (-0.44)	-0.0047 (-0.39)	-0.0291 (-1.14)	0.0024 (0.22)	0.0004 (0.04)	0.0003 (0.02)	0.0292 (1.46)
Size	-0.0004 (-0.67)	-0.0003 (-0.58)	0.00002 (0.03)	0.0006 (0.72)	-0.0006 (-1.07)	-0.0006 (-1.18)	-0.0004 (-0.64)	0.0006 (0.85)	-0.0003 (-0.56)	-0.0002 (-0.31)	0.0001 (0.19)	0.0005 (0.74)
Family Size	0.0042*** (5.23)	0.0042*** (4.74)	0.0044*** (5.10)	0.0023* (1.90)	0.0045*** (6.03)	0.0045*** (5.50)	0.0047*** (5.83)	0.0028** (2.43)	0.0039*** (5.22)	0.0040*** (4.71)	0.0041*** (5.06)	0.0023** (2.04)
Fee	-0.0063 (-0.70)	-0.0008 (-0.07)	-0.0026 (-0.29)	0.0070 (0.30)	0.0039 (0.45)	0.0068 (0.67)	0.0060 (0.70)	0.0105 (0.48)	-0.0129 (-1.59)	-0.0076 (-0.79)	-0.0090 (-1.09)	-0.0010 (-0.05)
Age	-0.0037*** (-3.61)	-0.0039*** (-3.61)	-0.0039*** (-4.02)	-0.0034 (-1.94)	-0.0045*** (-4.23)	-0.0046*** (-3.98)	-0.0048*** (-4.34)	-0.0050* (-1.96)	-0.0039*** (-3.53)	-0.0041*** (-3.48)	-0.0041* (-1.97)	-0.0041* (-1.63)
Gender	-0.0073*** (-2.95)	-0.0079*** (-3.03)	-0.0081*** (-3.04)	-0.0038 (-1.57)	-0.0066*** (-2.96)	-0.0066*** (-2.91)	-0.0067*** (-2.98)	-0.0041* (-1.96)	0.0073*** (-3.02)	-0.0082*** (-3.22)	-0.0084*** (-3.29)	-0.0040* (-1.63)
Observations	24.753	24.753	24.767	6.298	24.753	24.753	24.767	6.298	24.753	24.753	24.767	6.298
Adjusted R²	0.2818	0.2654	0.2492	0.2626	0.2363	0.2250	0.2106	0.2448	0.2791	0.2649	0.2528	0.2690

注：***、**和*分别代表显著性水平为1%、5%和10%。括号内为经Newey&West(1987)调整后的t统计值。所有解释变量均滞后一期。

第四部分
社交对资产定价的影响

　　基于"自我强化传递偏差"理论对投资者行为和投资结果的分析,本书认为社交对资产定价的动态过程也存在显著影响。本书主要关注社交对资产定价影响的以下几个方面:

　　首先,投资者情绪对股票市场的影响显而易见,特别是在信息传播更加迅速和广泛的社交网络时代。研究表明,社交网络上的情绪传播可以影响股票的收益率和成交量。例如,当投资者在社交媒体上表达出强烈的情绪(如恐惧或贪婪),这种情绪往往会影响其后的投资决策,进而影响相关股票的交易活动。大规模情绪传播可能导致市场的非理性波动,从而对股票的价格产生短期或长期的影响。

　　其次,社交网络是否导致"特质波动率之谜"的出现,是当前学术界和市场实践中的一个重要问题。有一些观点认为,高特质波动率的股票有时伴随着高风险和低回报,这与传统资产定价理论认为的"高风险带来高回报"产生了矛盾,这便是"特质波动率之谜"。在社交网络时代,这种关系可能因为信息传播的快速性和波动性而发生变化。有研究指出,社交网络上的消息和情绪传播可以加剧股票价格的波动,从而可能增加特质波动率。然而,这种波动性是否带来了额外的市场溢价或者只是市场噪音,仍然需要进一步的研究和分析。

　　最后,社交网络对高特质波动率和高换手率股票溢价的影响也是一个重要议题。高特质波动率的股票往往被视为高风险高回报的代表,而高换手率则反映了市场参与者对这些股票的交易活跃度。在社交网络的影响下,这些股票可能会更容易受到情绪和信息传播的影响,从而产生更大的市场波动和溢价。投资者可能会更加倾向于在社交网络上获取情报和意见，这可能导致这些股票的价格出现偏离基本面的情况，进而影响其市场表现和溢价。

本部分将分三章对上述问题进行研究。

第 11 章
社交网络中的投资者情绪是否会影响股票收益率与成交量

11.1 研究假说

本章将研究视角从个人投资者的交易行为转向资产定价,检验社交学习对于资产收益率、成交量以及波动率的影响。本章同时使用"股吧"的发帖数据以及"雪球网"的社交投资平台数据。

首先,本章将关注点放在股吧。股吧虽然是在线社交学习的初级形式,但其发帖却能够较好地反映投资者的情绪。本章使用文本挖掘技术从股吧的发帖中提取"投资者情绪"。Antweiler 和 Frank(2004),Das 和 Chen(2007),Wysocki(1998),Bagnoli、Beneish 和 Watts(1999),以及 Tumarki 和 Whitelaw(2001)等人的研究都表明,股票论坛所体现的"投资者情绪"对证券的收益率具有预测作用,并且论坛的发帖活动与股票的成交量之间存在高度的相关性。对国内市场的研究也得到了类似结论,例如陈维强和刘波(2001),宋双杰、曹晖和杨坤(2011),张旭(2011),梁循、杨健和陈华(2006),游家兴(2012)。据此,本书提出假设 17:

假设 17:投资者情绪、证券收益、成交量之间存在相关性。

本书接着从"波动率偏好"的角度研究社交学习如何影响资产定价。Han、Hirshleifer 和 Walden(2018)从理论上说明,社交学习会在长期中助长

本章部分内容已于 2013 年发表在《新闻与传播研究》第 12 期。

了对于高波动率股票的偏好。传统理论认为,高波动率的股票(尤其是高异质性波动率的股票)并不能带来超额收益,反而会增加损失的风险。但是许多实证研究指出,人们对于高波动率的股票(又称为"彩票股票")具有非理性的偏好。例如,Mitton 和 Vorkink(2007)与 Goetzmann 和 Kumar(2008)提出,投资欠分散(underdiversified)的投资者更加喜欢高偏度、特别是高异质性偏度(idiosyncratic skewness)的股票。

Han、Hirshleifer 和 Walden (2018)认为,这可以从社交学习的角度得到解释。具体而言,他们认为,由于"自我强化偏差"的影响,主动投资者在投资者社区中不断上升。又因为主动投资者的交易频率比较高,并且喜欢波动率高的股票(因为这类股票有更大的概率产生极端高收益),因而市场对于高波动率股票的需求增加,这类股票的波动率也进一步增大。据此,本书提出假设 18:

假设 18:股票波动性越大,其成交量也越大。

11.2　数据与核心变量定义

11.2.1　数据来源

本章使用了"东方财富通股吧"(以下简称股吧)以及"雪球网"两大数据来源。其中雪球数据同第 4 章中使用的一致。对于东方财富网股吧,我们抓取了 300101~300300 共 200 只股票的历史发帖数据,最早的帖子发布在 2010 年 7 月;最晚的帖子发布在 2012 年 7 月。表 11-1 给出了统计的结果。

表 11-1　股吧发帖统计

总观测样本	979214(主贴数) 5904693(总贴数)
起始日期	2010 年 7 月 15 日
结束日期	2012 年 7 月 20 日
每股平均观测时间	439 天
每股日平均发帖数	13 条
每股日平均点击数	784 次
每条帖子平均回复数	5 条

由于很多回帖很短,而且包含许多噪音,因此本章只使用主贴进行研究。主贴共计 979214 条。本章借鉴 Antweiler 和 Frank(2004)的做法,使用朴素贝叶斯的方法将这近 100 万条分类为"看涨"、"看跌"以及"中立/噪音"三类。文本分类的基本思想是,首先从要分类的数据集中抽取出一个子集(本章为 2000 条)进行人工分类,这个数据集被称为"训练集"。接着,将人工分类完的训练集输入计算机,计算机将自动学习人类的分类方法,并对没有分类的帖子进行自动分类。

表 11-2 展示了分类的结果。该表被称为混淆矩阵,因为该表展示了分类中的每一种交叉结果。以第四行的数据为例,"15.7"表示训练数据集中有 15.7% 的帖子被人工分类为"积极";"0.2、8.9、6.5"分别表示对于训练数据集中被人工分类为"积极"的帖子而言,有占 0.2% 的帖子被贝叶斯算法错误地归为了"消极"类别,有 8.9% 被错误地归入了"中立/噪音"类,而剩下的 6.5% 被正确地归入了积极类。混淆矩阵对角线上的数字相加即为正确判断的百分比,在我们的例子中,贝叶斯的正确率达到了 80%。

表 11-2　文本分类结果

类别	人工分类结果 %	朴素贝叶斯分类结果 %		
		消极	中立/噪音	积极
消极	13.6	6.1	7.3	0.2
中立/噪音	70.7	1.3	67.4	2.0
积极	15.7	0.2	8.9	6.5
训练数据集		7.6	83.6	8.7
全体数据集		6.8	85.4	7.2

注:训练数据集共有 2000 条帖子,全体数据集共有 979214。我们邀请了五个人(两个金融系研究生,三个 5 年以上经验的股民)对训练数据集进行分类,每条帖子的最终结果取五个人评分的众数。

11.2.2　情绪指数的构建

为了能够衡量投资者的整体情绪,我们需要构建一个情绪指数将特定股票某段时间的情绪"加总"起来。我们用 E_t 来表示在时间段 D_t 内加总的情绪指数,用 $M_t^c = \sum_{i \in D_t} w_i x_i^c$ 表示在指定时间段 D_t 内,被归为类别 $c \in$ {消极($sell$),中立($hold$),积极(buy)}的帖子的加权条数,其中 $x_i^c = 1$ 如果帖

子 i 属于类别 c，否则为零。w_i 为权数。在此我们另权重为 1①，于是 M_t^c 就表示某一时间段中类别 c 的帖子的数量。又由于我们没有股价的高频数据，所以我们将时间段 D_t 定为 1 天，当有股价的高频数据后，我们可以将 D_t 设定在 15 分钟。

有许多方法可以构建情绪指数，我们在本书中采用 Antweiler 和 Frank(2004) 的体系：

$$E_t = \ln \frac{1 + M_t^{buy}}{1 + M_t^{sell}} \tag{11.2.1}$$

该指数考虑了在固定时间段内特定类别的帖子数量对情绪的影响，当发帖总量 $M_t = M_t^{buy} + M_t^{sell}$ 上升时，E_t 也随之增大。该指数取值范围从负无穷至正无穷。其中，分子分母加一是为了防止零的出现。

11.2.3　意见分散度指数的构建

股票论坛是一个检测意见不一致性的天然场所。依据上节所构建的情绪指数，每日 E_t 的方差可以表示如下：

$$\sigma_t^2 = \frac{\sum_{i \in D(t)} w_i (x_i - E_t^*)^2}{\sum_{i \in D(t)} w_i} = 1 - E_t^{*\,2} \tag{11.2.2}$$

最后，我们用上文的方差构建如下意见分散度指数：

$$A_t = 1 - \sqrt{1 - E_t^{*\,2}} \tag{11.2.3}$$

A_t 越大，说明意见越集中。如果我们假设成交是由于投资者意见不一致导致的话，那么我们应该观察到 A_t 与成交量应该负相关。

---

① 我们也尝试过用帖子的长度以及帖子的引用数或点击数作为权重。但是，这种修正后的权重并没有对结果有任何定性影响。而且，引用数或点击数是一个事后的指标，发帖者在发帖时是不知道他的帖子最后有多少引用率与点击率的。此外，复杂的权重系统增加了计算机资源的消耗，故我们还是令每条帖子的权重都为 1。

11.3　实证结果及分析(假设 17,假设 18)

11.3.1　"投资者情绪"对于资产定价的影响(假设 17)

表 11-3 汇报了显著不为零的主要变量的简单相关系数。表的最初几行是股票市场变量,如波动率、市场组合收益率、成交量等。这些股票市场变量已经受到了广泛深入研究,我们可以当作一个比较的标准。在接下来的几行中,我们加入了本书所关注的变量(以下统称网络信息变量):发帖量、情绪指数、意见分散指数以及总字数。我们发现,网络信息变量与股票市场变量之间具有很强的相关性,这种相关性甚至比一些我们所熟知的股票市场变量之间的相关性还要强。例如,波动率与成交量的关系向来是研究的热点问题,在我们的结果中,它们的相关系数是 0.360,但是波动率与发帖字数相关系数达到了 0.555,与发帖量的相关系数高达 0.573,与意见分散指数的相关系数也有 -0.330。这说明,网络信息变量对于股票市场变量的影响是不可忽视的,而且这种影响也比我们想象中强得多。

接下来我们将注意力转到网络信息变量与股票市场变量的关系上来。先来看哪些变量对收益率有影响。自然,市场组合的收益率对个股日收益率的影响是最大的,为 0.571,不过我们发现无滞后期的情绪指数与个股收益也有较强的正相关性,及情绪越积极,日收益率越高。不过,随着滞后期的加长,这种相关关系衰退很快。

然后我们考察哪些变量影响波动率。我们发现,在发帖量、意见分散指数、发帖总字数三个相关变量中,发帖量的相关性最强。此外我们也需要注意意见分散指数,它与波动率呈负相关。由上文的定义可以,意见分散指数数值越低表示意见越分散。此处的相关性为 -0.330,说明意见越分散,交易的波动越大,这从一个侧面印证了意见不一致是交易的驱动力这个假说。

最后我们考察哪些变量与成交量相关。其中,发帖量、意见分散指数、总字数都与成交量呈较强的相关关系,而情绪指数与它的相关性不强。我们认为这同样体现了意见分散对于提高成交量的重要作用。因为情绪指数只能衡量积极或消极,并不能反映两者的分歧有多大,而发帖量与发帖字数多则说明了投资者对于该股讨论得很热烈，也即不同种类的意见比较多。

表 11-3　相关性分析

	日各股回报率	日市场收益率	日波动率	发帖量	成交量
日波动率	0.013	0.020		0.280	0.360
日各股成交量	0.105	0.028	0.360	0.573	1.000
日市场收益率	0.571	1.000	0.020		0.076
发帖量 无滞后	−0.017		0.280	1.000	0.573
发帖量 滞后一期	−0.032		0.241	0.621	0.400
发帖量 滞后两期	−0.027		0.230	0.400	0.313
发帖量 滞后三期	−0.021		0.222	0.339	0.292
情绪指数 无滞后	0.249	0.130	−0.023	−0.065	
情绪指数 滞后一期	0.042	0.013	−0.027	−0.049	0.023
情绪指数 滞后两期	0.017	−0.017	−0.015	−0.036	0.010
情绪指数 滞后三期	0.010		−0.011	−0.037	0.007
意见分散指数 无滞后	0.027	0.033	−0.221	−0.377	−0.330
意见分散指数 滞后一期	0.017		−0.220	−0.269	−0.263
意见分散指数 滞后两期	0.012		−0.193	−0.189	−0.197
意见分散指数 滞后三期			−0.187	−0.154	−0.169
总字数 没有滞后			0.281	0.981	0.555
总字数 滞后一期	−0.027		0.246	0.627	0.400
总字数 滞后两期	−0.025		0.236	0.410	0.318
总字数 滞后三期	−0.020		0.230	0.342	0.295

注：(1)只有对于置信度大于 99％的结果我们才汇报；(2)我们采用 GARCH(1,1)模型计算日波动率；(3)我们将每只股票每天发帖的所有字数相加，得到总字数。

表 11-4 展示了使用面板数据模型的无滞后期回归。为了确定是固定效应模型还是随机效应模型，我们做了 Husman 检验，三组回归得出的 F 值均在 170 以上，故我们拒绝混合效应模型，选择固定效应模型，其中 N 代表股票。此处的发帖量与成交量都经过对数处理。此外，由于新股不断发行，靠近样本期终点的股票的观测时间较少。为了能获得平衡面板数据，我们将面板数据的 T 规定在约等于样本的平均持续期，即 450 天。此时我们能保留 100

只股票,相当于 $N=100$。最后,我们加入市场组合的日收益率作为控制变量。其中,市场组合的收益用流通市值加权得到。

股票的收益率向来都是非常难以预测的,来自股票论坛的信息可以帮助我们预测股票收益率吗? 表 11-3 已经说明,与收益率最相关的两个变量是市场收益率与情绪指数,而表 11-4 用面板模型再次证明了这个结论。我们看到,情绪指数与市场收益率都在 99% 的置信度下显著,而发帖量与意见分散指数则不显著。这说明我们所构造的情绪指数的效果是比较理想的。

由于波动率与成交量有比较密切的关系,我们接下来同时考察这两个回归。我们发现,所有网络信息变量都在 95% 的置信水平上显著。在波动率的回归方程中,发帖量、情绪指数、意见分散指数的系数都为负,说明发帖量越多,情绪越消极,投资者的意见越不一致,那么股票的波动率就越大;而在成交量的回归中,发帖量与情绪指数的符号都为正,意见分散指数的符号为负,说明发帖量越多,情绪越高涨,投资者的意见越分散,成交量就越高。

表 11-4　同期回归

	日收益率	波动率	成交量
发帖量	−0.0003*	−0.001**	0.455**
	(0.90)	(21.79)	(50.12)
情绪指数	0.007***	−0.0001**	0.045**
	(23.06)	(−2.55)	(5.02)
意见分散指数	0.0004*	−0.0006**	−0.123**
	(0.71)	(5.68)	(−6.81)
市场收益率	1.088***	0.015**	1.667**
	(69.41)	(5.96)	(3.84)
R^2	0.35	0.49	0.50

注:***,**,* 分别表示 1%,5% 以及 10% 的显著性水平,括号中为标准差。

对于实战交易而言,更有意义的问题是情绪指数能否对于收益率具有预测作用。为此,我们将网络信息变量的滞后项纳入了我们的模型。表 11-5 与表 11-6 汇报了我们的结果。在表 11-5 中,我们将证券市场变量作为因变量 Y,将发帖量、字数、情绪指数等网络信息变量作为自变量 X。然而,既然我们考虑了滞后期的影响,那么我们就需要区分这种影响的关系,网络信息因素会影响证券市场,证券市场现在也会影响网络信息。于是,我们对调 X 与 Y 的次序,这也就是表 11-6 的结果。在两张表中,X_i 中的下标 i 表示滞后 i 期,

market 变量为流通市值加权市场组合收益率。我们采用固定效应的面板模型拟合,其中 N 为股票,$N=100$,$T=450$。

先来看表 11-5。我们发现情绪指数的滞后期与收益率具有预测作用,而发帖量、字数以及意见分散指数对收益率不具有预测作用。也即,$t-1$ 日的情绪指数对于 t 日的股票收益率存在正的相关性。不过,$t-2$ 日的情绪指数对于收益率的影响却是不显著的,类似的情况也出现在我们上文的相关性分析中。同期的情绪指数与收益率具有较强的相关性,但一旦增加滞后期,这种相关性立即衰退。我们认为这反映中小投资者情绪的易变性:一旦股价上涨,情绪立即高涨,但若这种上涨无法持续,或是在接下来的时间内仍有上涨,但没有达到预期,那么投资者情绪将会立即平息,甚至是转为消极。

表 11-5　投资者行为对于资产价格的影响

		$Y=f(X_{-1},X_{-2},Market)$			
X	Y	X_{-1}	X_{-2}	$Market$	R^2
发帖量	日收益率	-0.0003	$-0.0006**$	$1.135***$	0.32
发帖量	波动率	$0.0010***$	$0.0005***$	$0.0139***$	0.51
发帖量	成交量	$0.2642***$	$0.1242***$	1.759	0.42
字数	日收益率	-0.0002	-0.0005	$1.135***$	0.32
字数	波动率	$0.0009***$	$0.0005***$	0.0133	0.51
字数	成交量	$0.2480***$	$0.1256***$	$1.756***$	0.42
情绪指数	日收益率	$0.0014***$	0.0007	$1.1367***$	0.34
情绪指数	波动率	$-0.0001***$	-0.0001	$0.0131***$	0.45
情绪指数	成交量	$0.0522***$	$0.0403***$	1.6493	0.32
意见分散指数	日收益率	0.0006	0.0011	$1.1357***$	0.33
意见分散指数	波动率	$-0.0017***$	$-0.0013***$	$0.0137***$	0.48
意见分散指数	成交量	$-0.3934***$	$-0.2782***$	1.6933	0.37

注:***,**,*分别表示 1%,5%以及 10%的显著性水平。

无滞后期与有滞后期回归结果类似的情况也出现在了对波动率的预测中。也即,在前期被讨论比较多的股票(体现为发帖量多,意见分散指数高),它们的波动率在接下来的几期中也将维持较高的水平。唯一需要说明的一点是,在无滞后期回归中,发帖量与波动率呈负相关关系,而在有滞后期的回归中,它们却呈正相关。相对而言,我们更加倾向于认为有滞后期的回归反映了真实状况。因为波动率的增加往往是由于股票在当天出现了预期之外的大涨或大跌,而这种大涨或大跌往往是引发投资者热烈讨论的重要原因,所以波动率与发帖量之间应该会呈现正相关关系。

然后再来考察表 11-6,看看证券市场是否对于网络上的讨论具有预测作用。首先我们发现,如果一只股票的成交量或是波动率越大,那么在接下去几天它的讨论也会比较热烈,这个结论与直觉是相符的。然而,收益率对于发帖的影响就没有那么强的持续性了。除了对意见分散指数的回归中收益率的两项滞后期都在 99% 的条件下显著,在其他回归中,收益率的滞后期要么不显著,要么只有一期是显著的。

表 11-6　资产价格对于投资者行为的影响

| | | $X=f(Y_{-1}, Y_{-2}, Market)$ | | | |
X	Y	Y_{-1}	Y_{-2}	$Market$	R^2
发帖量	日收益率	0.2861	0.4886	−1.311	0.27
发帖量	波动率	35.322***	13.765***	−2.566***	0.31
发帖量	成交量	0.2475***	0.1479***	−1.9781***	0.37
字数	日收益率	0.4033	0.3492	−1.119	0.26
字数	波动率	37.862***	14.352***	−2.444***	0.30
字数	成交量	0.2684	0.1446	−1.8089	0.35
情绪指数	日收益率	1.2032***	0.3367	5.737***	0.03
情绪指数	波动率	−11.071***	4.794	5.691***	0.03
情绪指数	成交量	−0.0001	−0.0085	5.5945***	0.02
意见分散指数	日收益率	−11.977***	−5.086***	1.251***	0.12
意见分散指数	波动率	−0.2034	−0.2468	0.8303***	0.09
意见分散指数	成交量	−0.0843***	−0.0480***	1.0474***	0.15

注:***,**,*分别表示 1%,5% 以及 10% 的显著性水平。

11.3.2　"波动性偏好"对于资产定价的影响(假设 18)

本节检验 Han 和 Hirshleifer(2022)的如下假说:由于社交学习的影响,高波动率股票存在非理性的高需求。具体而言,在社交学习的影响下,主动投资者比重将会逐渐增加,又由于主动投资者更加偏好波动率高的股票,因而波动率高的股票其需求也越高。

本节参考 Ang、Hodrick 和 Xing 等(2006)的做法,使用两种方式定义股票的波动性:已实现波动率与异质性波动率。已实现波动率(后文简称为"波动率")定义为每个股票月间日收益率的平方和,异质性波动率则使用以下 Fama-French 三因子模型得到:

$$r_{i,t} = \alpha_{i,t} + \beta_{i,MKT} MKT_t + \beta_{i,SMB} SMB_t + \beta_{i,HML} HML_t + \varepsilon_{i,t} \qquad (11.3.1)$$

其中,$r_{i,t}$ 为股票 i 在 t 日的收益。股票 i 的异质性收益被定义为 $\sqrt{Var(\varepsilon_{i,t})}$。

对于股票需求,本节使用"某股在某月被雪球用户交易到的次数"($trade$)来衡量,我们还进一步将交易次数细分为"买入次数"($trade_{buy}$)与"卖出次数"($trade_{sell}$),并最终用 $trade_{buy} - trade_{sell}$ 来表示股票净需求。该数字越大,说明投资者对该类股票的需求就越大。

接着我们构造如下策略:在每个月初将所有股票按照过去一个月的(异质性)波动率分成从低到(1)到高(10)的十组,然后对于每一组计算其需求、收益率以及平均规模。

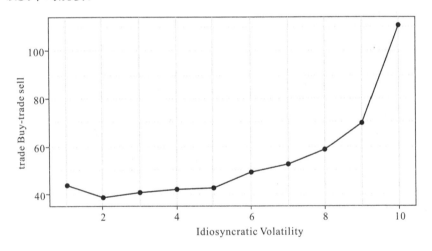

图 11-1 异质性波动率与股票需求

图 11-1 以及表 11-7、表 11-8 分别用图和表格呈现了相关结果。从中我们可以非常明显地看出,随着股票的异质性波动率增加,其需求也不断增加。特别的,波动性与股票需求之间这种正向关系还是"凸"的——投资者对于那些波动性最高的股票具有超乎寻常的偏好,波动性最高的那类股票的需求比波动性处于中位数的那些股票的需求要高近三倍。此外,表 11-7 以及表 11-8 还告诉我们,波动率最高的那些股票基本都是小盘股,其平均市值只有波动率

最低的那些股票的 1/7 左右。以上结果支持了本章假说 18：股票的波动性越大，其需求也越大。

表 11-7 按照波动率分组

rank	trade	trade$_{buy}$	trade$_{sell}$	trade$_{buy}$ − trade$_{sell}$	return	alpha	size
1	97	77	21	56	−0.62	−0.07	40130987
2	72	57	16	41	−1.13	−0.08	16347911
3	72	56	16	41	−1.27	−0.08	13140943
4	73	56	16	40	−1.15	−0.06	11536511
5	80	62	18	44	−1.02	−0.06	10590414
6	81	63	18	45	−0.85	−0.04	8875530
7	91	70	21	50	−1.03	−0.04	9182345
8	102	79	23	56	−0.49	0.00	7895578
9	126	97	28	69	1.37	0.06	7183116
10	200	153	46	107	32.43	1.93	6098452
10−1	103	76	25	56	33.05	2.00	−34032535

表 11-8 按照异质性波动率分组

rank	trade	trade$_{buy}$	trade$_{sell}$	trade$_{buy}$ − trade$_{sell}$	return	alpha	size
1	75	59	16	43	−0.69	0.48	33593509
2	67	53	14	39	−2.30	−0.11	15136086
3	73	57	16	41	−2.08	−0.11	14467573
4	74	58	16	42	−1.89	−0.08	12605915
5	77	59	17	42	−1.31	−0.06	11356140
6	91	70	21	49	−0.76	−0.05	11299226
7	97	75	22	53	−0.30	−0.02	9527323
8	106	82	24	58	0.46	0.02	8986773
9	126	98	28	70	2.53	0.12	7806634
10	207	158	48	110	32.32	1.37	6447640
10−1	132	99	32	67	33.01	0.89	−27145869

以上结果可以得出一个非常自然的推论:如果高波动的股票具有更高的需求,那么其股价也应该越高,从而收益率下降。因此在本章的最后部分,我探索性地检验股票波动性与收益率之间的关系。从图 11-2 中可以发现,在中国的股票市场,波动性与收益率存在"U 型"关系:对于波动率最低以及最高的 10% 的股票,其收益率远超正常值,并且整体上呈现出"异质性波动率越大,收益率越高"的模式。这和美国市场的结果截然相反。在 Ang、Hodrick 和 Xing 等(2006)对美国市场的研究中,波动性处于中位数的股票平均 $alpha$ 为 -0.07% 左右,而波动最高的 20% 的股票,其 $alpha$ 则下降到了 -1.21%。但是对于中国市场,波动处于中位数的股票 $alpha$ 同样在 -0.1% 左右,但是波动最高的 10% 的股票其 $alpha$ 竟然有 1.37%!这一结果的含义是,波动率高的股票不仅需求高,而且这种增加的需求没有降低其收益率。

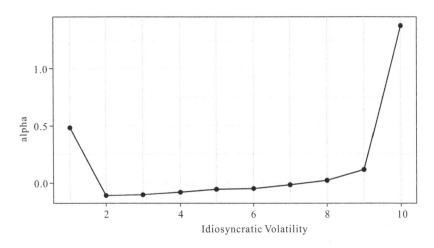

图 11-2　波动率与收益

为了进一步确认高波动与高收益之间的关系,我们画出股票需求与股票超额收益的关系。图 11-3 和表 11-9 进一步说明,不仅波动率与收益正相关,股票需求也与股票收益正相关。

综上,最后一部分的结果支持了"高波动→高需求→高收益"的逻辑推论。为什么对高波动率股票的过度需求没有对其收益率带来向下的压力呢?一个可能的解释是,本章在构造组合时,计算的是每个波动率分组"下一个月"的收益。也许对于股票市场而言,一个月的时间尚不能对收益率进行充足的调整。此外,由于本章的组合是进行月度调整的,每个月每个波动率组合中的样本股

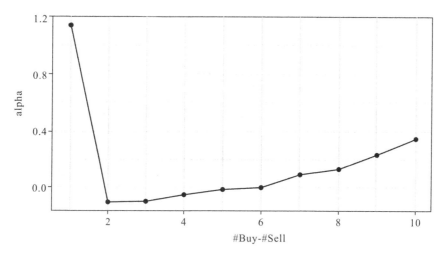

图 11-3　股票需求与收益率

都会变动，因而无法追踪一个股票长期的收益—波动率关系。进一步的研究可以为我们带来更多答案。

表 11-9　按照股票需求分组

rank	return	alpha	size
1	6.00	0.87	5478387
2	−1.19	0.01	5787116
3	−0.95	−0.02	6151340
4	−0.17	0.05	6866233
5	−0.26	0.00	7500049
6	1.50	0.04	8380842
7	1.92	0.06	9723367
8	4.26	0.16	13005124
9	5.99	0.21	19307722
10	8.59	0.29	48921435

第 12 章
社交网络中个人投资者股票组合
是否存在"特质波动率之谜"

12.1 研究假说

Han、Hirshleifer 和 Walden(2022)在理论模型中,从社交的视角,给"异质性风险之谜"这一股市异象提供一种新的解释。高收益率偏度的股票意味着高风险和极低概率的高收益率。只有在那些合适的时间购入的投资者,才能通过持有高收益率偏度的股票赚取极高的超额收益率。另一方面,处于跟随状态的投资者,由于错过实现高额收益率的窗口期,继续持有高收益率偏度股票则会遭受损失,从而导致大部分投资者在异质性风险升高的同时,收益率呈下降趋势。综上所述提出本书第 19 个研究假设。

假设 19:社交交易网络中大部分投资者的风险与收益率呈负相关关系,即存在"特质波动率之谜"。

12.2 数据与核心变量定义

1. 数据来源

本部分研究数据与"风险厌恶"相关章节的数据处理及来源一致,详见 5.2。另一部分数据源自国泰安数据库。

2. 核心变量定义

(1)收益率与超额收益率的度量

本章以三种方式对收益率进行度量。首先,本章计算普通的投资者日度收益率 $return_{it}$ 作为其他衍生收益率度量的基础,普通收益率计算方法如下:

$$R_{it} = \left(\frac{value_{i,t}}{value_{i,t-1}} - 1 \right) \times 100\% \qquad (12.2.1)$$

等式(12.2.1)中的 R_{it} 为投资者 i 在 t 时刻的日收益率,$value_{it}$ 为投资者 i 在 t 时刻资产净值,$value_{i,t-1}$ 为投资者 i 在 $t-1$ 时刻的资产净值。

接着,本章将会根据三因子、四因子、五因子以及六因子模型对投资者进行投资者行为前后的超额收益率进行计算:

$$R_{it} - r_f = alpha + \sum_{k=1}^{n} beta_k * factor_k + \sigma \qquad (12.2.2)$$

等式(12.2.2)中 $alpha$ 为所需要进行回归计算的超额收益率,$return_{it}$ 为第 i 个投资者在 t 时期(日度)的收益率,r_f 为无风险收益率,$factor_k$ 为因子模型中的第 k 个因子,$beta_k$ 为第 k 个因子的回归系数,σ 为残差项。在分别计算投资行为前后的超额收益率后,将对这两个 $alpha$ 进行比较。

最后,考虑到日度收益率的噪音及偏差问题,以及投资者开启和关闭其投资组合在时间上的不确定性。文章将用 30 日、60 日和 90 日的滚动累积超额收益率(以日为单位进行滚动)对投资者的超额收益率 CAR_{it} 进行度量:

$$R_{ijt} = \alpha_{ij} + \beta_{1,ij}mkt - rf_{jt} + \beta_{2,ij}smb_{jt} + \beta_{3,ij}hml_{jt} + \sigma_{ijt} \qquad (12.2.3)$$

$$AR_{ijt} = R_{ijt} - \overline{\alpha}_{ijt} - \overline{\beta}_{1,ijt}mkt - \overline{rf}_{jt} - \overline{\beta}_{2,ijt}smb_{jt} - \overline{\beta}_{3,ijt}hml_{jt} \qquad (12.2.4)$$

$$CAR_{ij} = \sum_{t=1}^{n} AR_{ijt} \qquad (12.2.5)$$

关于该超额收益率的计算分为三个步骤,首先通过等式(12.2.3),将每 30 天、60 天和 90 天的收益率分别对市场收益率进行滚动回归,得到每个滚动区间截距项和市场收益率的回归系数,其中 R_{ijt} 为投资者 i 在第 j 个区间 t 时刻的收益率,α_{ij} 为截距项,$mkt-rf_{jt}$ 为市场风险因子,smb_{jt} 为市值风险因子,hml_{jt} 为账面市值比因子,$\beta_{1,ij}$、$\beta_{2,ij}$ 和 $\beta_{3,ij}$ 分别为三个因子的系数,σ_{ijt} 为残差项;接下来通过等式(12.2.4),将回归出的截距项和系数代入,计算出滚动区间中每一天的超额收益率,其中 $\overline{\alpha}_{ij}$ 和 $\overline{\beta}_{k,ijt}$ 为 α_{ij} 和 β_{ij} 在期间内的估计值,AR_{ijt} 为第 i 个投资者在第 j 个区间内 t 时刻的超额收益率;最后利用等式(12.2.5),将每个滚动区间内每一天的超额收益率进行加总,即可得到每个滚动区间的超额收益率,

CAR_{ij} 即为投资者 i 在其第 j 个区间的累积超额收益率。

（2）风险的度量

鉴于理论中所涉及的风险的变化及风险与收益率之间的关系，根据理论中对收益率和风险关系的研究模型，进一步分析理论中所牵涉的投资者异质性风险与收益率的负相关关系问题，对投资者 30 日、60 日和 90 日超额收益率的特质波动率进行度量，也在此基础上对风险进行区间化：

$$R_{ijt} = \alpha_{ij} + \beta_{1,ij} mkt - rf_{jt} + \beta_{2,ij} smb_{jt} + \beta_{3,ij} hml_{jt} \qquad (12.2.6)$$

$$\overline{\sigma}_{ijt} = R_{ijt} - \overline{\alpha}_{ijt} - \overline{\beta}_{1,ijt} mkt - rf_{jt} - \overline{\beta}_{2,ijt} smb_{jt} - \overline{\beta}_{3,ijt} hml_{jt} \qquad (12.2.7)$$

$$ivol_{ij} = \sqrt{\frac{\sum_{t=1}^{n} \left(\overline{\sigma}_{ijt} - \frac{1}{n} \sum_{t=1}^{n} \overline{\sigma}_{ijt} \right)^2}{n-1}} \times \sqrt{n} \qquad (12.2.8)$$

所谓特质波动率，即为资产本身所特有，无法被市场所揭示的那一部分风险。对特质波动率的计算分为三步，首先通过等式（12.2.6），将每 30 天、60 天和 90 天的收益率分别对三因子进行滚动回归，得到每个滚动区间截距项和市场收益率的回归系数，其中 R_{ijt} 为投资者 i 第 j 个区间 t 时刻的收益率，α_{ij} 为截距项，$mkt - rf_{jt}$ 为市场风险因子，smb_{jt} 为市值风险因子，hml_{jt} 为账面市值比因子，$\beta_{1,ij}$、$\beta_{2,ij}$ 和 $\beta_{3,ij}$ 分别为三个因子的系数，σ_{ijt} 为残差项；再者，将统计回归出的系数代入等式（12.2.7）中，对每个滚动区间内每一天的残差项进行计算，其中 $\overline{\sigma}_{ijt}$ 为投资者 i 在第 j 个区间的 t 时刻的残差值，$\overline{\alpha}_{ijt}$ 为截距项的回归值，$\overline{\beta}_{1,ij}$、$\overline{\beta}_{2,ij}$ 和 $\overline{\beta}_{3,ij}$ 分别为三个因子的回归系数；最后，利用等式（12.2.8）对投资者在每个区间的残差值的标准差进行计算，其中 $ivol_{ij}$ 为投资者 i 在第 j 个区间的异质性风险，n 为这一区间的时长，即 30 日、60 日或 90 日。

（3）其他控制变量

为了对投资者以及市场因素进行控制，本章还设置了其他控制变量。首先为了控制投资者在平台中的经验所带来的影响，每天计算投资者在平台的存续时间，定义为 $active.day$；再者为了控制市场的带来的影响，加入 Carhart（1997）提出的动量因子进行控制，变量定义为 $Momentum$；接着为了控制投资者一些个人投资和社交行为带来的影响，用三个变量进行了控制，即投资者当日的评论数量 $cmt.num$、投资者当日持有的股票数量 $stock.num$ 和投资者当日的交易数量 $trd.num$。此外，考虑到过去的行为对投资者的影响，以及某些投资和社交行为频率较低的特点，本章还分别将这三个变量进行了变形，分别计算了过去 30 天内的总评论数 $cmt\text{-}num\text{-}30day$、过去 30 天日平均持有的股票数量 $stock\text{-}num\text{-}30day$ 以及过去 30 天的总交易数量 $trd\text{-}num\text{-}30day$。

　　结合上述对变量的定义,表 12-1 展示了各个变量的定义及计算方法。此外,本章使用的数据全部来源于中国最大的社交交易平台——雪球网。关于数据来源和信息的基本介绍可参考第 5 章中具体内容。本章使用的数据全部为雪球的实盘交易数据。关于社交行为的度量依然采用第 5 章中提出的样本分组比较和三个社交行为变量的方式。样本的划分与选择同样与第 5 章中一致。

表 12-1　变量定义一览表

变量名	变量含义
R	投资者的日度收益率
$CAR\text{-}30day$	投资者 30 日内的滚动累积超额收益率
$CAR\text{-}60day$	投资者 60 日内的滚动累积超额收益率
$CAR\text{-}90day$	投资者 90 日内的滚动累积超额收益率
$\log(CAR-30day)$	投资者 30 日内的对数滚动累积超额收益率
$\log(CAR\text{-}60day)$	投资者 60 日内的对数滚动累积超额收益率
$\log(CAR\text{-}90day)$	投资者 90 日内的对数滚动累积超额收益率
$ivol\text{-}30day$	投资者 30 日滚动超额收益率的异质性风险
$ivol\text{-}60day$	投资者 60 日滚动超额收益率的异质性风险
$ivol\text{-}90day$	投资者 90 日滚动超额收益率的异质性风险
$livol\text{-}30day$	投资者 30 日对数滚动超额收益率的异质性风险
$livol\text{-}60day$	投资者 60 日对数滚动超额收益率的异质性风险
$livol\text{-}90day$	投资者 90 日对数滚动超额收益率的异质性风险
$alpha$	因子模型中回归的截距项(超额收益率)
$mkt\text{-}rf$	市场风险因子
smb	市值风险因子
hml	账面市值比因子
umd	市场动量因子
rmw	盈利水平风险因子

续表

变量名	变量含义
activeday	投资者在平台的存续时间(日)
cmt-num	投资者当日的评论数量
stock-num	投资者当日持有的股票数量
trd-num	投资者当日的交易数量
cmt-num-30day	投资者过去 30 天内的总评论数
stock-num-30day	投资者过去 30 天日平均持有的股票数量
trd-num-30day	投资者过去 30 天的总交易数量

12.3 社交视角下风险与收益率关系的验证(假设 19)

通过前两部分的验证发现,社交交易平台的大部分投资者的收益率显著低于市场,且随着社交行为的进行收益率呈显著下降趋势。结合 Han、Hirshleifer 和 Walden 的理论研究,以及祝宇(2018)利用雪球数据对其理论进行验证的实证结论,可以发现大部分投资者在社交交易平台中风险不断上升的同时,收益率不断下降。

首先,本节将对风险的变化进行再次验证。在第 5 章中,本书通过处置效应的定义,利用生存分析对股票的持有时间进行计算,发现投资者在进行社交之后的风险偏好程度明显上升。为了更直接地反映投资者的异质性风险上升,在本节对特质波动率进行直接度量(具体度量方法可参考 12.2 节),并分别利用 two-stage 样本以及三个社交变量进行固定效应回归:

$$ivol\text{-}30day = \alpha_k + a_j + \beta_1 post\text{-}follow_{it} + \beta_N controls_N \tag{12.3.1}$$

$$ivol\text{-}30day = \alpha_k + a_j + \beta_1 LI\text{-}30day_{it} + \beta_2 LQ\text{-}30day + \beta_3 PS\text{-}30day$$
$$+ \beta_N controls_N \tag{12.3.2}$$

$$ivol\text{-}60day = \alpha_k + a_j + \beta_1 LI\text{-}60day_{it} + \beta_2 LQ\text{-}60day + \beta_3 PS\text{-}60day$$
$$+ \beta_N controls_N \tag{12.3.3}$$

$$ivol\text{-}90day = \alpha_k + a_j + \beta_1 LI\text{-}90day_{it} + \beta_2 LQ\text{-}90day + \beta_3 PS\text{-}90day$$
$$+ \beta_N controls_N \tag{12.3.4}$$

表 12-2 为社交对特质波动率影响的回归结果。其中列(1)和列(2)为

two-stage 样本下,等式(12.3.1)的回归结果[①]。通过加入和不加入控制变量的回归结果发现,*post-follow* 的回归社交行为对风险有显著的提升作用。以列(1)为例,列(1)中 *post-follow* 的回归系数为 0.048,在 0.001 的置信水平下显著,表明投资者在有社交行为之后相比社交行为之前,近 30 天的超额风险上升 0.048。列(3)与列(4)则利用了 *full sample* 样本对等式(12.3.2)进行了回归,三个社交变量对超额收益率风险的回归系数也为正。以列(3)为例,列(3)中 *LI-30day* 的回归系数为 0.406,在 0.001 的置信水平下显著,表明在过去 30 天之内投资者平均跟随的投资者数量上升 1%,其风险增加 0.406。列(5)和列(6)运用 *full-sample* 样本对等式(12.3.3)进行回归,得出与之前相同的结论。列(7)与列(8)的结果同样稳健。由此可以进一步验证,前文中的理论研究假说 3 的合理性,即社交交易平台中的投资者风险随着社交的进行而升高。

与前文类似,为去除收益率数据中非平稳性和异方差性,运用对数收益率对风险进行计算,并将对数收益率计算出的风险代入等式(12.3.1)、(12.3.2)、(12.3.3)和(12.3.4)中,得到如下回归模型,其中等式(12.3.5)至等式(12.3.6)中,*livol-30day*、*livol-60day* 和 *livol-90day* 分别为投资者在 30 日、60 日和 90 日,对数滚动超额收益率的值:

$$livol\text{-}30day = \alpha_k + a_j + \beta_1 post\text{-}follow_{it} + \beta_N controls_N \tag{12.3.5}$$

$$livol\text{-}30day = \alpha_k + a_j + \beta_1 LI\text{-}30day_{it} + \beta_2 LQ\text{-}30day$$
$$+ \beta_3 PS\text{-}30day + \beta_N controls_N \tag{12.3.6}$$

表 12-3 展示了对数收益率风险受社交影响的回归结果。其中列(1)和列(2)为 *two-stage* 样本下,等式 12-13 的回归结果,结果与表(12-2)类似,*post-follow* 的回归系数为 0.264 和 0.179 都在 0.001 的置信水平下显著。表明投资者在进行社交之后的风险上升。列(3)与列(4)为 *full sample* 样本下,等式(12.3.6)的回归结果。三大社交变量对风险的回归系数皆显著为正,且在加入各类控制变量之后依然显著。列(5)和列(6)将窗口期增大到 60 天之后发现回归结果依然显著。同理列(7)和列(8)将超额收益率周期增大到 90 天依然得到稳健的回归结果。综上所述,通过对数收益率受社交影响的回归结果,进一步表明社交平台中的投资者风险在社交场景中显著升高。

---

①　由于滚动收益率所需要损失一定的观测值,从而会导致 *two-stage* 的 *pre-follow* 的观测较少,为防止观测不足,在这里只运用了 30 天的滚动超额收益率。

表 12-2　社交与特质波动率变化

	Two-stage	Two-stage	Full sample	Full sample	Full sample	Full sample	Full sample	Full sample
	ivol-30day	ivol-30day	ivol-30day	ivol-30day	ivol-60day	ivol-60day	ivol-90day	ivol-90day
	(1)	(2)	(3)	(4)	(5)	(6)	(7)	(8)
Post-follow	0.048***	0.032***						
	(0.002)	(0.003)						
LI-30day			0.406***	0.373***				
			(0.004)	(0.004)				
LQ-30day			0.745***	0.565***				
			(0.031)	(0.031)				
PS-30day			0.046***	0.039***				
			(0.003)	(0.003)				
LI-60day					0.672***	0.706***		
						(0.006)		
LQ-60day					0.947***	0.769***		
					(0.043)			
PS-60day					0.085***	0.088***		
					(0.004)	(0.004)		
LI-90day							0.949***	0.984***
							(0.008)	(0.008)
LQ-90day							1.001***	0.891***
							(0.053)	(0.053)
PS-90day							0.135***	0.142***
							(0.005)	(0.005)
Activeday		0.002***		0.010***		−0.008***		0.001*
		(0.000)		(0.000)		(0.000)		(0.000)
Cmt-num-30day		0.002***		0.009***		0.009***		0.008***
		(0.000)		(0.000)		(0.000)		(0.000)
Trd-num-30day		0.003***		0.018***		0.018***		0.014***
		(0.000)		(0.000)		(0.000)		(0.000)
Stock-num-30day		−0.020***		−0.022***		−0.030***		−0.025***
		(0.000)		(0.000)		(0.000)		(0.000)
TraderFE	Yes	Yes	Yes	Yes	Yes	Yes	Yes	Yes
QuarterFE	Yes	Yes	Yes	Yes	Yes	Yes	Yes	Yes
Observations	310131	310131	2244900	2244900	2016000	2016000	1787100	1787100
R^2	0.558	0.568	0.499	0.508	0.607	0.611	0.685	0.686

*** $p<0.001$; ** $p<0.01$; * $p<0.05$; · $p<0.1$

表 12-3　社交与特质波动率变化(对数收益率)

	Two-stage livol-30day	Two-stage livol-30day	Full sample livol-30day	Full sample livol-30day	Full sample livol-60day	Full sample livol-60day	Full sample livol-90day	Full sample livol-90day
	(1)	(2)	(3)	(4)	(5)	(6)	(7)	(8)
Post-follow	0.264*** (0.013)	0.179*** (0.014)						
LI-30day			0.408*** (0.004)	0.373*** (0.004)				
LQ-30day			0.745*** (0.031)	0.567*** (0.031)				
PS-30day			0.048*** (0.003)	0.041*** (0.003)				
LI-60day					0.674*** (0.006)	0.708*** (0.006)		
LQ-60day					0.949*** (0.043)	0.774*** (0.043)		
PS-60day					0.087*** (0.004)	0.090*** (0.004)		
LI-90day							0.954*** (0.008)	0.987*** (0.008)
LQ-90day							1.006*** (0.053)	0.899*** (0.053)
PS-90day							0.138*** (0.005)	0.144*** (0.005)
Activeday		0.012*** (0.001)		0.011*** (0.000)		-0.008*** (0.001)		0.002*** (0.001)
Cmt-num-30day		0.011*** (0.000)		0.009*** (0.000)		0.009*** (0.000)		0.008*** (0.000)
Trd-num-30day		0.018*** (0.000)		0.018*** (0.000)		0.018*** (0.000)		0.014*** (0.000)
Stock-num-30day		-0.106*** (0.003)		-0.022*** (0.001)		-0.030*** (0.001)		-0.026*** (0.001)
TraderFE	Yes	Yes	Yes	Yes	Yes	Yes	Yes	Yes
QuarterFE	Yes	Yes	Yes	Yes	Yes	Yes	Yes	Yes
Observations	310131	310131	2244900	2244900	2016000	2016000	1787100	1787100
R^2	0.561	0.571	0.502	0.510	0.609	0.613	0.686	0.688

*** $p < 0.001$; ** $p < 0.01$; * $p < 0.05$; · $p < 0.1$

$$livol\text{-}60day = \alpha_k + a_j + \beta_1 LI\text{-}60day_{it} + \beta_2 LQ\text{-}60day$$
$$+ \beta_3 PS\text{-}60day + \beta_N controls_N \tag{12.3.7}$$

$$livol\text{-}90day = \alpha_k + a_j + \beta_1 LI\text{-}90day_{it} + \beta_2 LQ\text{-}90day$$
$$+ \beta_3 PS\text{-}90day + \beta_N controls_N \tag{12.3.8}$$

社交交易平台中的投资者风险随着社交的进行而升高。在分别验证了投资者收益率下降的同时，风险上升的现象后，本节根据前文中基于 Han、Hirshleifer 和 Walden(2022)的理论模型分析，得出的风险与收益率的关系进行实证研究，通过实证证据进一步证明二者找出这样的关系产生的原因。首先，本章对 Theodossiou 和 Savva(2016)提出的风险与收益率关系的理论模型进行解析，选择合适的替代变量进行实证研究。该理论利用 SGT 框架和 GARCH-in-mean 过程构建了投资组合下一期的超额期望收益率受风险影响的模型，并以此建立了一个跨期模型：

$$r_t = \rho Sd(r_t \mid I_{t-1}) + b\, r_{t-1} + \in_t \tag{12.3.9}$$

等式(12.3.9)即为风险与收益率关系跨期模型，其中 r_t 当期超额收益率；$Sd(r_t \mid I_{t-1})$ 为投资组合基于上一期的信息 I_{t-1} 而得出的本期的超额收益率风险；ρ 为超额收益率与风险的相关性系数，其值可正可负；r_{t-1} 为上一期的超额收益率；b 为其影响系数；$\in_t$ 为残差项。本节将在等式(12.3.9)的基础上对该模型扩展改进并进行实证研究。

首先，本节利用 *two-stage* 样本，分别比较 *pre-follow* 和 *post-follow* 阶段风险与收益率关系的回归系数。将 30 天的滚动累积超额收益率 *CAR-30day* 代替 r_t，将其滞后项代替 r_{t-1}，将 30 天滚动的超额收益率特质波动率的 1 期滞后项 $ivol\text{-}30day_{t-1}$ 代替 $Sd(r_t \mid I_{t-1})$；并加入识别是否经历社交阶段的虚拟变量 *post-follow*，以及交叉项 *post-follow* × $ivol\text{-}30day_{t-1}$，并在此基础上加入个体层面和季度层面的固定效应，改进后的面板数据模型如下：

$$CAR\text{-}30day = \alpha_k + a_j + \beta_1 ivol\text{-}30day_{i,t-1} + \beta_2 CAR\text{-}30day_{i,t-1}$$
$$+ \beta_3 Post\text{-}follow + \beta_4 Post\text{-}follow \times ivol\text{-}30day_{t-1}$$
$$+ \beta_N controls_N + \in_{i,t} \tag{12.3.10}$$

表 12-4 为等式(12.3.10)的回归结果。列(1)和列(2)为 *pre-follow* 和 *post-follow* 样本的回归结果，通过比较 $ivol\text{-}30day_{t-1}$ 的回归系数的大小可以发现，无论 *pre-follow* 还是 *post-follow* 阶段风险和收益率的关系皆为负，且都在 0.001 的置信水平下显著，但在 *post-follow* 阶段的回归系数(−1.111)显著小于 *pre-follow* 阶段的回归系数(−0.704)，可以说明社交导致了这一负相

表 12-4　收益率与特质波动率(*Two-stage* 样本)

	Pre-follow	*Post-follow*	*Pre-follow*	*Post-follow*	*Two-stage*	*Two-stage*	*Two-stage*	*Two-stage*
	(1)	(2)	(3)	(4)	(5)	(6)	(7)	(8)
ivol-30day$_{t-1}$	−0.704***	−1.111***	−0.568***	−0.998***	−0.123	−0.014	−0.737***	−0.624***
	(0.150)	(0.116)	(0.151)	(0.116)	(0.110)	(0.111)	(0.079)	(0.080)
CAR-30day$_{t-1}$	0.966***	0.961***	0.965***	0.961***	0.968***	0.968***	0.968***	0.968***
	(0.001)	(0.001)	(0.001)	(0.001)	(0.000)	(0.000)	(0.000)	(0.000)
post-follow					0.054**	0.039*		
					(0.017)	(0.017)		
post-follow× ivol-30day$_{t-1}$					−0.947***	−0.948***		
					(0.120)	(0.120)		
Activeday		0.002	0.008***			0.007***		0.005***
		(0.002)	(0.001)			(0.001)		(0.001)
Cmt-num-30day		0.000	−0.001**			−0.000·		−0.000·
		(0.000)	(0.000)			(0.000)		(0.000)
Trd-num-30day		−0.004***	−0.003***			−0.002***		−0.003***
		(0.000)	(0.000)			(0.000)		(0.000)
Stock-num-30day		0.006	−0.008*			0.001		0.002
		(0.005)	(0.004)			(0.002)		(0.002)
TraderFE	Yes	Yes	Yes	Yes	Yes	Yes	Yes	Yes
QuarterFE	Yes	Yes	Yes	Yes	Yes	Yes	Yes	Yes
Observations	116481	191032	116481	191032	307513	307513	307513	307513
R^2	0.951	0.943	0.951	0.943	0.946	0.946	0.946	0.946

*** $p<0.001$；** $p<0.01$；* $p<0.05$；· $p<0.1$

关关系的上升。列(3)与列(4)在前两列的基础上,加入了反映投资者个人特征的一系列控制变量,得到了相同的回归结果。列(5)与列(6)为避免遗漏组间效应的影响,加入了识别是否经历社交阶段的虚拟变量 *post-follow*,以及交叉项 *post-follow×ivol-30day$_{t-1}$*。观察回归结果可以发现,*ivol-30day$_{t-1}$* 的回归系数虽然为负(−0.123 和 −0.014),但在置信水平下已不显著,表明投资者在进行社交以前,投资者的收益率与异质性风险的负相关关系并不显著,且二者的负相关关系并未显现;反观交叉项 *post-follow×ivol-30day$_{t-1}$* 的回归系数为 −0.947 和 −0.948,却在 0.001 的置信水平下显著,与此同时 *post-follow* 的系数显著为正(0.054 和 0.039,分别在 0.01 和 0.05 置信水平下显著),同时也消除了变量本身可能带来的负向影响。由此可以表明,相比于没有社交的场景下,投资者收益率与特质波动率的负相关关系,随着社交的进行逐渐凸显,进一步表明社交使得投资者收益率和风险呈负相关关系。列(7)与列(8)的回归系数都为负(−0.737 和−0.624),且在 0.001 的置信水平下显著,由此从 *Two-stage* 样本整体上进一步证实了异质性风险与收益率的负相关关系。综上所述,表 12-4 的回归结果充分证实了研究假设 19 成立的合理性。

为了进一步从整体上揭示风险与收益率的负相关关系,本章将采用 30 天、60 天和 90 天的滚动累积超额收益率(*CAR-30day*、*CAR-60day* 和 *CAR-90day*)作为 r_t 的替代变量,将 30 天、60 天和 90 天的滚动超额收益率风险的一期滞后项($ivol\text{-}30day_{t-1}$、$ivol\text{-}60day_{t-1}$ 和 $ivol\text{-}90day_{t-1}$)作为 $Sd(r_t \mid I_{t-1})$ 的替代变量,将变量代入等式(12.3.9)中,并加入其他控制变量及固定效应可得:

$$CAR\text{-}30day_{it} = \alpha_k + a_j + \beta_1 ivol\text{-}30day_{i,t-1} + \beta_2 CAR\text{-}30day_{i,t-1}$$
$$+ \beta_N controls_N + \in_{i,t} \qquad (12.3.11)$$

$$CAR\text{-}60day_{it} = \alpha_k + a_j + \beta_1 ivol\text{-}60day_{i,t-1} + \beta_2 CAR\text{-}60day_{i,t-1}$$
$$+ \beta_N controls_N + \in_{i,t} \qquad (12.3.12)$$

$$CAR\text{-}90day_{it} = \alpha_k + a_j + \beta_1 ivol\text{-}90day_{i,t-1} + \beta_2 CAR\text{-}90day_{i,t-1}$$
$$+ \beta_N controls_N + \in_{i,t} \qquad (12.3.13)$$

表 12-5 为等式(12.3.11)至等式(12.3.13)的回归结果。列(1)与列(2)为等式(12.3.11)的回归结果,通过前两行回归系数可以发现,因为以日为单位进行滚动计算的原因,累积超额收益率的一阶滞后项 $CAR\text{-}30day_{t-1}$,对下一期的累积超额收益率有着极强的预测性,回归系数显著为正(0.968,在0.001的置信水平下显著);$ivol\text{-}30day_{t-1}$ 的回归系数显著为负,−0.095 和 −0.088,皆在0.001的置信水平下显著,由此可以说明社交最终导致了平台风险与收益率的负相关关系。通过观察列(4)至列(6)可以发现,当超额累积收益率的计算周期达到 60 天时,超额收益率与风险之间的负相关关系的显著始终稳健。列(7)至列(9)所呈现的 90 天滚动超额收益率与风险的回归系数,也表明超额风险与收益率之间存在的负相关关系。综上所述,在社交交易平台中随着投资者之间社交的进行,获得高风险和低收益的概率越来越高,充分证明了研究假设 19 存在的合理性。

表 12-5　收益率与特质波动率（*Full sample* 样本）

	CAR-30day (1)	CAR-30day (2)	CAR-60day (3)	CAR-60day (4)	CAR-90day (5)	CAR-90day (6)
$ivol\text{-}30day_{t-1}$	−0.095*** (0.005)	−0.088*** (0.005)				
$CAR\text{-}30day_{t-1}$	0.968*** (0.000)	0.968*** (0.000)				
$ivol\text{-}60day_{t-1}$			−0.073*** (0.004)	−0.073*** (0.004)		
$CAR\text{-}60day_{t-1}$			0.982*** (0.000)	0.982*** (0.000)		
$ivol\text{-}90day_{t-1}$					−0.051*** (0.004)	−0.055*** (0.004)
$CAR\text{-}90day_{t-1}$					0.986*** (0.000)	0.986*** (0.000)
$Activeday$		0.012*** (0.000)		−0.001* (0.000)		0.014*** (0.000)
$Cmt\text{-}num\text{-}30day$		−0.000** (0.000)		0.000* (0.000)		0.000*** (0.000)
$Trd\text{-}num\text{-}30day$		−0.001*** (0.000)		−0.000 (0.000)		0.000 (0.000)
$Stock\text{-}num\text{-}30day$		−0.004*** (0.001)		−0.005*** (0.001)		−0.004*** (0.001)
$TraderFE$	Yes	Yes	Yes	Yes	Yes	Yes
$QuarterFE$	Yes	Yes	Yes	Yes	Yes	Yes
$Observations$	2237270	2237270	2008370	2008370	1779470	1779470
R^2	0.939	0.939	0.966	0.966	0.974	0.974

*** $p<0.001$；** $p<0.01$；* $p<0.05$；· $p<0.1$

与前文类似，为了防止收益率的非平稳性和异方差性，对整体回归结果的影响，对日度收益率进行对数化，从而得出 30 日、60 日和 90 日的对数超额收益率，并在此基础上计算相应的异质性风险，最后将其代入等式（12.3.11）至等式（12.3.13）中进行回归。表 12-6 为对数超额收益率及异质性风险代入等式（12.3.10）中得到的回归结果，通过观察表中 $livol\text{-}30day_{t-1}$ 以及交叉项 $post\text{-}follow \times livol\text{-}30day_{t-1}$ 的回归系数可以得到与表 12-4 相似的结果，其回归系数皆在 0.001 的置信水平下显著为负，表明收益率与风险有着稳健的负相关关系，且该负相关关系来自社交的影响。表 12-7 为对数超额收益率及异质性风险代入等式(12.3.11)至等式(12.3.13)中得到的回归结果，通过观察 $livol\text{-}30day_{t-1}$、$livol\text{-}60day_{t-1}$ 和 $livol\text{-}90day_{t-1}$ 的回归系数同样可以得出与表 12-5 相似的回归结果，其回归系数皆在 0.001 的置信水平下显著为负。综上所述，收益率与风险的负相关关系，在去除了收益率的非平稳性和异方差性之后，依旧稳健。

表 12-6　对数收益率与特质波动率（*Two-stage* 样本）

	Pre-follow	Post-follow	Pre-follow	Post-follow	Two-stage	Two-stage	Two-stage	Two-stage
	(1)	(2)	(3)	(4)	(5)	(6)	(7)	(8)
$livol\text{-}30day_{t-1}$	-0.136***	-0.223***	-0.111***	-0.202***	-0.040*	-0.020	-0.150***	-0.129***
	(0.027)	(0.021)	(0.028)	(0.021)	(0.020)	(0.020)	(0.015)	(0.015)
$\log(CAR\text{-}30day)_{t-1}$	0.965***	0.961***	0.965***	0.961***	0.968***	0.968***	0.968***	0.968***
	(0.001)	(0.001)	(0.001)	(0.001)	(0.000)	(0.000)	(0.000)	(0.000)
Post-follow					0.056***	0.039*		
					(0.017)	(0.017)		
Post-follow× $livol\text{-}30day_{t-1}$					-0.169***	-0.169***		
					(0.022)	(0.022)		
Activeday			0.003·	0.009***		0.007***		0.006***
			(0.002)	(0.001)		(0.001)		(0.001)
Cmt-num-30day			0.000	-0.001**		-0.000·		-0.000·
			(0.000)	(0.000)		(0.000)		(0.000)
Trd-num-30day			-0.004***	-0.003***		-0.003***		-0.003***
			(0.000)	(0.000)		(0.000)		(0.000)
Stock-num-30day			0.007	-0.009*		0.001		0.002
			(0.005)	(0.004)		(0.002)		(0.002)
TraderFE	Yes	Yes	Yes	Yes	Yes	Yes	Yes	Yes
QuarterFE	Yes	Yes	Yes	Yes	Yes	Yes	Yes	Yes
Observations	116481	191032	116481	191032	307513	307513	307513	307513
R^2	0.951	0.943	0.951	0.943	0.945	0.945	0.945	0.945

*** $p<0.001$；** $p<0.01$；* $p<0.05$；· $p<0.1$

表 12-7 对数收益率与异质性风险（**Full sample** 样本）

	log(CAR-30day) (1)	log(CAR-30day) (2)	log(CAR-60day) (3)	log(CAR-60day) (4)	log(CAR-90day) (5)	log(CAR-90day) (6)
$livol\text{-}30day_{t-1}$	−0.113*** (0.005)	−0.106*** (0.005)				
$\log(CAR\text{-}30day)_{t-1}$	0.968*** (0.000)	0.968*** (0.000)				
$livol\text{-}60day_{t-1}$			−0.089*** (0.004)	−0.088*** (0.004)		
$\log(CAR\text{-}60day)_{t-1}$			0.982*** (0.000)	0.982*** (0.000)		
$livol\text{-}90day_{t-1}$					−0.067*** (0.004)	−0.071*** (0.005)
$\log(CAR\text{-}90day)_{t-1}$					0.986*** (0.000)	0.986*** (0.000)
$Activeday$		0.013*** (0.000)		−0.001** (0.000)		0.015*** (0.000)
$Cmt\text{-}num\text{-}30day$		−0.000** (0.000)		0.000· (0.000)		0.000*** (0.000)
$Trd\text{-}num\text{-}30day$		−0.001*** (0.000)		−0.000 (0.000)		0.000 (0.000)
$Stock\text{-}num\text{-}30day$		−0.004*** (0.001)		−0.005*** (0.001)		−0.004*** (0.001)
Trader FE	Yes	Yes	Yes	Yes	Yes	Yes
Quarter FE	Yes	Yes	Yes	Yes	Yes	Yes
Observations	2237270	2237270	2008370	2008370	1779470	1779470
R^2	0.938	0.938	0.966	0.966	0.974	0.974

*** $p<0.001$; ** $p<0.01$; * $p<0.05$; · $p<0.1$

第 13 章
社交是否会影响高特质波动率和高换手率股票的溢价？该效用是否存在异质性

13.1 研究假说

在 A 型策略占据主导的基础上,本书第三章中的模型还指出,社交信息传递的强度会进一步提升 A 型资产的需求,从而造成 A 型资产价格的进一步高估。类似的,Bali 等(2021)发现社交会加剧高极端收益率等彩票型股票价格的高估。基于上述理由,本书进而提出第 19 个研究假设:

假设 20:社交信息传递的强度会加剧高特质波动率和高换手率股票的溢价程度。

除了社交信息传递的强度,本书理论基础中非常重要的一点是投资者间在进行信息交流的过程中会存在系统性的偏差,其中最重要的一点便是存在"自我强化传递偏差"。而本书理论分析中指出,投资者整体的"自我强化传递偏差"的程度会加剧彩票型股票的价格高估程度。基于此,本书提出第 21 个研究假设:

假设 21:"自我强化传递偏差"的程度会进一步加强社交信息传递强度对特质波动率和换手率溢价的放大效应。

最后,根据本书理论模型的研究结论,由于信息发送者和解读能力不足的信息接收者在社交信息传递过程中分别存在"自我强化传递偏差"和"代表性偏差"的问题,信息接收者更倾向于采纳高收益率的信息发送者所采用的投资策略,如购买其持有的股票,从而进一步提升 A 型发送者所持资产的需求。

216

因此,本章提出第 21 个研究假设:

假设 22:高收益率会进一步加强社交信息传递强度对特质波动率和换手率溢价的放大效应。

13.2　数据及核心变量定义

　　首先,本章最重要的数据来源是东方财富股吧的发帖数据。在东方财富的股吧论坛里,每一只在中国股票市场上市的股票都拥有一个子论坛,投资者可以通过在论坛中通过发送、阅读和评论帖子来与其他投资者相互交流。图 13-1 给出了股吧网页的截图。图 13-1(a)给出了股吧主页的截图,其中有几个小版块,如"热门个股吧""热门主题吧""科创板吧"等,这些版块包含了近期的热门股票和话题。除了这些版块中提供的热门股票和话题,用户还可以通过在搜索框中输入股票名称、代码或其他关键词来搜索他们喜欢的任何股票。对于每只股票的子论坛,以图 13-1(b)给出的平安银行(000001.sz)股票子论坛的网页截图为例,在这个子论坛中,所有关于平安银行股票的帖子均按照最后更新的时间戳进行排列以方便用户进行查阅。本书使用网络爬虫从股吧的子论坛中获取了中国股市所有上市股票约 2 亿条的线上发帖数据,内容包括每个帖子的标题、内容和创建时间。

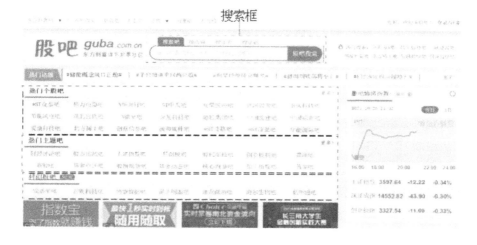

(a)股吧网页截图

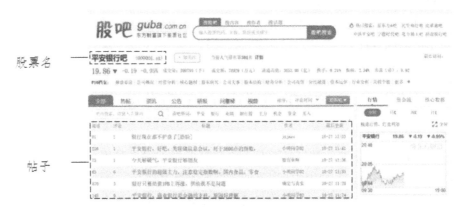

(b)股吧网页截图

图 13-1　股吧网页截图

此外,本书从中国股票市场和会计研究数据库(China Stock Market and Accounting Research Database,以下简称 CSMAR)获得其他股票的具体数据,如股票收益率和财务数据,样本时间段为 2010 年 1 月至 2020 年 12 月。为构建本节实证的数据样本,并防止股票长期停牌造成的数据缺失,剔除了过去一年中交易记录少于 120 天或过去一个月中交易记录少于 15 天的股票以及上市时间少于 6 个月的股票。

接下来,本节将定义本章实证研究中的关键变量。

首先,作为本章的核心要素网络发帖的代理变量,本章定义 $POST$ 为一个月内每只股票在股吧论坛中的发帖数量。同时,$\ln POST$ 定义为 $POST$ 的自然对数。

其次,本节定义两个市场异象的代理变量。第一个变量是特质波动率($IVOL$),其定义为一个月内的每日股票收益率对三因子的时间序列回归残差的标准差。在计算过程中,本章要求一个月内至少有 15 个观测值来计算 $IVOL$。第二个变量是月换手率($TURN$),其定义为每只股票一个月内交易的股票数量除以月底流通的股票数量。此外,本章还定义了一系列常用的截面收益率预测指标作为控制变量,包括市场 beta($BETA$)、公司规模($SIZE$)、账面市值比(BM)、动量因子(MOM)、反转因子(REV)、非流动性($ILLIQ$)、协偏度($COSKEW$)和单日最大收益率(MAX)。

表 13-1 给出了上述变量的描述性统计值，其中，描述性统计值（如均值）
为变量的横截面统计值的时间序列平均值。以本章的核心变量网络发帖量和
定价异象因子为例，每只股票的月均股吧发帖量为 434 个帖子（即每天约 14
个帖子），标准差为 712.60。特质波动率（IVOL）和换手率（TURN）的月平均
值分别为 1.82 和 0.56，标准差分别为 0.94 和 0.63。上述统计值表明，本章
的核心变量在横截面上存在显著的差异。

表 13-1　描述性统计

	平均值	标准差	Q1	中位数	Q3
POST	434.23	712.60	128.58	258.77	497.94
lnPOST	5.14	1.45	4.45	5.34	6.06
IVOL	1.82	0.94	1.18	1.63	2.27
TURN	0.56	0.63	0.22	0.37	0.66
BETA	1.16	0.43	0.93	1.15	1.38
SIZE	10.93	50.07	2.13	3.76	7.53
lnSIZE	1.40	1.09	0.67	1.26	1.97
BM	0.42	0.54	0.23	0.35	0.53
MOM	17.74	55.80	−11.26	5.85	30.66
REV	1.24	13.11	−5.31	−0.43	5.69
ILLIQ	0.73	3.99	0.19	0.38	0.68
COSKEW	−0.03	0.21	−0.11	−0.02	0.06
MAX	5.43	4.06	3.50	4.83	6.93

　　表 13-2 描述了不同发帖量的股票特征。首先，基于每个月的股吧发帖
量，将所有股票按发帖量由低至高分成十组，并逐月计算基于各组股票基于流
通市值的横截面加权平均变量值。随后，表 13-2 给出了各组变量加权平均值
的时间序列均值，其中，High-Low 为发帖量最高和最低组的均值差，括号内
为经调整的 t 统计值。总的来说，表 13-2 结果显示，网络发帖较多的股票整
体上具有更高的特质波动率（IVOL）、换手率（TURN）、动量（MOM）、协偏度
（COSKEW）、极端日收益率（MAX）和更低的非流动性（ILLIQ）。

表 13-2　网络发帖的特征

MAX		POST	lnPOST	IVOL	TURN	BETA	SIZE	BM	MOM	REV	ILLIQ
Low	28.42	2.21	1.47	0.26	1.02	207.34	0.54	19.10	1.61	0.28	−0.11
2	94.81	3.95	1.46	0.23	1.03	78.22	0.48	15.96	1.32	0.40	−0.01
3	140.02	4.52	1.49	0.23	1.05	46.75	0.49	15.43	1.30	0.35	−0.03
4	185.10	4.90	1.49	0.24	1.08	55.81	0.52	13.19	1.26	0.30	0.00
5	237.20	5.22	1.45	0.23	1.06	90.87	0.55	14.52	1.07	0.26	0.02
6	300.67	5.51	1.43	0.24	1.03	142.31	0.61	14.92	1.21	0.22	0.00
7	382.87	5.78	1.44	0.25	1.04	123.70	0.65	13.43	1.26	0.21	0.03
8	503.14	6.07	1.48	0.27	1.03	140.43	0.68	14.28	1.23	0.18	0.05
9	722.41	6.44	1.47	0.27	1.01	219.77	0.69	15.98	1.42	0.13	0.04
High	2083.97	7.30	1.69	0.36	1.08	256.66	0.66	24.80	2.55	0.09	0.06
High-	2055.55	5.09	0.22	0.10	0.06	49.32	0.13	5.70	0.94	−0.19	0.17
Low	(10.02)	(32.75)	(2.86)	(3.40)	(1.52)	(0.65)	(1.75)	(1.95)	(1.83)	(−5.77)	(3.86)

注:括号内为经 Newey 和 West(1987)调整后的 t 统计值。

表 13-3 给出了所有变量之间的横截面 *pearson* 相关系数的时间序列平均值。表中结果表明,POST 和 lnPOST 变量与其他变量之间的相关性非常低,表明网络发帖变量中蕴含的信息与其它变量的重叠度并不高。当观察其他变量之间的相关性时,可以发现 MAX 和 IVOL 之间的相关系数非常高,达到 0.79,这与已有文献的结论一致。由于 IVOL 是本章研究的关键变量之一,为避免潜在的多重共线性问题,本章后续的研究将不再加入 MAX 变量。[2]

---

[2]　在未汇报的结果中,本章的结果在将 MAX 加入回归后依然保持稳健。

表 13-3　相关系数矩阵

MAX	POST	lnPOST	IVOL	TURN	BETA	lnSIZE	BM	MOM	REV	ILLIQ
POST	1									
lnPOST	0.61	1								
IVOL	0.26	0.19	1							
TURN	0.32	0.22	0.59	1						
BETA	0.03	0.03	0.07	0.10	1					
lnSIZE	0.21	0.16	−0.09	−0.28	−0.09	1				
BM	0.03	0.02	−0.12	−0.09	−0.03	0.19	1			
MOM	0.13	0.06	0.23	0.18	0.00	0.15	−0.01	1		
REV	0.06	0.03	0.40	0.24	−0.01	0.05	0.00	−0.03	1	
ILLIQ	−0.12	−0.13	−0.01	−0.11	0.00	−0.39	−0.08	−0.12	0.01	1
COSKEW	0.03	0.02	−0.01	−0.02	0.11	0.10	0.03	−0.04	−0.01	−0.03	1
MAX	0.17	0.14	0.78	0.47	0.08	−0.05	−0.08	0.14	0.45	−0.06	0.01

13.3　实证结果及分析（假设 20、假设 21 及假设 22）

　　首先,本章先采用一元组合排序的方法来复制和探究中国股票市场中 *IVOL* 和 *TURN* 与横截面收益率之间的关系。具体的,我们将样本中的所有股票分别按 *IVOL* 或 *TURN* 由低至高排序分成十等分。表 13-4 给出了 2010 年 1 月至 2020 年 12 月样本的一元组合排序结果。其中,前三列汇报了每个组合的等权平均月度风险调整收益率以及第十组(Decile 10)与第一组(Decile 1)的风险调整收益率之差。其中,风险调整收益率包括经无风险收益率调整的超额收益率(*EXRET*)、三因子 *alpha*(*FF3*)和五因子 *alpha*(*FF5*)。表 13-4 第四至六列汇报了每个组合的市值加权平均风险调整收益率以及收益率之差,最后一列汇报了各组的平均 *IVOL* 或 *TURN*。

表 13-4　一元组合排序

	EW			VW			Average
	EXRET	FF3	FF5	EXRET	FF3	FF5	
Panel A：IVOL							
Low	1.15	0.44	0.55	0.54	0.32	0.36	0.63
2	1.26	0.46	0.56	0.56	0.25	0.29	0.96
3	1.24	0.42	0.51	0.89	0.45	0.49	1.15
4	1.18	0.33	0.39	0.80	0.36	0.32	1.32
5	1.08	0.21	0.24	0.65	0.19	0.18	1.51
6	0.99	0.11	0.15	0.83	0.34	0.32	1.71
7	0.85	−0.01	0.01	0.36	−0.13	−0.20	1.95
8	0.60	−0.31	−0.24	0.39	−0.15	−0.18	2.24
9	0.25	−0.67	−0.63	0.35	−0.20	−0.28	2.70
High	−0.66	−1.63	−1.55	−0.53	−1.22	−1.13	3.63
High-Low	−1.82	−2.07	−2.10	−1.07	−1.54	−1.49	3.01
	(−5.72)	(−6.69)	(−6.71)	(−2.12)	(−4.06)	(−3.78)	
Panel B：TURN							
Low	0.87	0.30	0.36	0.44	0.32	0.31	0.05
2	1.05	0.30	0.38	0.82	0.39	0.38	0.15
3	1.04	0.25	0.32	1.04	0.55	0.52	0.21
4	1.19	0.37	0.44	0.77	0.26	0.27	0.25
5	1.07	0.21	0.29	0.71	0.14	0.12	0.32
6	0.95	0.06	0.12	0.64	−0.01	−0.01	0.38
7	0.85	−0.09	−0.03	0.18	−0.53	−0.50	0.48
8	0.83	−0.15	−0.09	0.14	−0.67	−0.62	0.60
9	0.51	−0.50	−0.41	0.00	−0.75	−0.69	0.81
High	−0.45	−1.50	−1.44	−0.93	−1.78	−1.70	1.47
High-Low	−1.32	−1.80	−1.80	−1.37	−2.11	−2.01	1.42
	(−3.34)	(−6.75)	(−6.58)	(−2.34)	(−6.52)	(−6.04)	

注:括号内为经 Newe 和 West(1987)调整后的 t 统计值。

从表 Panel A 中 IVOL 的组合排序结果来看,前三列中等权平均的风险
调整收益从第一组(Low)至第十组(High)近似呈单调递减趋势。其中,高

IVOL 和低 IVOL 组合的收益率差显著为负，表明高 IVOL 股票组合的收益率平均每月落后低 IVOL 股票组合 182($t=-5.72$) 至 210($t=-6.71$) 个基点。在第四至六列中，我们发现加权平均风险调整收益率的结果与等值平均类似，其中，高 IVOL 股票组合与低 IVOL 组合的月均收益率之差达到 107($t=-2.12$) 和 154($t=-4.06$) 个基点，在经济和统计上均具有高度的显著性。本章样本中的 IVOL 和横截面收益率的关系与第 12 章中提到的"特质波动率之谜"相一致。

Panel B 给出了 TURN 的一元组合排序结果。与 IVOL 类似，高 TURN 和低 TURN 组合的风险调整收益率差显著为负。具体地，等权平均的高 TURN 股票组合的收益率平均每月落后低 TURN 股票组合 132($t=-3.34$) 至 180($t=-6.58$) 个基点，加权平均的高 TURN 股票组合的收益率平均每月落后低 TURN 股票组合 137($t=-2.34$) 至 201($t=-6.04$) 个基点。本章样本中发现的 TURN 与横截面收益率的关系与已有文献对于中国股票市场的研究相一致，但与美国股票市场的结果有所不同。对美国股票市场的研究表明，成交量（Volume）①与横截面收益率的关系取决于股票的误定价程度，即在最低估的股票组合中成交量与收益率呈正相关关系，而在最高估的股票组合中成交量与收益率呈负相关关系。

上述分析表明，TURN 与横截面收益率的关系在中国和美国两个股票市场中存在一定的差异，而差异产生的原因很可能在于中美两国经济环境的不同。在中国，股票市场主要由个人投资者所支配，而个人投资者更易追逐被高估的股票，从而导致中国股票市场中 TURN 与横截面收益率的负相关关系。

综上所述，我们发现在 2010 年至 2020 年期间，中国股票市场中高 IVOL 和高 TURN 股票存在定价被高估的情况，从而导致其经风险调整后的预期收益率显著低于低 IVOL 和低 TURN 股票。

接下来，本节将采用二元组合排序的方法来探究网络发帖如何分别影响 IVOL 和 TURN 与横截面收益率的关系。具体地，在每个月末，我们首先将所有股票基于股吧发帖数量（POST）按升序分为五组。随后，我们再将所有股票按 IVOL（或 TURN）的大小独立地分为五组。所有组合均持有一个月，并于每个月末重新构建。

表 13-5 的 Panel A 给出了基于 IVOL 和 POST 的二元排序组合的等值平均和加权平均 FF5 alpha 值。High-Low 行给出了每一个 POST 组合中高

① 在的研究中，成交量的计算方法为过去三个月的平均月换手率。

IVOL 和低 IVOL 组合的 *alpha* 差值。Panel A 的前五列结果表明,在每一个 POST 组中,高 IVOL 和低 IVOL 的等权平均 FF5 *alpha* 差值均显著为负且随 POST 单调递减。具体地,在低 POST 组中,高 IVOL 和低 IVOL 组合的 *alpha* 差为每月 -98 个基点(t 值为 -2.82),而在高 POST 组中,*alpha* 差为每月 -180 个基点(t 值为 -6.26)。由此,高 POST 组的 *alpha* 差与低 POST 组的 *alpha* 差相差每月 -82 个基点(t 值为 -2.75),表明网络发帖放大了 IVOL 溢价。

表 13-5　二元组合排序

	EW					VW				
	Low POST	2	3	4	High POST	Low POST	2	3	4	High POST
Panel A：IVOL										
Low	0.79	0.70	0.68	0.31	0.09	0.48	0.37	0.57	0.19	0.71
2	0.67	0.66	0.43	0.16	-0.02	0.23	0.55	0.63	0.34	0.43
3	0.62	0.25	0.29	-0.13	-0.19	0.53	0.36	0.27	-0.21	0.37
4	0.26	0.18	0.12	-0.44	-0.67	-0.13	0.35	0.09	-0.49	-0.30
High	-0.19	-0.50	-0.64	-1.16	-1.71	-0.22	-0.42	-0.32	-0.62	-0.94
High-Low	-0.98	-1.20	-1.32	-1.47	-1.80	-0.70	-0.79	-0.89	-0.81	-1.65
	(-2.82)	(-3.42)	(-5.89)	(-4.77)	(-6.26)	(-1.36)	(-1.69)	(-2.33)	(-2.19)	(-3.92)
H-L|H-L					-0.82					-0.95
					(2.85)					(-2.08)
Panel B：TURN										
Low	0.43	0.44	0.47	0.18	0.22	0.34	0.33	0.64	0.31	0.46
2	0.73	0.34	0.32	0.21	0.07	0.48	0.32	0.16	0.24	0.52
3	0.43	0.48	0.40	0.00	-0.31	-0.13	0.36	0.31	-0.04	0.09
4	0.47	0.07	-0.11	-0.38	-0.54	0.11	-0.18	-0.38	-0.72	-0.97
High	0.08	-0.07	-0.41	-0.99	-1.70	-0.48	-0.56	-0.80	-1.01	-1.43
High-Low	-0.35	-0.50	-0.88	-1.18	-1.92	-0.82	-0.89	-1.44	-1.32	-1.89
	(-1.29)	(-1.85)	(-3.18)	(-4.79)	(-7.05)	(-1.95)	(-2.76)	(-4.18)	(-4.01)	(-5.17)
H-L|H-L					-1.57					-1.07
					(-5.30)					(-2.49)

注:括号内为经 Neweyt 和 West(1987)调整后的 t 统计值。

表 13-5 Panel A 的后五列结果表明,在市值加权平均的情况下,我们发现前四个 POST 组中,IVOL 的 *alpha* 差(High-Low)在每月 -70 至 -89 个基

点之间,而高 POST 组的 IVOL alpha 差则急剧下降至每月－165 个基点。由此,在市值加权平均的情况下,高 POST 组的 alpha 差依然大幅低于低 POST 组的 alpha 差,其差值(H-L | H-L)达到每月－95 个基点(t 值为－2.08)。

表 13-5 的 Panel B 给出了基于 TURN 和 POST 的二元排序组合的等值平均和加权平均 FF5 alpha 值。与 Panel A 的结果类似,在高 POST 组中,高 TURN 与低 TURN 组合的等值平均和加权平均 alpha 差均显著为负,达到每月－192 和－189 个基点(t 值分别为－7.05 和－5.17)。相比之下,在低 POST 组中,TURN 的 alpha 差则相对较小甚至在统计上不显著,仅仅为每月－35 和－82 个基点(t 值分别为－1.29 和－1.95)。综合 Panel B 的结果,无论是等值平均还是市值加权平均的情况下,高 POST 组的 TURN alpha 差均大幅低于低 POST 组的 TURN alpha 差,其差值(H-L | H-L)分别为每月－157 和－107 个基点(t 值分别为－5.30 和－2.49),表明网络发帖同样放大了 TURN 的溢价。

在上述分析中,本章采用了组合排序的方法来探究网络发帖是如何影响 IVOL(或 TURN)与横截面收益率之间的关系。尽管组合分析是一种可以不需要假设预期横截面收益率与资产定价异象因子之间关系的函数形式的方法,但在这一方法中,我们不能将其他重要横截面收益率预测因子作为控制变量加入分析。因此,为了加入其他重要的收益率预测因子作为控制变量,本节采用回归的方法探究网络发帖对 IVOL(或 TURN)与横截面收益率关系的影响。

首先,本节从探究 IVOL 与横截面收益率的关系开始。具体地,本节采用以下模型进行回归:

$$EXRET_{i,t+1} = \lambda_{0,t} + \lambda_{1,t}IVOL_{i,t} + \lambda_{2,t}X_{i,t} + \in_{i,t+1}, \qquad (13.3.1)$$

其中,$EXRET_{i,t+1}$ 为股票 i 于 $t+1$ 月的超额收益率,$IVOL_{i,t}$ 为股票 i 于 t 月的特质波动率,$X_{i,t}$ 为股票 i 于月度 t 的控制变量向量,包括市场 beta(BETA)、公司规模(SIZE)、账面市值比(BM)、动量因子(MOM)、反转因子(REV)、非流动性(ILLIQ)和协偏度(COSKEW)。

表 13-6 的列(1)和列(2)给出了本章样本中所有股票于 2010 年 1 月至 2020 年 12 月样本期进行回归所得的斜率系数的时间序列平均值。列(1)汇报了单变量的回归结果,结果表明,用次月超额收益率对 IVOL 进行单变量回归的平均回归系数 $\overline{\lambda}_1$ 在统计意义上显著为负,数值达到－0.7115(t 值为－6.43)。列(2)结果表明,当回归中加入控制变量后,IVOL 的平均回归系数

为−0.6793(t 值为−7.05),依然显著为负。在经济意义上,当 IVOL 增加一个标准差时,股票的期望收益率月均下滑 64 个基点(=0.6793×0.94),而高 IVOL 多空组合的期望收益率则月均下滑 204 个基点(=0.6793×3.01)①。列(1)和(2)的结果从公司层面证明了中国股票市场"特质波动率之谜"的存在,与表 5-2 中的组合分析结果一致。

表 13-6 Fama-Macbeth 回归

	EXRET							
	PUZZLE: IVOL				PUZZLE: TURN			
	(1)	(2)	(3)	(4)	(5)	(6)	(7)	(8)
PUZZLE	−0.7115***	−0.6793***	−0.2670	−0.2123	−1.3621***	−1.4712***	−0.1553	−0.2319
	(−6.43)	(−8.34)	(−1.14)	(−1.16)	(−5.62)	(−7.20)	(−0.25)	(−0.45)
lnPOST			−0.1668**	−0.0960			−0.1747**	−0.1252**
			(−1.55)	(−1.50)			(−2.42)	(−2.78)
PUZZLE × lnPOST			−0.0731**	−0.0779***			−0.1974**	−0.1901***
			(−2.31)	(−2.81)			(−2.83)	(−2.91)
BETA		−0.0105		0.0213		0.0080		0.0247
		(−0.05)		(0.10)		(0.04)		(0.12)
lnSIZE		−0.1776		−0.1291		−0.3922**		−0.2991*
		(−1.03)		(−0.77)		(−2.25)		(−1.76)
BM		−0.1364		−0.1130		−0.0793		−0.0654
		(−1.14)		(−0.95)		(−0.67)		(−0.56)
MOM		0.0049		0.0046		0.0049		0.0045
		(1.68)		(1.61)		(1.56)		(1.46)
REV		−0.0244**		−0.0256**		−0.0334***		−0.0351***
		(−2.29)		(−2.40)		(−3.11)		(−3.30)
ILLIQ		1.7174***		1.6037***		1.0734***		1.0681***
		(3.49)		(3.28)		(2.36)		(2.34)
COSKEW		0.1360		0.1506		0.1462		0.1592
		(0.80)		(0.92)		(0.80)		(0.91)
Adj. R^2	0.0167	0.0795	0.0238	0.0824	0.0190	0.0818	0.0279	0.0852

注:***、** 和 * 分别代表显著性水平为 1%、5% 和 10%。括号内为经 Newey 和 West(1987)调整后的 t 统计值。所有解释变量均滞后一期。

---

① 204 个基点的计算方法为 IVOL 的平均斜率系数,即 0.6793,乘以最高 IVOL 十分位数和最低 IVOL 十分位数组合的平均 IVOL 之差,即 3.01(见表 13-4 的 Panel A)。

接下来，我们从公司层面探究网络发帖对 $IVOL$ 溢价的影响。具体地，本节用以下模型进行回归：

$$EXRET_{i,t+1} = \lambda_{0,t} + \beta_{1,t} IVOL_{i,t} \times \ln POST_{i,t} + \lambda_{1,t} IVOL_{i,t}$$
$$+ \lambda_{2,t} \ln POST_{i,t} + \lambda_{3,t} X_{i,t} + \in_{i,t+1} \quad (13.3.2)$$

除式 13-1 中定义的变量外，式 13.3.2 进一步加入了 $\ln POST$ 和其与 $IVOL$ 的交乘项。

表 13-6 的列（3）和（4）给出了加入 $\ln POST$ 与 $IVOL$ 交乘项后的回归结果。与组合分析的结果一致，公司层面的回归结果表明网络发帖放大了 $IVOL$ 的溢价。具体地，列（3）中，在控制了 $IVOL$ 和 $\ln POST$ 后，其交乘项的平均系数 $\beta_{1,t}$ 为 -0.0731（t 值为 -2.31），在 5% 的统计水平上显著。此外，列（4）中，在控制了其他股票收益率的预测因子后，交乘项的平均系数仍为 -0.0779（t 值为 -2.81），在 1% 的显著水平上显著。在经济意义上，-0.0779 的平均系数意味着对于 $IVOL$ 的多空组合来说（即做多高 $IVOL$ 股票组合同时做空低 $IVOL$ 股票组合），$\ln POST$ 每增加一个单位标准差（1.45），则多空组合的收益月均下滑 34（$0.0779 \times 1.45 \times 3.01$）个基点，表明网络发帖放大了 $IVOL$ 的溢价。

随后，表 13-6 的列（5）～（8）继续探究了 $TURN$ 与横截面收益率的关系以及网络发帖的放大效应。首先，表 13-6 的列（5）和（6）给出了 $TURN$ 的回归系数，其计量模型如下：

$$EXRET_{i,t+1} = \lambda_{0,t} + \lambda_{1,t} TURN_{i,t} + \lambda_{2,t} X_{i,t} + \in_{i,t+1} \quad (13.3.3)$$

列（5）的一元回归结果显示，$TURN$ 和期望收益率之间存在显著为负的关系。具体地，$TURN$ 的系数 $\lambda_{1,t}$ 为 -1.3621（t 值为 -5.62）。列（6）中，在控制了其他收益率预测因子后，$TURN$ 的系数仍然为负且在 1% 的显著水平上显著，达到 -1.4712（t 值为 -7.20）。列（5）和（6）的回归结果与表 13-4 中 Panel B 的结果一致，即在中国股票市场中，高 $TURN$ 的股票具有较低的预期收益率。

表 13-6 的列（7）和（8）给出了以下的计量模型的回归结果，以探究网络发帖对 $TURN$ 溢价的影响：

$$EXRET_{i,t+1} = \lambda_{0,t} + \beta_{1,t} TURN_{i,t} \times \ln POST_{i,t} + \lambda_{1,t} TURN_{i,t}$$
$$+ \lambda_{2,t} \ln POST_{i,t} + \lambda_{3,t} X_{i,t} + \lambda_{i,t+1} \quad (13.3.4)$$

表 13-6 列（7）结果表明，$\ln POST$ 与 $TURN$ 的交乘项系数（$\beta_{1,t}$）在 1% 的显著水平行显著为负，达到 -0.1974（t 值为 -2.83）。列（8）中，在控制了其

他收益率预测因子后,交乘项系数为-0.1901(t 值为 2.91)。在经济意义上,$\ln POST$ 每增加一个单位标准差(1.45),则意味着 $TURN$ 多空组合的月度收益率平均下滑 39 个基点($=0.190 \times 1.45 \times 1.42$)。

除核心变量外,综合表 13-6 的回归结果,有两个收益率预测因子始终显著,且与过往文献一致。首先,反转因子(REV)显著为负,与 Jegadeesh(1990)一致。其次,非流动性($ILLIQ$)显著为正,与 Amihud(2002)一致。

综上,基于 Fama 和 MacBeth(1973)方法的回归结果从公司层面证实了网络发帖放大了 $IVOL$ 和 $TURN$ 的溢价,与组合排序的结果一致。

参考文献

[1]Abel, A B. Asset prices under habit formation and catching up with the Joneses[J]. American Economic Review, 1990,80(2):38-42.

[2]Acerbi, C. Spectral measures of risk: A coherent representation of subjective risk aversion[J]. Journal of Banking & Finance, 2002, 26 (7):1505-1518.

[3]Acerbi, C. & Tasche, D. On the coherence of expected shortfall[J]. Journal of Banking & Finance, 2002, 26(7):1487-1503.

[4]Agarwal, V. , Jiang, L. & Wen, Q. Why do mutual funds hold lottery stocks? [J]. Journal of Financial and Quantitative Analysis, 2022, 57 (3):825-856.

[5]Ahern, K. R. , Duchin, R. & Shumway, T. Peer effects in risk aversion and trust [J]. The Review of Financial Studies, 2014, 27 (11): 3213-3240.

[6]Akçay, E. & Hirshleifer, D. A. Social finance as cultural evolution, transmission bias, and market dynamics[J]. Proceedings of the National Academy of Sciences, 2021, 118(26): e2015568118.

[7]Akian M, Séquier P, Sulem A. A finite horizon multidimensional portfolio selection problem with singular transactions[C]//: Proceedings of 1995 34th IEEE Conference on Decision and Control, 1995. IEEE, 1995.

[8]Allen L, Peng L, Shan Y. Social Networks as Information Conduits for Online Credit Supply and Demand[R]. Rochester, NY: Social Science

Research Network，2020.

[9]Amihud, Y. Illiquidity and stock returns: cross-section and time-series effects[J]. Journal of Financial Markets，2002，5(1)：31-56.

[10]Amihud, Y. & Goyenko, R. Mutual fund's R^2 as predictor of performance[J]. Review of Financial Studies，2013，26(3)：667-694.

[11]Ammann, M. & Schaub, N. Do Individual Investors Trade on Investment-related Internet Postings? [J]. Management Science，2021，67(9)：5679-5702.

[12]An, L., Wang, H., Wang, J., et al. Lottery-related anomalies: The role of reference - dependent preferences [J]. Management Science，2020，66(1)：473-501.

[13]Ang, A., Hodrick, R. J. & Xing, Y. et al. High idiosyncratic volatility and low returns: International and further U. S. evidence[J]. Journal of Financial Economics，2008，91(1)：1-23.

[14]Ang, A., Hodrick, R. J. & Xing, Y. et al. The Cross-Section of Volatility and Expected Returns[J]. Journal of Finance，2006，61(1)：259-299.

[15]Ang, A., Hodrick, R. J., Xing, Y., et al. High idiosyncratic volatility and low returns: International and further US evidence[J]. Journal of Financial Economics，2009，91(1)：1-23.

[16]Antweiler, W. & Frank, M. Z. Is all that talk just noise? The information content of internet stock message boards[J]. The Journal of Finance，2004，59(3)：1259-1294.

[17]Argan, M., Sevil, G. & Yalama, A. The effect of word-of-mouth communication on stock holdings and trades: Empirical evidence from an emerging market[J]. Journal of Behavioral Finance，2014，15(2)：89-98.

[18]Artzner, P., Delbaen, F. & Eber, J. M. et al. Coherent measures of risk[J]. Mathematical finance，1999，9(3)：203-228.

[19]Asparouhova, E., Bessembinder, H. & Kalcheva, I. Liquidity biases in asset pricing tests[J]. Journal of Financial Economics，2010，96(2)：215-237.

[20] Assia J A. System and method for facilitating social trading: US20150228019A1[P]. 2015-08-13.

[21] Au S, Dong M, Zhou X. Does social interaction spread fear among institutional investors? Evidence from coronavirus disease 2019[J]. Management Science, 2024,70(4):2406-2426.

[22] Avery, C. N., Chevalier, J. A. & Zeckhauser, R. J. The "CAPS" prediction system and stock market returns[J], Review of Finance, 2016,20(4):1363-1381.

[23] Azar, P. D. & Lo, A. W. The wisdom of Twitter crowds: Predicting stock market reactions to FOMC meetings via Twitter feeds[J]. The Journal of Portfolio Management, 2016, 42(5): 123-134.

[24] Baars, M. & Mohrschladt, H. An alternative behavioral explanation for the MAX effect[J]. Journal of Economic Behavior & Organization, 2021, 191: 868-886.

[25] Bae, K., Stulz, R. M. & Tan, H. Do local analysts know more? A cross-country study of the performance of local analysts and foreign analysts[J]. Journal of Financial Economics, 2008, 88(3): 581-606.

[26] Baghestanian, S. & Walker, T. B. Thar she blows again: reducing anchoring rekindles bubbles[M]: SAFE Working Paper Series, 2014.

[27] Baghestanian, S., Gortner, P. & Van der Weele, J. Peer effects and risk sharing in experimental asset markets[J]. European Economic Review, 2019,116:129-147.

[28] Bagnoli, M., Beneish, M. D. & Watts, S. G. Whisper forecasts of quarterly earnings per share[J]. Journal of Accounting & Economics, 1999, 28(1): 27-50.

[29] Bailey, M., Cao, R., Kuchler, T. & Stroebel, J. The economic effects of social networks: Evidence from the housing market[J]. Journal of Political Economy, 2018, 126(6): 2224-2276.

[30] Bailey, M., Cao, R., Kuchler, T., Stroebel, J. & Wong, A. Social connectedness: Measurement, deter-minants, and effects[J]. Journal of Economic Perspectives, 2018, 32(3): 259-80.

[31] Bailey, M., Farrell, P., Kuchler, T., et al. Social connectedness in

urban areas[J]. Journal of Urban Economics, 2020, 118: 103264.

[32]Bailey, M., Gupta, A., Hillenbrand, S., et al. International trade and social connectedness[J]. Journal of International Economics, 2021, 129: 103418.

[33]Bailey M, Johnston D, Kuchler T, et al. The determinants of social connectedness in Europe[C]//: Social Informatics: 12th International Conference, SocInfo 2020, 2020. Springer, 2020.

[34]Baker, M. & Wurgler, J. Investor sentiment and the cross - section of stock returns[J]. The journal of Finance, 2006, 61(4): 1645-1680.

[35]Bali, T. G. & Cakici, N. Idiosyncratic volatility and the cross section of expected returns[J]. Journal of Financial and Quantitative Analysis, 2008, 43(1): 29-58.

[36]Bali, T. G., Cakici, N. & Whitelaw, R. F. Maxing out: Stocks as lotteries and the cross-section of expected returns[J]. Journal of Financial Economics, 2011, 99(2): 427-446.

[37]Bali T G, Hirshleifer D, Peng L, et al. Attention, social interaction, and investor attraction to lottery stocks[R]. National Bureau of Economic Research, 2021.

[38]Bali, T. G., Peng, L., Shen, Y., et al. Liquidity shocks and stock market reactions[J]. Review of Financial Studies, 2014, 27(5): 1434-1485.

[39]Banerjee, A. V. A simple model of herd behavior[J]. Quarterly Journal of Economics, 1992, 107(3): 797-817.

[40]Bankamp S, Muntermann J. Portfolio rankings on social trading platforms in uncertain times[C]//: Enterprise Applications, Markets and Services in the Finance Industry: 10th International Workshop, FinanceCom 2020, 2020. Springer, 2020.

[41]Barab A Si, A. A. S. O. & Albert, R. E. K. Emergence of scaling in random networks[J]. Science, 1999, 286(5439): 509-512.

[42]Barber, B. M. & Odean, T. All that glitters: The effect of attention and news on the buying behavior of individual and institutional investors [J]. Review of Financial Studies, 2008, 21(2): 785-818.

[43]Barber, B. M. & Odean, T. Boys will be boys: Gender, overconfidence, and common stock investment [J]. The Quarterly Journal of Economics, 2001, 116(1): 261-292.

[44]Barber, B. M. & Odean, T. Online investors: Do the slow die first? [J]. Review of Financial Studies, 2002, 15(2): 455-488.

[45]Barber, B. M. & Odean, T. Trading is hazardous to your wealth: The common stock investment performance of individual investors[J]. The Journal of Finance, 2000, 55(2): 773-806.

[46]Barber, B. M., Lee, Y. & Liu, Y. et al. Just how much do individual investors lose by trading? [J]. The Review of Financial Studies, 2008, 22(2): 609-632.

[47]Barber, B. M., Odean, T. & Zheng, L. Out of sight, out of mind: The effects of expenses on mutual fund flows[J]. The Journal of Business, 2005, 78(6): 2095-2120.

[48]Barberis, N. & Huang, M. Stocks as lotteries: The implications of probability weighting for security prices [J]. American Economic Review, 2008, 98(5): 2066-2100 .

[49]Barberis, N. & Huang, M. Stocks as lotteries: The implications of probability weighting for security prices [J]. American Economic Review, 2008, 98(5): 2066-2100.

[50]Barberis, N., Greenwood, R. & Jin, L. et al. X - CAPM: An extrapolative capital asset pricing model [J]. Journal of Financial Economics, 2015, 115(1): 1-24.

[51]Barberis, N., Huang, M. & Santos, T. Prospect theory and asset prices[J]. The quarterly journal of economics, 2001, 116(1): 1-53.

[52]Battaglini, M., Sciabolazza, V. L. & Patacchini, E. Effectiveness of connected legislators[J]. American Journal of Political Science, 2020, 64(4): 739-756.

[53]Be Eri, O., Kedar - Levy, H. & Amar, M. The effect of gender differences on the emergence of the disposition effect[J]. Behavioral Finance, 2019: 429-452.

[54]Beck, T., Levine, R. & Levkov, A. Big Bad Banks? The winners and

losers from bank deregulation in the United States[J]. Journal of Finance, 2010, 65(5): 1637-1667.

[55]Becker, G. S. A note on restaurant pricing and other examples of social influences on price[J]. Journal of Political Economy, 1991, 99(5): 1109-1116.

[56]Bem, D. J. Self-perception theory[M]. Elsevier, 1972.

[57]Benoît, J P. , Dubra, J. & Moore, D. A. Does the better-than-average effect show that people are over-confident?: Two experiments[J]. Journal of the European Economic Association, 2015, 13(2): 293-329.

[58]Benos, A. V. Aggressiveness and Survival of Overconfident Traders [J]. Journal of Financial Markets, 2004, 1(3-4): 353-383.

[59]Berge, Z. & Collins, M. Computer-mediated communication and the online classroom in distance learning[J]. Output Education Computing Organization of Ontario, 1995, 2(4): 36.

[60]Berger, E. S. , Wenzel, M. & Wohlgemuth, V. Imitation-related performance outcomes in social trading: A configurational approach[J]. Journal of Business Research, 2018, 89: 322-327.

[61]Berger, P. G. & Ofek, E. Diversification's effect on firm value[J]. Journal of Financial Economics, 1995, 37(1): 39-65.

[62]Bhattacharya, S. & Pfleiderer, P. Delegated portfolio management[J]. Journal of Economic Theory, 1985, 36(1): 1-25.

[63]Bikhchandani, S. , Hirshleifer, D. A. , Tamuz, O. , et al. Information cascades and social learning[J]. Journal of Economic Literature,2024,62 (3):1040-1093.

[64]Bikhchandani, S. , Hirshleifer, D. & Welch, I. A theory of fads, fashion, custom, and cultural change as informational cascades[J]. Journal of Political Economy, 1992, 100(5): 992-1026.

[65]Bikhchandani, S. , Hirshleifer, D. & Welch, I. A theory of fads, fashion, custom, and cultural change as informational cascades[J]. Journal of Political Economy, 1992, 100(5): 992-1026.

[66] Bogentoft, E. , Romeijn, H. E. & Uryasev, S. Asset/liability management for pension funds using CVaR constraints[J]. The Journal

of Risk Finance，2001，3(1):57-71.

[67]Bondt，W. F. M. D. & Thaler，R. H. Financial decision-making in markets and firms: A behavioral perspective[J]. Handbooks in Operations Research & Management Science，1994，9:385-410.

[68]Bordalo，P.，Gennaioli，N. & Shleifer，A. Salience and asset prices [J]. American Economic Review，2013，103(3): 623-28.

[69]Bordalo，P.，Gennaioli，N. & Shleifer，A. Salience and consumer choice[J]. Journal of Political Economy，2013，121(5):803-843.

[70]Bordalo，P.，Gennaioli，N. & Shleifer，A. Salience theory of choice under risk[J]. Quarterly Journal of Economics，2012，127(3): 1243-1285.

[71]Boyer，B.，Mitton，T. & Vorkink，K. Expected idiosyncratic skewness[J]. Review of Financial Studies，2010，23(1): 169-202.

[72]Breitmayer，B.，Massari，F. & Pelster，M. Swarm intelligence? Stock opinions of the crowd and stock returns[J]. International Review of Economics & Finance，2019，64: 443-464

[73]Breitmayer B，Mensmann M，Pelster M. Social Recognition and Investor Overconfidence[R]. Rochester，NY: Social Science Research Network，2018.

[74]Brenner，L. A.，Koehler，D. J. & Tversky，A. On the evaluation of one‐sided evidence[J]. Journal of Behavioral Decision Making，1996，9(1): 59-70.

[75]Brin，S. & Page，L. Reprint of: The anatomy of a large‐scale hypertextual web search engine[J]. Computer Networks，2012，56 (18): 3825-3833.

[76]Brin，S. & Page，L. The anatomy of a large-scale hypertextual Web search engine[J]. Computer networks and ISDN systems，1998，30(1-7): 107-117.

[77]Brunel，J. L. How Sub‐Optimal—If at All—Is Goal‐Based Asset Allocation?[J]. The Journal of Wealth Management，2006，9(2): 19-34.

[78]Brunnermeier，M. K. & Parker，J. A. Optimal expectations[J].

American Economic Review, 2005, 95(4): 1092-1118.

[79]Brunnermeier, M. K., Gollier, C. & Parker, J. A. Optimal beliefs, asset prices, and the preference for skewed returns[J]. American Economic Review, 2007, 97(2): 159-165.

[80]Buckley, I. & Korn, R. Optimal index tracking under transaction costs and impulse control[J]. International journal of theoretical and applied Finance, 1998, 1(03): 315-330.

[81]Budescu, D. V. & Chen, E. Identifying expertise to extract the wisdom of crowds[J]. Management Science, 2015, 61(2): 267-280.

[82]Byun, S J., Goh, J. & Kim, D H. The role of psychological barriers in lottery-related anomalies[J]. Journal of Banking & Finance, 2020, 114: 105786.

[83]Cai, J., Walkling, R. A. & Yang, K. The price of street friends: Social networks, informed trading, and shareholder costs[J]. Journal of Financial and Quantitative Analysis, 2016, 51(3): 801-837.

[84]Campbell, J. Y. & Viceira, L. M. Strategic asset allocation: portfolio choice for long-term investors [M]. Clarendon Lectures in Economic, 2002.

[85]Campbell, J. Y., Lettau, M. & Malkiel, B. G. et al. Have individual stocks become more volatile? An empirical exploration of idiosyncratic risk[J]. The Journal of Finance, 2001, 56(1): 1-43.

[86]Campello, M. & Larrain, M. Enlarging the contracting space: Collateral menus, access to credit, and economic activity[J]. Review of Financial Studies, 2015, 29(2): 349-383.

[87]Card, D. & Giuliano, L. Peer effects and multiple equilibria in the risky behavior of friends[J]. Review of Economics and Statistics, 2013, 95(4): 1130-1149.

[88]Carhart, M. M. On persistence in mutual fund performance[J]. The Journal of Finance, 1997, 52(1): 57-82.

[89]Carpenter, J. N., Lu, F. & Whitelaw, R. F. The real value of China's stock market[J]. Journal of Financial Economics, 2021, 139(3): 679-696.

[90]Castellacci, G. & Siclari, M. J. The practice of Delta – Gamma VaR: Implementing the quadratic portfolio model[J]. European Journal of Operational Research, 2003, 150(3): 529-545.

[91]Chalmers, J. , Kaul, A. & Phillips, B. The wisdom of crowds: Mutual fund investors' aggregate asset allocation decisions [J]. Journal of Banking & Finance, 2013, 37(9): 3318-3333.

[92]Chan, J. S. , Jain, R. & Xia, Y. Market segmentation, liquidity spillover, and closed - end country fund discounts [J]. Journal of Financial Markets, 2008, 11(4): 377-399.

[93]Chan, Y C. & Chui, A. C. Gambling in the Hong Kong stock market [J]. International Review of Economics & Finance, 2016, 44: 204-218.

[94]Chang, T. Y. , Solomon, D. H. & Westerfield, M. M. Looking for Someone to Blame: Delegation, Cognitive Dissonance, and the Disposition Effect[J]. Journal of Finance, 2016, 71(1): 267-302.

[95]Chen, H. , De, P. & Hu, Y. J. et al. Wisdom of crowds: The value of stock opinions transmitted through social media[J]. The Review of Financial Studies, 2014, 27(5): 1367-1403.

[96]Chen, S. , Liu, T. , Peng, Q. , et al. Manager sentiment bias and stock returns: Evidence from China[J]. Emerging Markets Finance and Trade, 2022, 58(3): 823-836.

[97]Chen, T Y. , Chao, C H. & Wu, Z X. Does the turnover effect matter in emerging markets? Evidence from China[J]. Pacific-Basin Finance Journal, 2021, 67: 101551.

[98]Cheng, T. Y. , Lee, C. I. & Lin, C. H. An examination of the relationship between the disposition effect and gender, age, the traded security, and bull – bear market conditions[J]. Journal of Empirical Finance, 2013, 21: 195-213.

[99]Chevalier, J. & Ellison, G. Risk taking by mutual funds as a response to incentives[J]. Journal of Political Economy,1995,105(6): 1167-1200.

[100]Chhabra, A. B. Beyond Markowitz: A comprehensive wealth allocation framework for individual investors [J]. The Journal of Wealth Management, 2005, 7(4): 8-34.

[101]Chi, K. T., Liu, J. & Lau, F. C. A network perspective of the stock market[J]. Journal of Empirical Finance, 2010, 17(4): 659-667.

[102]Chishti, S. & Barberis, J. The Digital Investment Space – Spanning from Social Trading to Digital Private Banking – A FinTech Sector Made for Disruption? [M]: John Wiley & Sons, Ltd, 2016.

[103]Choi, J. , Laibson, D. & Madrian, B. Why Does the Law of One Price Fail? An Experiment on Index Mutual Funds[J]. The Review of Financial Studies, 2010,23(4):1405-1432.

[104]Cohen, L. , Frazzini, A. & Malloy, C. Sell-side school ties[J]. Journal of Finance, 2010, 65(4): 1409-1437.

[105]Cohen, L. , Frazzini, A. & Malloy, C. Sell - Side School Ties[J]. Journal of Finance, 2010, 65(4): 1409-143.

[106]Cohen, L. , Frazzini, A. & Malloy, C. The small world of investing: Board connections and mutual fund returns[J]. Journal of Political Economy, 2008, 116(5): 951-979.

[107]Colla, P. & Mele, A. Information linkages and correlated trading[J]. Review of Financial Studies, 2009, 23(1): 203-246.

[108]Conrad, J. , Dittmar, R. F. & Ghysels, E. Ex-ante skewness and expected stock returns[J]. The Journal of Finance, 2013,68(1):85-124.

[109]Constantinides, G. M. , Donaldson, J. B. & Mehra, R. Junior can't borrow: A new perspective on the equity premium puzzle [J]. The Quarterly Journal of Economics, 2002, 117(1): 269-296.

[110]Cox, D. R. Regression models and life - tables[J]. Journal of the Royal Statistical Society: Series B (Methodological), 1972, 34(2): 187-202.

[111]Cox, J. C. & Huang, C. Optimal consumption and portfolio policies when asset prices follow a diffusion process[J]. Journal of economic theory, 1989, 49(1): 33-83.

[112]Crawford, S. S. , Gray, W. R. & Kern, A. E. Why do fund managers identify and share profitable ideas? [J]. Journal of Financial and Quantitative Analysis, 2017, 52(5):1903-1926.

[113]Cremers, K. M. & Nair, V. B. Governance mechanisms and equity prices [J]. Journal of Finance, 2005, 60(6): 2859-2894.

[114]Cueva, C. , Iturbe-Ormaetxe, I. & Ponti, G. et al. An experimental analysis of the disposition effect: Who and when? [J]. Journal of Behavioral and Experimental Economics, 2019, 81: 207-215.

[115]Curtis, G. Modern portfolio theory and behavioral finance[J]. The Journal of Wealth Management, 2004,7(2):16-22.

[116]Czaja, D. & Röder, F. Self-attribution bias and overconfidence among nonprofessional traders[J]. Quarterly Review of Economics and Finance, 2020, 78: 186-198.

[117]Da Costa Jr, N. , Mineto, C. & Da Silva, S. Disposition effect and gender [J]. Applied Economics Letters, 2008, 15(6): 411-416.

[118]Da Costa, N. , Goulart, M. & Cupertino, C. et al. The disposition effect and investor experience[J]. Journal of Banking and Finance, 2013, 37(5): 1669-1675.

[119]Daniel, K. D. , Hirshleifer, D. & Subrahmanyam, A. Overconfidence, arbitrage, and equilibrium asset pricing[J]. The Journal of Finance, 2001, 56(3): 921-965.

[120]Daniel, K. , Grinblatt, M. & Titman, S. et al. Measuring mutual fund performance with characteristic-based benchmarks [J]. The Journal of Finance, 1997, 52(3): 1035-1058.

[121]Das, S. R. & Chen, M. Y. Yahoo! for Amazon: Sentiment extraction from small talk on the web[J]. Management Science, 2007, 53(9): 1375-1388.

[122]Das S R, Sisk J. Financial Communities[R]. Rochester, NY: Social Science Research Network, 2003.

[123]Datar, V. T. , Naik, N. Y. & Radcliffe, R. Liquidity and stock returns: An alternative test[J]. Journal of Financial Markets, 1998, 1(2): 203-219.

[124]Davis-Stober, C. P. , Budescu, D. V. & Dana, J. et al. When is a crowd wise? [J]. Decision, 2014, 1(2): 79.

[125]Dewally, M. Internet investment advice: Investing with a rock of salt[J]. Financial Analysts Journal, 2003, 59(4): 65-77.

[126]Dhar, R. & Zhu, N. Up Close and Personal: Investor Sophistication and the Disposition Effect[J]. Management Science, 2006, 52(5): 726-740.

[127]Dixit, A. Entry and exit decisions under uncertainty[J]. Journal of political

Economy, 1989, 97(3): 620-638.

[128]Doering P, Neumann S, Paul S. A Primer on Social Trading Networks-Institutional Aspects and Empirical Evidence[R]. Rochester, NY: Social Science Research Network, 2015.

[129]Doran, J. S. , Jiang, D. & Peterson, D. R. Gambling preference and the new year effect of assets with lottery features[J]. Review of Finance, 2012, 16(3): 685-731.

[130]Dorfleitner, G. , Fischer, L. & Lung, C. et al. To follow or not to follow - An empirical analysis of the returns of actors on social trading platforms[J]. Quarterly Review of Economics and Finance, 2018, 70: 160-171.

[131]Dow, J. Noise Trading, Delegated Portfolio Management, and Economic Welfare[J]. Journey of Political Economy, 1997, 105(5): 1024-1050.

[132]Dow, J. & Gorton, G. Arbitrage chains[J]. Journal of Finance, 1994, 49(3): 819-849.

[133]Duffie, D. , Malamud, S. & Manso, G. Information Percolation With Equilibrium Search Dynamics[J]. Econometrica, 2009, 77(5): 1513-1574.

[134]East, R. , Hammond, K. & Wright, M. The relative incidence of positive and negative word of mouth: A multi-category study[J]. International Journal of Research in Marketing, 2007, 24(2): 175-184.

[135]Edelman, B. Using Internet Data for Economic Research[J]. Journal of Economic Perspectives, 2012, 26(2): 189-206.

[136]Ellison, G. & Fudenberg, D. Rules of thumb for social learning[J]. Journal of Political Economy, 1993, 101(4): 612-643.

[137]Ellison, G. & Fudenberg, D. Word-of-mouth communication and social learning[J]. Quarterly Journal of Economics, 1995, 110(1): 93-125.

[138]Eraker, B. & Ready, M. Do investors overpay for stocks with lottery-like payoffs? An examination of the returns of OTC stocks[J]. Journal of Financial Economics, 2015, 115(3): 486-504.

[139]Fama, E. F. The behavior of stock-market prices[J]. The Journal of Business, 1965, 38(1): 34-105.

[140]Fama, E. F. & French, K. R. A five-factor asset pricing model[J]. Journal of Financial Economics, 2015, 116(1): 1-22.

[141]Fama, E. F. & MacBeth, J. D. Risk, return, and equilibrium: Empirical tests[J]. Journal of Political Economy, 1973, 81(3): 607-636.

[142]Fama, E. & French, K. The cross-section of expected stock returns[J]. Journal of Finance, 1992, 47(2): 427-465.

[143]Feng, L. & Seasholes, M. S. Correlated Trading and Location[J]. Journal of Finance, 2004, 59(5): 2117-2144.

[144] Feng, L. & Seasholes, M. S. Do investor sophistication and trading experience eliminate behavioral biases in financial markets? [J]. Review of Finance, 2005, 9(3): 305-351.

[145]Fenton-O'Creevy, M. , Lins, J. T. & Vohra, S. et al. Emotion regulation and trader expertise: Heart rate variability on the trading floor[J]. Journal of Neuroscience, Psychology, and Economics, 2012, 5(4): 227-237.

[146]Fiske, S. T. Attention and weight in person perception: The impact of negative and extreme behavior [J]. Journal of Personality & Social Psychology, 1980, 38(6): 889-906.

[147]Fong, W. M. & Toh, B. Investor sentiment and the MAX effect[J]. Journal of Banking & Finance, 2014, 46: 190-201.

[148]Foutz N Z, Jank W. The Wisdom of Crowds: Pre-Release Forecasting via Functional Shape Analysis Of the Online Virtual Stock Market [R]. Rochester, NY: Social Science Research Network, 2007.

[149] Fracassi, C. Corporate Finance Policies and Social Networks [J]. Management Science, 2017,63(8):2420-2438.

[150]Frank, J. D. Some Psychological Determinants of the Level of Aspiration [J]. American Journal of Psychology,1935,47(2):285-293.

[151]French, K. R. Presidential address: The cost of active investing[J]. The Journal of Finance, 2008, 63(4): 1537-1573.

[152]Fu, R. & Wedge, L. Managerial ownership and the disposition effect[J]. Journal of Banking and Finance, 2011, 35(9): 2407-2417.

[153]Gemayel, R. & Preda, A. Does a scopic regime erode the disposition effect? Evidence from a social trading platform[J]. Journal of Economic Behavior & Organization, 2018, 154: 175-190.

[154] Gemayel, R. & Preda, A. Does a scopic regime produce conformism?

Herding behavior among trade leaders on Social Trading Platforms[J]. European Journal of Finance, 2017(2): 1-36.

[155] Gervais, S. & Odean, T. Learning to be overconfident[J]. Review of Financial Studies, 2001, 14(1): 1-27.

[156] Ghosh, S., Zafar, M. B. & Bhattacharya, P. et al. On sampling the wisdom of crowds: Random vs. expert sampling of the twitter stream[M], 2013: 1739-1744.

[157] Glaser, F. & Risius, M. Effects of transparency: analyzing social biases on trader performance in social trading[J]. Journal of Information Technology, 2016:1-12.

[158] Godfrey, M. D., Granger, C. W. & Morgenstern, O. The random-walk hypothesis of stock market behavior[J]. Kyklos, 1964, 17(1): 1-30.

[159] Goetzmann, W. N. & Kumar, A. Equity Portfolio Diversification[J]. Review of Finance, 2008, 12(3): 433-463.

[160] Goffman, E. Encounters (Indianapolis: Bobbs-Merrill, 1961)[J]. Behavior in Public Places, 1961: 46-57.

[161] Goffman, E. Presentation of self in everyday life[J]. American Journal of Sociology, 1959, 55: 6-7.

[162] Golub, B. & Jackson, M. O. Naive learning in social networks and the wisdom of crowds[J]. American Economic Journal: Microeconomics, 2010, 2(1):112-149.

[163] Graham, J. R., Harvey, C. R. & Huang, H. Investor competence, trading frequency, and home bias[J]. Management Science, 2009, 55(7): 1094-1106.

[164] Green, J., Hand, J. R. M. & Zhang, X. F. The characteristics that provide independent information about average U. S. monthly stock returns [J]. Review of Financial Studies, 2017, 30(12): 4389-4436.

[165] Griffin, D. & Tversky, A. The weighing of evidence and the determinants of confidence. [J]. Cognitive Psychology, 1992, 24(3): 411-435.

[166] Grinblatt, M. & Keloharju, M. Sensation seeking, overconfidence, and trading activity[J]. The Journal of Finance, 2009, 64(2): 549-578.

[167] Grossman, S. J. & Stiglitz, J. E. On the impossibility of informationally

efficient markets [J]. The American Economic Review, 1980, 70 (3): 393-408.

[168]Gu, M., Kang, W. & Xu, B. Limits of arbitrage and idiosyncratic volatility: Evidence from China stock market[J]. Journal of Banking & Finance, 2018, 86: 240-258.

[169]Gu, Z., Li, Z., Yang, Y. G., et al. Friends in need are friends indeed: An analysis of social ties between financial analysts and mutual fund managers[J]. Accounting Review, 2018, 94(1): 153-181.

[170]Guiso, L. & Jappelli, T. Awareness and stock market participation[J]. Review of Finance, 2005, 9(4): 537-567.

[171]Guiso, L., Sapienz, P. & Zingales, L. Trusting the stock market[J]. Journal of Finance, 2008, 63(6): 2557-2600.

[172]Han, B. & Kumar, A. Speculative Retail Trading and Asset Prices[J]. Journal of Financial and Quantitative Analysis, 2013, 48(2): 377-404.

[173]Han, B. & Yang, L. Social networks, information acquisition, and asset prices[J]. Management Science, 2013, 59(6): 1444-1457.

[174]Han, B., Hirshleifer, D. A. & Walden, J. Social transmission bias and investor behavior[J]. Journal of Financial and Quantitative Analysis, 2022, 57(1):390-412.

[175] Han, B., Hirshleifer, D. A. & Walden, J. Visibility bias in the transmission of consumption beliefs and undersaving [J]. Journal of Finance, 2023, 78(3):1647-1704.

[176]Han, G. & Wang, W. Mapping user relationships for health information diffusion on microblogging in China: A social network analysis of Sina Weibo[J]. Asian Journal of Communication, 2015, 25(1): 65-83.

[177]Han, Y., Huang, D., Huang, D., et al. Expected return, volume, and mispricing[J]. Journal of Financial Economics, 2022:143(3):1295-1315.

[178]Harvey, C. R. & Siddique, A. Conditional skewness in asset pricing tests [J]. Journal of Finance, 2000, 55(3): 1263-1295.

[179]Hau, H. & Rey, H. Home bias at the fund level[J]. American Economic Review, 2008, 98(2): 333-338.

[180]Heath, D., Jarrow, R. & Morton, A. Bond pricing and the term structure

of interest rates: A new methodology for contingent claims valuation[J]. Econometrica: Journal of the Econometric Society, 1992: 77-105.

[181] Heimer, R. Z. Friends do let friends buy stocks actively[J]. Journal of Economic Behavior & Organization, 2014, 107: 527-540.

[182] Heimer, R. Z. Peer pressure: Social interaction and the disposition effect [J]. Review of Financial Studies, 2016, 29(11): 3177-3209.

[183] Hirshleifer, D. A. Behavioral finance[J]. Annual Review of Financial Economics, 2015, 7(1): 33-59.

[184] Hirshleifer, D. A. Presidential address: Social transmission bias in economics and finance[J]. Journal of Finance, 2020, 75(4): 1779-1831.

[185] Hirshleifer, D. A., Peng, L. & Wang, Q. News diffusion in social networks and stock market reactions[J]. The Review of Financial Studies, 2025,38(3):883-937.

[186] Hirshleifer, D. & Hong Teoh, S. Herd behaviour and cascading in capital markets: A review and synthesis[J]. European Financial Management, 2003, 9(1): 25-66.

[187] Hirshleifer, D. & Teoh, S. H. Thought and behavior contagion in capital markets[M]. Handbook of Financial Markets: Dynamics and Evolution. North-Holland, 2009: 1-56.

[188] McQuail, D. McQuail's Mass Communication Theory [M]. Sage publication, 2010.

[189] Hong, H., Kubik, J. D. & Stein, J. C. Social interaction and stock-market participation[J]. The Journal of Finance, 2004, 59(1): 137 -163.

[190] Hong, H., Kubik, J. D. & Stein, J. C. The only game in town: Stock-price consequences of local bias [J]. Journal of Financial Economics, 2008,90(1):20-37.

[191] Hong, H., Kubik, J. D. & Stein, J. C. Thy neighbor's portfolio: Word-of-mouth effects in the holdings and trades of money managers [J]. The Journal of Finance, 2005, 60(6): 2801-2824.

[192] Hou, K. & Loh, R. K. Have we solved the idiosyncratic volatility puzzle? [J]. Journal of Financial Economics, 2016, 121(1): 167-194.

[193]Hou, K. , Xue, C. & Zhang, L. Replicating anomalies[J]. Review of Financial Studies, 2018, 33(5): 2019-2133.

[194]Huang S, Hwang B H, Lou D. The speed of communication[R]. The HKU Scholar Hub, 2016.

[195]Huang, Y. S. , Yao, J. & Zhu, Y. Thriving in a disrupted market: a study of Chinese hedge fund performance[J]. Pacific-Basin Finance Journal, 2018,48,210-223.

[196]Huang, Y. , Qiu, H. & Wu, Z. Local bias in investor attention: Evidence from China's Internet stock message boards[J]. Journal of Empirical Finance, 2016, 38: 338-354.

[197]Huberman, G. Familiarity breeds investment[J]. Review of Financial Studies, 2001, 14(3): 659-680.

[198] Huddart, S. Reputation and performance fee effects on portfolio choice by investment advisers[J]. Journal of Financial Markets, 1999, 2(3): 5933-5934.

[199]Hvide, H. K. & O Stberg, P. Social interaction at work[J]. Journal of Financial Economics, 2015, 117(3): 628-652.

[200]Ivanov, G. G. , Mayorova, E. A. & Nikishin, A. F. Social trading performance in Russian Regions[J]. International Journal of Economic Research, 2016,13(9):3991-3999.

[201] Ivkovi C, Z. & Weisbenner, S. Information diffusion effects in individual investors' common stock purchases: Covet thy neighbors' investment choices[J]. The Review of Financial Studies, 2007, 20(4): 1327-1357.

[202] Jackson, M. O. Social and economic networks [M]. Princeton university press, 2010.

[203]Jegadeesh, N. Evidence of predictable behavior of security returns[J]. Journal of Finance, 1990, 45(3): 881-898.

[204]Jegadeesh, N. & Titman, S. Returns to buying winners and selling losers: Implications for stock mar-ket efficiency [J]. Journal of Finance, 1993,48(1):65-91.

[205]Jensen, M. C. The performance of mutual funds in the period 1945-

1964[J]. Journal of Finance, 1968, 23(2): 389-416.

[206] Jiang, G. J., Xu, D. & Yao, T. The Information Content of Idiosyncratic Volatility [J]. Journal of Financial & Quantitative Analysis, 2009, 44(1): 1-28.

[207] Jiang L, Zhou G, Zhu Y. Which Proxy: Capturing Lottery Feature through Aggregation[R]. Rochester, NY: Social Science Research Network, 2024.

[208] Jiao, P., Veiga, A. & Walther, A. Social media, news media and the stock market[J]. Journal of Eco-nomic Behavior & Organization, 2020,176:63-90.

[209] Jin, X., Li, R. & Zhu, Y. Could social interaction reduce the disposition effect? Evidence from retail investors in a directed social trading network[J]. Plos One, 2021, 16(2): e0246759.

[210] Jin, X., Shen, Y., Yu, B., et al. Flow-driven risk shifting of high-performing funds[J]. Accounting & Finance, 2022, 62(1):71-100.

[211] Jin, X., Zhu, Y. & Huang, Y. S. Losing by learning? A study of social trading platform [J]. Finance Research Letters, 2018, 28 (April):171-179.

[212] Jorion, P. Risk: Measuring the risk in value at risk[J]. Financial analysts journal, 1996, 52(6): 47-56.

[213] Kahneman, D. Prospect theory: An analysis of decisions under risk [J]. Econometrica, 1979, 47: 278.

[214] Kahneman, D. & Tversky, A. Prospect theory: An analysis of decision under risk[J]. Econometrica, 1979, 47(2): 263-291.

[215] Kallick, M., Suits, D. & Dielman, T. E. et al. A survey of American gambling attitudes and behavior [M]. Survey Research Center, Institute for Social Research, University of Michigan, 1979.

[216] Kalmijn, M. & Flap, H. Assortative meeting and mating: Unintended consequences of organized set-tings for partner choices[J]. Social Forces, 2001, 79(4): 1289-1312.

[217] Kamara, A. Liquidity, taxes, and short-term treasury yields[J]. Journal of Financial and Quantitative Analysis, 1994, 29(3): 403-417.

[218]Kaplan, E. L. & Meier, P. Nonparametric estimation from incomplete observations[J]. Journal of the American statistical association, 1958, 53(282): 457-481.

[219] Karlsson, N., Loewenstein, G. & Seppi, D. The ostrich effect: Selective attention to information [J]. Journal of Risk and Uncertainty, 2009, 38(2): 95-115.

[220]Kaustia, M. & Knüpfer, S. Peer performance and stock market entry [J]. Journal of Financial Eco-nomics, 2012, 104(2): 321-338.

[221]Kaustia, M., Alho, E. & Puttonen, V. How much does expertise reduce behavioral biases? The case of anchoring effects in stock return estimates[J]. Financial Management, 2008, 37(3): 391-411.

[222] Kern, A. Wikifolio: Social Trading [M]: Springer Fachmedien Wiesbaden, 2017.

[223]Kim, S. H. & Kim, D. Investor sentiment from internet message postings and the predictability of stock returns [J]. Journal of Economic Behavior & Organization, 2014, 107: 708-729.

[224] Kramer, S. & Maas, V. S. Selective Attention to Performance Measures and Bias in Subjective Performance Evaluations: An Eye-Tracking Study[J]. Behavior Research in Accounting, 2020,32(1):87-100.

[225]Kromidha, E. & Li, M. C. Determinants of leadership in online social trading: A signaling theory perspective [J]. Journal of Business Research, 2019, 97: 184-197.

[226]Kuchler, T. & Stroebel, J. Social finance[J]. Annual Review of Financial Economics, 2021, 13: 37-55.

[227]Kuchler, T., Li, Y., Peng, L., et al. Social proximity to capital: Implications for investors and firms[J]. Review of Financial Studies, 2022,35(6):2743-2789.

[228]Kugler, T., Kausel, E. E. & Kocher, M. G. Are groups more rational than individuals? A review of interactive decision making in groups[J]. Wiley Interdisciplinary Reviews: Cognitive Science, 2012, 3(4): 471-482.

[229] Kumar, A. Who gambles in the stock market? [J]. Journal of Finance, 2009, 64(4): 1889-1933.

[230] Kumar, A. & Sonya, S. L. How do decision frames influence the stock investment choices of individual investors? [J]. Management Science, 2008.

[231] Kumar, A. , Page, J. K. & Spalt, O. G. Gambling and comovement [J]. Journal of Financial and Quantitative Analysis, 2016, 51(1): 85-111.

[232] Kumar, A. , Page, J. K. & Spalt, O. G. Religious beliefs, gambling attitudes, and financial market outcomes [J]. Journal of Financial Economics, 2011, 102(3): 671-708.

[233] Kumar, A. , Rantala, V. & Xu, R. Social learning and analyst behavior[J]. Journal of Financial Eco-nomics, 2022, 143(1): 434-461.

[234] Lane J N, Lim S S, Uzzi B. Biased Information Transmission in Investor Social Networks: Evidence From Professional Traders[R]. Rochester, NY: Social Science Research Network, 2022.

[235] Langer, E. J. & Roth, J. Heads I win, tails it's chance: The illusion of control as a function of the sequence of outcomes in a purely chance task. [J]. Journal of Personality & Social Psychology, 1975, 32(6): 951-955.

[236] Lee, J. , Li, T. & Shin, D. The wisdom of crowds in FinTech: Evidence from initial coin offerings [J]. The Review of Corporate Finance Studies, 2022, 11(1):1-46.

[237] Lee, L F. , Liu, X. , Patacchini, E. , et al. Who is the key player? A network analysis of juvenile delinquency[J]. Journal of Business & Economic Statistics, 2021, 39(3): 849-857.

[238] Lee W, Ma Q. Whom to Follow on social trading services? A system to support discovering expert traders[C]//: 2015 Tenth International Conference on Digital Information Management (ICDIM), 2015. IEEE, 2015.

[239] Lesmond, D. A. , Ogden, J. P. & Trzcinka, C. A. A new estimate of

transaction costs[J]. Review of Financial Studies, 1999, 12(5): 1113-1141.

[240]Li J, Chen Y, Shen Y, et al. Measuring China's Stock Market Sentiment [R]. Rochester, NY: Social Science Research Network, 2019.

[241]Li, J., Ding, H., Hu, Y., et al. Dealing with dynamic endogeneity in international business research[J]. Journal of International Business Studies, 2021, 52: 339-362.

[242]Lichtenstein S, Fischhoff B, Phillips L D. Calibration of probabilities: The state of the art to 1980[M]//Kahneman D, Slovic P, Tversky A. Cambridge: Cambridge University Press, 1982:306-334.

[243]Liêu, M. & Pelster, M. Framing and the disposition effect in a scopic regime[J]. The Quarterly Review of Economics and Finance, 2020, 78:175-185.

[244]Lin, T C. & Liu, X. Skewness, individual investor preference, and the cross-section of stock returns[J]. Review of Finance, 2017, 22 (5):1841-1876.

[245]Liu, B., Wang, H., Yu, J., et al. Time-varying demand for lottery: Speculation ahead of earnings announcements[J]. Journal of Financial Economics, 2021, 138(3): 789-817.

[246]Liu, J., Stambaugh, R. F. & Yuan, Y. Size and value in China[J]. Journal of Financial Economics, 2019, 134(1): 48-69.

[247]Liu, X. Diversification in lottery-like features and portfolio pricing discount: Evidence from closed-end funds[J]. Journal of Empirical Finance, 2021, 62: 1-11.

[248]Liu, Y., Nacher, J. C. & Ochiai, T. et al. Prospect theory for online financial trading[J]. PloS one, 2014, 9(10): e109458.

[249]Longstaff, F. A. Optimal portfolio choice and the valuation of illiquid securities[J]. The Review of Financial Studies, 2001, 14 (2): 407 -431.

[250]Lu T J, Tang N. Social Interaction Effects and Individual Portfolio Choice: Evidence from 401(k) Pension Plan Investors[R]. Rochester,

NY：Social Science Research Network，2015.

[251]Luciano，E.，Peccati，L. & Cifarelli，D. M. VaR as a risk measure for multiperiod static inventory models[J]. International Journal of Production Economics，2003，81：375-384.

[252]Lukas，M. F.，Eshraghi，A. & Danbolt，J. Investment transparency and the disposition effect[J]. European Financial Management，2022，28(3)：834-865.

[253]Luo，Y. Guanxi and performance of foreign-invested enterprises in China：An empirical inquiry [J]. MIR：European International Review，1997，37(1)：51-70.

[254]Malafeyev，O.，Redinskikh，N. & Rumyantsev，N. Multi-Agent Interaction in Social Trading Network[J]，2016.

[255]Malloy，C. J. The Geography of Equity Analysis[J]. The Journal of Finance，2005，60(2)：719-755.

[256]Mannes，A. E. Are we wise about the wisdom of crowds? The use of group judgments in belief revision[J]. Management Science，2009，55(8)：1267-1279.

[257] Manski，C. F. Identification of Endogenous Social Effects：The Reflection Problem[J]. The Review of Economic Studies，1993，60(3)：531-542.

[258]Markowitz，H. Portfolio Selection[J]. The Journal of Finance，1952，7(1)：77-91.

[259]Mausser H，Rosen D. Beyond VaR：from measuring risk to managing risk [C]//：the IEEE/IAFE 1999 Conference on Computational Intelligence for Financial Engineering (CIFEr)，1999. IEEE，1999.

[260]Mclean，R. D. & Pontiff，J. Does academic research destroy stock return predictability? [J]. Journal of Finance，2016，71(1)：5-32.

[261] Mehra，R. & Sah，R. Mood fluctuations，projection bias，and volatility of equity prices [J]. Journal of Economic Dynamics and Control，2002，26(5)：869-887.

[262]Meng，X.，Zhang，W.，Li，Y.，et al. Social media effect，investor recognition and the cross-section of stock returns[J]. International

Review of Financial Analysis, 2020, 67: 101432.

[263] Merton, R. C. Lifetime portfolio selection under uncertainty: The continuous-time case[J]. The Review of Economics and Statistics, 1969: 247-257.

[264] Miller, D. T. & Ross, M. Self - Serving Bias in Attribution of Causality: Fact or Fiction? [J]. Psychological Bulletin, 1975, 82(2): 213-225.

[265] Mitton, T., Vorkink, K. & Wright, I. Neighborhood effects on speculative behavior [J]. Journal of Economic Behavior & Organization, 2018, 151: 42-61.

[266] Mollick, E. & Nanda, R. Wisdom or madness? Comparing crowds with expert evaluation in funding the arts[J]. Management Science, 2016, 62(6):1533-1553 .

[267] Morewedge, C. K., Gilbert, D. T. & Wilson, T. D. The Least Likely of Times: How Remembering the Past Biases Forecasts of the Future[J]. Psychological Science, 2005, 16(8):626-630.

[268] Moscarini, G., Ottaviani, M. & Smith, L. Social learning in a changing world[J]. Economic Theory, 1998, 11: 657-665.

[269] Moskowitz, G. B. Social cognition: Understanding self and others. [M]. Guilford Press, 2005.

[270] Mossel, E., Mueller - Frank, M., Sly, A., et al. Social learning equilibria[J]. Econometrica, 2020, 88(3): 1235-1267.

[271] Muhl, S. & Talpsepp, T. Faster learning in troubled times: How market conditions affect the disposition effect[J]. Quarterly Review of Economics and Finance, 2018, 68:226-236.

[272] Nagel, S. Short sales, institutional investors and the cross-section of stock returns[J]. Journal of Financial Economics, 2005, 78(2): 277 -309.

[273] Neal, R. & Wheatley, S. M. Do measures of investor sentiment predict returns? [J]. Journal of Financial and Quantitative Analysis, 1998:523-547.

[274] Newey, W. K. & West, K. D. A simple, positive semi - definite,

heteroskedasticity and autocorrelationconsistent covariance matrix[J]. Econometrica, 1987,55(3),703-708.

[275]Nicolosi, G. , Peng, L. & Zhu, N. Do individual investors learn from their trading experience? [J]. Journal of Financial Markets, 2009, 12 (2): 317-336.

[276]Odean, T. Are Investors Reluctant to Realize Their Losses? [J]. Journal of Finance, 1998, 53(5): 1775-1798.

[277]Odean, T. Do investors trade too much? [J]. American Economic Review, 1999, 89(5): 1279-1298.

[278]Odean, T. Volume, volatility, price, and profit when all traders are above average[J]. Journal of Finance, 1998, 53(6): 1887-1934.

[279]Oehler, A. , Horn, M. & Wendt, S. Benefits from social trading? Empirical evidence for certificates on wikifolios [J]. International Review of Financial Analysis, 2016, 46: 202-210.

[280]Olsson, M. & Reenbom, L. The Effect of Attention on the Behaviour of Investors Using a Social Trading Platform[M]. Shareville, 2016.

[281]Ouimet, P. & Tate, G. Learning from coworkers: Peer effects on individual investment decisions[J]. Journal of Finance, 2020, 75(1): 133-172.

[282]Ozsoylev, H. N. & Walden, J. Asset pricing in large information networks[J]. Journal of Economic Theory, 2011, 146(6): 2252-2280.

[283] Ozsoylev, H. N. , Walden, J. & Yavuz, M. D. et al. Investor networks in the stock market[J]. The Review of Financial Studies, 2013, 27(5): 1323-1366.

[284]Pan W, Altshuler Y, Pentland A. Decoding Social Influence and the Wisdom of the Crowd in Financial Trading Network [C]// 2012 International Conference on Privacy, Security, Risk and Trust and 2012 International Confernece on Social Computing, 2012. IEEE, 2012.

[285] Pareek A. Information Networks: Implications for Mutual Fund Trading Behavior and Stock Returns [R]. Rochester, NY: Social Science Research Network, 2012.

[286]Pástor, L. & Stambaugh, R. F. Liquidity risk and expected stock returns[J]. Journal of Political Economy, 2003, 111(3): 642-685.

[287]Pedersen, L. H. Game on: Social networks and markets[J]. Journal of Financial Economics, 2022, 146(3): 1097-1119.

[288]Pelster, M. Attracting attention from peers: Excitement in social trading[J]. Journal of Economic Behavior and Organization, 2019, 161: 158-179.

[289]Pelster M. I'll Have What S/he's Having: A Case Study of a Social Trading Network [R]. Rochester, NY: Social Science Research Network, 2017.

[290] Pelster, M. & Breitmayer, B. Attracting attention from peers: Excitement in social trading[J]. Journal of Economic Behavioral & Organization, 2019, 161: 158-179.

[291]Pelster, M.& Breitmayer, B. Swarm Intelligence? Stock Opinions of the Crowd and Stock Returns[J]. International Review of Economics & Finance, 2019,64:443-464.

[292]Pelster, M. & Hofmann, A. About the fear of reputational loss: Social trading and the disposition effect[J]. Journal of Banking & Finance, 2018, 94: 75-88.

[293] Peng, L. & Xiong, W. Investor attention, overconfidence and category learning[J]. Journal of Financial Economics, 2006, 80(3): 563-602.

[294]Peralta, G. & Zareei, A. A network approach to portfolio selection [J]. Journal of Empirical Finance, 2016, 38: 157-180.

[295]Petersen, M. A. Estimating standard errors in finance panel data sets: Comparing approaches[J]. Review of Financial Studies, 2008, 22(1): 435-480.

[296]Pool, V. K., Stoffman, N. & Yonker, S. E. The people in your neighborhood: Social interactions and mutual fund portfolios[J]. The Journal of Finance, 2015, 70(6): 2679-2732.

[297]Powell, W. W., Koput, K. W. & Smith-Doerr, L. et al. Network position and firm performance: Organizational returns to collaboration

in the biotechnology industry [J]. Research in the Sociology of Organizations, 1999, 16(1): 129-159.

[298]Prates, W. , Da Costa, N. & Armada, M. R. et al. Propensity to sell stocks in an artificial stock market[J]. PLoS ONE, 2019,14(4):1-12.

[299]Qi, T. , Li, J. , Xie, W. , et al. Alumni networks and investment strategy: Evidence from Chinese mutual funds[J]. Emerging Markets Finance and Trade, 2020, 56(11): 2639-2655.

[300]Rabin, M. & Thaler, R. H. Anomalies: risk aversion[J]. Journal of Economic perspectives, 2001, 15(1): 219-232.

[301] Rantala, V. How do investment ideas spread through social interaction? Evidence from a Ponzi scheme [J]. The Journal of Finance, 2019,74(5):2349-2389.

[302] Rau, H. A. The disposition effect and loss aversion: Do gender differences matter? [J]. Economics Letters, 2014, 123(1): 33-36.

[303] Rau, H. A. The disposition effect in team investment decisions: Experimental evidence[J]. Journal of Banking and Finance, 2015, 61: 272-282.

[304]Ray, R. Prediction Markets and the Financial "Wisdom of Crowds" [J]. The Journal of Behavioral Finance, 2006, 7(1): 2-4.

[305]Reith, R. , Fischer, M. & Lis, B. Explaining the intention to use social trading platforms: an empirical investigation [J]. Journal of Business Economics, 2020, 90(3): 427-460.

[306] Rendell, L. , Boyd, R. & Cownden, D. et al. Why copy others? Insights from the social learning strategies tournament[J]. Science, 2010, 328(5975): 208-213.

[307]Rockafellar, R. T. & Uryasev, S. Optimization of conditional value-at-risk [J]. Journal of risk, 2000, 2: 21-42.

[308]Rockenbach, B. , Sadrieh, A. & Mathauschek, B. Teams take the better risks[J]. Journal of Economic Behavior & Organization, 2007, 63(3): 412-422.

[309]Röder, F. & Walter, A. What drives investment flows into social trading portfolios? [J]. Journal of Financial Research, 2019, 42(2):

383-411.

[310] Romano, M. G. Learning, cascades, and transaction costs [J]. Review of Finance, 2007, 11(3): 527-560.

[311] Roodman, D. How to do xtabond2: An introduction to difference and system GMM in Stata[J]. Stata Journal, 2009, 9(1): 86-136.

[312] Samuelson, P. Risk and uncertainty: A fallacy of large numbers[J]. scientia, 1963, 57(98).

[313] Schlarbaum, G. G., Lewellen, W. G. & Lease, R. C. Realized returns on common stock investments: The experience of individual investors[J]. Journal of Business, 1978: 299-325.

[314] Schlenker, B. R. Impression management [M]: Brooks/Cole Publishing Company, 1980.

[315] Schouten, A. P., Valkenburg, P. M. & Peter, J. An experimental test of processes underlying self-disclosure in computer-mediated communication[J]. Cyberpsychology, 2014, 3(2): 1-15.

[316] Seru, A., Shumway, T. & Stoffman, N. Learning by trading[J]. Review of Financial Studies, 2010, 23(2): 705-739.

[317] Shefrin, H. & Statman, M. Behavioral portfolio theory[J]. Journal of financial and quantitative analysis, 2000: 127-151.

[318] Shefrin, H. & Statman, M. The Disposition to Sell Winners Too Early and Ride Losers Too Long: Theory and Evidence [J]. The Journal of Finance, 1985, 40(3): 777-790.

[319] Shiller, R. C. Irrational exuberance[M]. Princeton University Press, 2000.

[320] Shiller, R. J. & Pound, J. Survey evidence on diffusion of interest and information among investors [J]. Journal of Economic Behavior & Organization, 1989, 12(1): 47-66.

[321] Shiller, R. J., Fischer, S. & Friedman, B. M. Stock prices and social dynamics[J]. Brookings papers on economic activity, 1984, 1984(2): 457-510.

[322] Shiller, R. Market volatility[M]. MIT Press, 1989.

[323] Shiller, R. & Pound, J. Survey evidence on diffusion of interest and

information among investors[J]. Journal of Economic Behavior & Organization, 1989, 12(1): 47-66.

[324]Sicherman N, Loewenstein G, Seppi D J, et al. Financial Attention [R]. Rochester, NY: Social Science Research Network, 2015.

[325]Silva, J. M. C. S. & Tenreyro, S. The log of gravity[J]. Review of Economics and Statistics, 2006, 88(4): 641-658.

[326] Simon D, Heimer R. Facebook Finance: How Social Interaction Propagates Active Investing [R]. Rochester, NY: Social Science Research Network, 2012.

[327]Sirri, E. R. & Tufano, P. Costly search and mutual fund flows[J]. Journal of Finance, 1998, 53(5): 1589-1622.

[328]Soner, H. M., Shreve, S. E. & Cvitanic, J. There is no nontrivial hedging portfolio for option pricing with transaction costs[J]. The Annals of Applied Probability, 1995, 5(2): 327-355.

[329]Stambaugh, R. F., Yu, J. & Yuan, Y. Arbitrage asymmetry and the idiosyncratic volatility puzzle[J]. The Journal of Finance, 2015, 70 (5): 1903-1948.

[330]Statman, M., Thorley, S. & Vorkink, K. Investor overconfidence and trading volume[J]. Review of Financial Studies, 2006, 19(4): 1531-1565.

[331]Steiger, S. & Pelster, M. Social interactions and asset pricing bubbles [J]. Journal of Economic Behavior & Organization, 2020, 179: 503-522.

[332]Stein, J. C. Conversations among Competitors [J]. American Economic Review, 2008, 98(5): 2150-2162.

[333]Strahilevitz, M. A., Odean, T. & Barber, B. M. Once burned, twice shy: How naive learning, counterfactuals, and regret affect the repurchase of stocks previously sold [J]. Journal of Marketing Research, 2011, 48(SPL):S102-S120.

[334]Stulz, R. M. & Williamson, R. Culture, openness, and finance[J]. Journal of financial Economics, 2003, 70(3): 313-349.

[335]Talpsepp, T. Does gender and age affect investor performance and the

disposition effect? [J]. Research in Economics and Business: Central and Eastern Europe, 2010, 2(1).

[336] Tang, V. W. Wisdom of crowds: Cross-sectional variation in the informativeness of third-party-generated product information on Twitter[J]. Journal of Accounting Research, 2018, 56(3): 989-1034.

[337] Tetlock, P. C. Does Public Financial News Resolve Asymmetric Information? [J]. Review of Financial Studies, 2010, 23(9): 3520-3557.

[338] Tetlock, P. C. Giving Content to Investor Sentiment: The Role of Media in the Stock Market[J]. Journal of Finance, 2007, 62(3):1139-1168.

[339] Tetlock, P. C. Information Transmission in Finance[J]. Annual Review of Financial Economics, 2014, 6(1): 365-384.

[340] Tetlock, P. C., Saar-Tsechansky, M. & Macskassy, S. More than Words: Quantifying Language to Measure Firms' Fundamentals[J]. Journal of Finance, 2008, 63(3): 1437-1467.

[341] Theodossiou, P. & Savva, C. S. Skewness and the relation between risk and return[J]. Management Science, 2016, 62(6): 1598-1609.

[342] Topaloglou, N., Vladimirou, H. & Zenios, S. A. CVaR models with selective hedging for international asset allocation[J]. Journal of Banking & Finance, 2002, 26(7): 1535-1561.

[343] Trattner C, Parra D, Eberhard L, et al. Who will trade with whom? Predicting buyer-seller interactions in online trading platforms through social networks [C]//: Proceedings of the 23rd International Conference on World Wide Web, 2014. Association for Computing Machinery, 2014.

[344] Treynor, J. L. & Mazuy, K. Can Mutual Funds Outguess the Market? [J]. Harvard Business Review, 1966(4): 131-136.

[345] Tsai, W. Knowledge transfer in intraorganizational networks: Effects of network position and absorptive capacity on business unit innovation and performance[J]. Academy of Management Journal, 2001, 44(5): 996-1004.

[346] Tsang, E. W. Acquiring knowledge by foreign partners from

international joint ventures in a transition economy: Learning-by-doing and learning myopia[J]. Strategic Management Journal, 2002, 23(9): 835-854.

[347]Tumarkin, R. & Whitelaw, R. F. News or noise? Internet postings and stock prices[J]. Financial Analysts Journal, 2001, 57(3): 41-51.

[348] Tversky, A. & Kahneman, D. Advances in prospect theory: Cumulative representation of uncer-tainty[J]. Journal of Risk and Uncertainty, 1992, 5: 297-323.

[349] Tversky, A. & Kahneman, D. Judgment under uncertainty: Heuristics and biases[J]. Science, 1974, 185(4157): 1124-1131.

[350]Uddin, S., Hossain, L. & Hamra, J. et al. A study of physician collaborations through social network and exponential random graph [J]. BMC Health Services Research, 2013, 13(1): 234.

[351]Vaarmets, T., Liivammgi, K. & Talpsepp, T. How Does Learning and Education Help to Overcome the Disposition Effect? [J]. Review of Finance, 2019, 23(4): 801-830.

[352]Van Nieuwerburgh, S. & Veldkamp, L. Information immobility and the home bias puzzle[J]. The Journal of Finance, 2009, 64(3): 1187-1215.

[353] Vives, X. Information and learning in markets [M]. Princeton University Press, 2010.

[354]Wachtel, C. Low Correlations to Other Markets via Social Trading Means There's Always a Bull Market Somewhere[M]: John Wiley & Sons, Inc., 2015: 375-378.

[355]Walkshäusl, C. The MAX effect: European evidence[J]. Journal of Banking & Finance, 2014, 42: 1-10.

[356]Wang, H., Suri, A. & Laster, D. et al. Portfolio Selection in Goals-Based WealthManagement[J]. The Journal of Wealth Management, 2011, 14(1): 55-65.

[357]Wellman, B. Networks in The Global Village: Life in Contemporary Communities[J]. Contemporary Sociology, 2001, 30(5): 294-295.

[358]Wintoki, M. B., Linck, J. S. & Netter, J. M. Endogeneity and the

dynamics of internal corporate governance[J]. Journal of Financial Economics, 2012, 105(3): 581-606.

[359]Wohlgemuth, V., Berger, E. S. C. & Wenzel, M. More than just financial performance: Trusting investors in social trading[J]. Journal of Business Research, 2016, 69(11): 4970-4974.

[360]Wysocki, P. D. Cheap talk on the web: The determinants of postings on stock message boards[J]. University of Michigan Business School Working Paper, 1998(98025).

[361]Wojnicki A C, Godes D. Word-of-Mouth as Self-Enhancement[R]. Rochester, NY: Social Science Research Network, 2008.

[362]Wysocki P D. Cheap Talk on the Web: The Determinants of Postings on Stock Message Boards [R]. Rochester, NY: Social Science Research Network, 1998.

[363]Xu, Y., Xuan, Y. & Zheng, G. Internet searching and stock price crash risk: Evidence from a quasi-natural experiment[J]. Journal of Financial Economics, 2021, 141(1): 255-275.

[364]Yang, X., Zhu, Y. & Cheng, T. Y. How the individual investors took on big data: The effect of panic from the internet stock message boards on stock price crash[J]. Pacific-Basin Finance Journal, 2020, 59: 101245.

[365] Yao, S., Wang, C., Cui, X., et al. Idiosyncratic skewness, gambling preference, and cross-section of stock returns: Evidence from China[J]. Pacific-Basin Finance Journal, 2019, 53: 464-483.

[366]Zhang, J. Strategic delay and the onset of investment cascades[J]. RAND Journal of Economics, 1997, 28(1): 188-205.

[367]Zhang, W., Wang, P. & Li, Y. Do messages on online stock forums spur firm productivity? [J]. Pacific-Basin Finance Journal, 2021, 68: 101609.

[368]Zhang, X., Liang, J. & He, F. Private information advantage or overconfidence? Performance of in-traday arbitrage speculators in the Chinese stock market [J]. Pacific-Basin Finance Journal, 2019, 58: 101215.

[369] Zuckerman，M. & Kuhlman，D. M. Personality and risk - taking：common bisocial factors [J]. Journal of Personality，2000，68（6）：999-1029.

[370] 部慧，解峥，李佳鸿，等. 基于股评的投资者情绪对股票市场的影响[J]. 管理科学学报，2018，21（04）：86-101.

[371] 曹倩，牛晓飞，李建标. 女性是出色的股票交易者吗？一个实验研究[J]. 南方经济，2021：1-18.

[372] 曹胜，朱红军. 王婆贩瓜：券商自营业务与分析师乐观性[J]. 管理世界，2011（7）：20-30.

[373] 岑维，李士好，童娜琼. 投资者关注度对股票收益与风险的影响——基于深市"互动易"平台数据的实证研究[J]. 证券市场导报，2014（07）：40 -47.

[374] 曾庆生，周波，张程，等. 年报语调与内部人交易："表里如一"还是"口是心非"？[J]. 管理世界，2018，34（09）：143-160.

[375] 陈浪南，苏湉. 社交媒体对股票市场影响的实证研究[J]. 投资研究，2017，36（11）：17-35.

[376] 陈张杭健，吴粤，李世炳，等. 股吧个体信息交互对股价联动关系的影响研究[J]. 管理科学学报，2021，24（05）：47-69.

[377] 陈紫晴. 异质性媒体对投资者行为和股票市场的影响研究[D]. 杭州：浙江大学，2021.

[378] 程昆，刘仁和. 投资者情绪与股市的互动研究[J]. 上海经济研究，2005 （11）：88-95.

[379] 戴方哲，尹力博. 证券分析师"变脸"行为会增加股票特质波动率吗？[J]. 管理评论，2017，29（05）：14-22.

[380] 邓雪春，郑振龙. 中国股市存在"特质波动率之谜"吗？[J]. 商业经济与管理，2011（01）：60-67.

[381] 邓艳. 基于雪球网社会化投资平台投资者情绪与股价波动关系实证研究[D]. 广州：华南理工大学，2016.

[382] 丁娜，金婧，田轩. 金融科技与分析师市场[J]. 经济研究，2020，55（09）：74-89.

[383] 董大勇，肖作平. 交易市场与网络论坛间存在信息传递吗？[J]. 管理评论，2011，23（11）：3-11.

[384]董晓林,姜敏婕,陈秋月.信息时代下的社会互动与家庭数字金融产品使用——基于1491户家庭样本的实证研究[J].武汉金融,2020(03):72-78.

[385]伏天媛.投资者性别在处置效应上体现的差异[J].现代商贸工业,2016,37(29):99-100.

[386]付鸣,刘启亮,李祎.异质信念、财务报表质量与特质波动率——基于差分模型的研究[J].投资研究,2015,34(09):146-159.

[387]高雷,殷树喜,杜沔.股市的地缘效应:本地偏好现象初探[J].生产力研究,2006(06):68-69.

[388]郭士祺,梁平汉.社会互动、信息渠道与家庭股市参与——基于2011年中国家庭金融调查的实证研究[J].经济研究,2014,49(S1):116-131.

[389]何兴强,李涛.社会互动、社会资本和商业保险购买[J].金融研究,2009(02):116-132.

[390]江轩宇,朱琳,伊志宏.网络舆论关注与企业创新[J].经济学(季刊),2021,21(01):113-134.

[391]蒋玉梅,王明照.投资者情绪与股票收益:总体效应与横截面效应的实证研究[J].南开管理评论,2010,13(03):150-160.

[392]金雪军,祝宇,杨晓兰.网络媒体对股票市场的影响——以东方财富网股吧为例的实证研究[J].新闻与传播研究,2013,20(12):36-51.

[393]金雪军,黄滕,祝宇.中国商品市场名义价格粘性的测度[J].经济研究,2013(9):85-98.

[394]兰俊美,郝旭光,卢苏.机构投资者与个人投资者非理性行为差异研究[J].经济与管理研究,2019,40(06):16-33.

[395]李三山,曹欢.股票操作中处置效应的眼动实验研究[J].生产力研究,2011(01):76-78.

[396]李少育,张滕,尚玉皇,等.市场摩擦对特质风险溢价的影响效应——基于A股主板市场的实证分析[J].金融研究,2021,494(8):190-206.

[397]李胜利.中国股票市场杠杆效应研究[J].证券市场导报,2002(10):10-14.

[398]李涛.社会互动、信任与股市参与[J].经济研究,2006:34-45.

[399]李涛.社会互动与投资选择[J].经济研究,2006(08):45-57.

[400]李竹薇,史永东,于淼,等.中国股票市场特质波动率异象及成因[J].系

统工程,2014,32(06):1-7.

[401]梁循,杨健,陈华.基于互联网股市信息量变化的股价波动率预测系统[C]// 提高全民科学素质、建设创新型国家——2006 中国科协年会论文集.北京:中国科学技术协会,2006:331-340.

[402]林乐,谢德仁.投资者会听话听音吗?——基于管理层语调的实证研究[J].财经研究,2016,02(07):28-39.

[403]刘锋,叶强,李一军.媒体关注与投资者关注对股票收益的交互作用:基于中国金融股的实证研究[J].管理科学学报,2014,17(01):72-85.

[404]刘海飞,许金涛,柏巍,等.社交网络、投资者关注与股价同步性[J].管理科学学报,2017,20(02):53-62.

[405]刘维奇,邢红卫,李丹丰.信息披露质量与"特质波动率之谜"[J].山西大学学报(哲学社会科学版),2014,37(06):115-124.

[406]刘维奇,邢红卫,张信东.投资偏好与"特质波动率之谜"——以中国股票市场 A 股为研究对象[J].中国管理科学,2014,22(08):10-20.

[407]刘维奇,刘新新.个人和机构投资者情绪与股票收益——基于上证 A 股市场的研究[J].管理科学学报,2014,17(03):70-87.

[408]刘新,张月芳.基于生存分析 cox 模型的我国证券投资基金处置效应及其影响因素研究[J].重庆理工大学学报(社会科学),2019,33(11):50-59.

[409]刘煜辉,贺菊煌,沈可挺.中国股市中信息反应模式的实证分析[J].管理世界,2003(08):6-15.

[410]罗登跃.特质波动率与横截面收益:基于 Fama-French 股票组合的检验[J].统计与决策,2013(04):167-169.

[411]罗一麟,洪剑峭,倪晨凯等.个人投资者能否识别经济关联?——基于行业内首次盈余公告的分析[J].会计研究,2020(12):71-84.

[412]吕鹏勃.股票收益率和波动性的动态关系分析[D].上海:复旦大学,2012.

[413]马树东.社交数据和股票价格波动关系的研究[D].哈尔滨:哈尔滨工业大学,2016.

[414]马玉春,宋瀚涛.Web 中文文本分词技术研究[J].计算机应用,2004,24(4):134-135.

[415]钱波玮.扩张性货币政策对投资者风险偏好及市场波动率的影响[J].经营管理者,2017(15).

[416]乔柯南,乔晗.收益率,波动率与投资者风险偏好[J].系统工程理论与实践,2016,36(10):2489-2497.

[417]申宇,赵静梅,何欣.校友关系网络、基金投资业绩与"小圈子"效应[J].经济学(季刊),2016,15(01):6403-428.

[418]沈一凡.基于基金微观参与主体的基金业绩影响研究、收益率和资产配置研究[D].杭州:浙江大学,2021.

[419]石勇,唐静,郭琨.社交媒体投资者关注、投资者情绪对中国股票市场的影响[J].中央财经大学学报,2017(07):45-53.

[420]宋乐,张然.上市公司高管证券背景影响分析师预测吗?[J].金融研究,2010(6):112-123.

[421]宋双杰,曹晖,杨坤.投资者关注与IPO异象——来自网络搜索量的经验证据[J].经济研究,2011(s1):145-155.

[422]宋涛,吴玉锋,陈婧.社会互动、信任与农民购买商业养老保险的意愿[J].华中科技大学学报(社会科学版),2012,26(01):99-106.

[423]孙建军,陈耕云,王美今.证券交易中处置效应的实验研究[J].心理科学,2007(03):731-734.

[424]孙鲲鹏,王丹,肖星.互联网信息环境整治与社交媒体的公司治理作用[J].管理世界,2020,36(07):

[425]孙书娜,孙谦.投资者关注和股市表现——基于雪球关注度的研究[J].管理科学学报,2018,21(06):60-71.

[426]孙武军,林惠敏.金融排斥、社会互动和家庭资产配置[J].中央财经大学学报,2018(03):21-38.

[427]孙晓婷.基金的彩票型股票投资行为研究[D].北京:对外经济贸易大学,2020.

[428]孙毅,程晴,金全,等.社会互动对投资者处置效应的影响——基于社交投资平台模拟交易的实证研究[J].管理评论,2020,32(10):72-82.

[429]覃方彦.性别差异对高职学生证券投资收益的影响——基于2018年全国金融与证券投资模拟大赛数据的实证检验[J].高教论坛,2019(05):114-116.

[430]汪昌云,武佳薇.媒体语气、投资者情绪与IPO定价[J].金融研究,2015,09:174-189.

[431]王美今.我国基金投资者的处置效应——基于交易帐户数据的持续期模

型研究[J].中山大学学报(社会科学版),2005(06):122-128.

[432]王美今,孙建军.中国股市收益、收益波动与投资者情绪[J].经济研究,2004(10):75-83.

[433]王曦,党兴华.本地偏好对退出绩效的影响研究——基于中国本土风险投资机构的经验检验[J].科研管理,2014,35(02):111-118.

[434]王曦,党兴华.风险投资机构本地偏好影响因素研究——基于中国风险投资业证据[J].科技进步与对策,2013,30(22):6-10.

[435]王小泳.股票收益率波动与机构投资者投资行为——基于行为金融理论的视角[J].当代经济,2012(11):130-131.

[436]王晓丹,尚维,汪寿阳.互联网新闻媒体报道对我国股市的影响分析[J].系统工程理论与实践,2019,39(12):3038-3047.

[437]王晓翌,陈乾坤.行为金融的本地偏好理论研究综述[J].中南财经政法大学学报,2011(01):50-55.

[438]王志强,苏刚,张泽.投资者特征与处置效应——来自中国A股融资交易的证据[J].财经问题研究,2016(11):30-38.

[439]文凤华,肖金利,黄创霞,等.投资者情绪特征对股票价格行为的影响研究[J].管理科学学报,2014,17(03):60-69.

[440]吴微,陈维强,刘波.用BP神经网络预测股票市场涨跌[J].大连理工大学学报,2001,41(1):9-15.

[441]吴玉锋.社会互动与新型农村社会养老保险参保行为实证研究[J].华中科技大学学报(社会科学版),2011,25(04):105-111.

[442]伍燕然,黄文婷,苏淞,等.基金投资者处置效应的个体差异[J].国际金融研究,2016(03):84-96.

[443]肖浩,孔爱国.融资融券对股价特质性波动的影响机理研究:基于双重差分模型的检验[J].管理世界,2014(08):30-43.

[444]肖琳,赵大萍,房勇.中国融资融券业务处置效应的实证分析[J].中国管理科学,2018,26(09):41-51.

[445]谢德仁,林乐.管理层语调能预示公司未来业绩吗?——基于我国上市公司年度业绩说明会的文本分析[J].会计研究,2015(02):20-27+93.

[446]熊和平,刘京军,杨伊君,等.中国股票市场存在特质波动率之谜吗?——基于分位数回归模型的实证分析[J].管理科学学报,2018,21(12):37-53.

[447]熊伟,陈浪南.股票特质波动率、股票收益与投资者情绪[J].管理科学,2015,28(05):106-115.

[448]熊熊,孟永强,李冉,等.特质波动率与股票收益——基于 Fama-French 五因子模型的研究[J].系统科学与数学,2017,37(07):1595-1604.

[449]徐永新,陈婵.媒体荐股市场反应的动因分析[J].管理世界,2009(11):65-73.

[450]燕敏.基于语义和版式的网上人物信息提取[D],天津:天津工业大学,2008.

[451]杨华蔚和韩立岩.特质波动率、换手率与预期收益关系[J].辽宁工程技术大学学报,2007(S2):225-227.

[452]杨华蔚,韩立岩.外部风险、异质信念与特质波动率风险溢价[J].管理科学学报,2011,14(11):71-80.

[453]杨华蔚,韩立岩.中国股票市场特质波动率与横截面收益研究[J].北京航空航天大学学报(社会科学版),2009,22(01):6-10.

[454]杨青.证券市场个人投资者特征对处置效应的影响[J].陕西科技大学学报,2007(05):137-140.

[455]杨晓兰,高媚,朱淋.社会互动对股票市场的影响——基于新浪财经博客的实证分析[J].证券市场导报,2016(07):50-58.

[456]杨晓兰,沈翰彬,祝宇.本地偏好、投资者情绪与股票收益率:来自网络论坛的经验证据[J].金融研究,2016(12):143-158.

[457]易志高,茅宁.中国股市投资者情绪测量研究:CICSI 的构建[J].金融研究,2009(11):174-184.

[458]游家兴.沉默的螺旋:媒体情绪与资产误定价[J].经济研究,2012(7):141-152.

[459]于广龙和胡代平.中国被操纵股票网络信息特征的实证分析[J].科学技术与工程,2011,11(36):9119-9122.

[460]俞庆进和张兵.投资者有限关注与股票收益——以百度指数作为关注度的一项实证研究[J].金融研究,2012(08):152-165.

[461]虞文微,张兵,于琴.套利限制与中国股票市场"特质波动率之谜"[J].北京工商大学学报(社会科学版),2017,32(06):93-103.

[462]虞文微,张兵,赵丽君.异质信念、卖空机制与"特质波动率之谜"——基于 2698 家中国 A 股上市公司的证据[J].财经科学,2017(02):38-50.

[463]袁占亭,张秋余,李威.数据抽取及语义分析在 Web 数据挖掘中的应用[J].计算机工程与设计,2005,26(6):1425-1427.

[464]张继德,廖微,张荣武.普通投资者关注对股市交易的量价影响——基于百度指数的实证研究[J].会计研究,2014(08):52-59.

[465]张强,杨淑娥.噪音交易、投资者情绪波动与股票收益[J].系统工程理论与实践,2009,29(03):40-47.

[466]张伟强,王珺,廖理.中国个人权证投资者处置效应研究[J].清华大学学报(哲学社会科学版),2011,26(04):112-122.

[467]张旭.中国网络字频波动与股票市场关系研究[J].统计与决策,2011(7):145-147.

[468]张谊浩,李元,苏中锋,等.网络搜索能预测股票市场吗?[J].金融研究,2014(02):193-206

[469]张永杰,张维,金曦,等.互联网知道的更多么?——网络开源信息对资产定价的影响[J].系统工程理论与实践,2011,31(4):577-586.

[470]张宇飞,马明.中国证券市场预期特质性波动率影响定价的实证研究[J].当代财经,2013(04):59-72.

[471]张宗新,王海亮.投资者情绪、主观信念调整与市场波动[J].金融研究,2013(04):142-155.

[472]赵静梅,吴风云,罗梅.投资决策中地区偏好与地区规避的实证研究[J].投资研究,2012,31(01):123-141.

[473]赵彦志,王庆石.我国证券投资基金"处置效应"行为研究[J].厦门大学学报(哲学社会科学版),2005(06):55-63 .[474]郑振龙,孙清泉.彩票类股票交易行为分析:来自中国 A 股市场的证据?[J].经济研究,2013,48(05):128-140.

[475]周琳杰.中国股票市场动量策略赢利性研究[J].世界经济,2002(08):60-64.

[476]周铭山,孙磊,刘玉珍.社会互动、相对财富关注及股市参与[J].金融研究,2011(02):172-184.

[477]周铭山,周开国,张金华,等.我国基金投资者存在处置效应吗?——基于国内某大型开放式基金交易的研究[J].投资研究,2011,30(10):87-97.

[478]朱孟楠,梁裕珩,吴增明.互联网信息交互网络与股价崩盘风险:舆论监督还是非理性传染[J].中国工业经济,2020(10):81-99.

[479]朱涛,谢婷婷,王宇帆.认知能力、社会互动与家庭金融资产配置研究

[J].财经论丛,2016(11):47-55.

[480]祝宇.在线社交学习对投资行为与资产定价影响的研究[D].杭州:浙江大学,2018.

[481]左浩苗,郑鸣,张翼.股票特质波动率与横截面收益:对中国股市"特质波动率之谜"的解释[J].世界经济,2011,34(05):117-135.